KB131721

나는 아직도
가족에게 휘둘린다

비에나 패러온

문희경 옮김

나는 아직도
가족에게 휘둘린다

내 안의 뿌리내린 상처를 찾아내고
온전한 나로 살기 위한 심리테라피

김영사

The Origins of You ————————————————————

아무리 어린 시절의 상처가 깊어도 그것이 우리의 삶을 결정하지 못한다. 이 책은 공감과 지혜를 토대로 과거가 어떻게 우리의 행동 패턴에 영향을 미치는지 설명하며, 그 패턴을 바꾸어 새롭고 건강한 길을 열어갈 수 있는 방법을 알려준다.
네드러 글로버 타와브 · 《나는 내가 먼저입니다》 저자

'나는 왜 이렇게 살고 있을까?' '나는 어떻게 살아야 할까?' 이런 의문을 품어본 모든 이를 위한 책.
휘트니 굿먼 · 《나쁜 긍정》 저자

자신을 알고 관계를 바꾸기 위한 훌륭한 안내서. 개인의 성장에 진지하게 관심이 있고 큰 변화를 이룰 준비가 된 모두를 위한 책.
융 푸에블로 · 《내면 치유》 저자

우리 자신이 누구인지 진실로 알려면 어디에 있었는지 목격해야 한다. 이 책은, 우선 뒤로 물러났다가 앞으로 나아가게 한다. 치유를 원하는 모든 이를 위한 필독서.
마리사 프랑코 · 《어른이 되었어도 외로움에 익숙해지진 않아》 저자

친절한 마음, 선명한 시선으로 독자 스스로 과거와 현재를 연결할 수 있도록 이끌어준다. 나아가 우리가 상처를 치유하고 현재의 삶에서 자존감을 기르고 건강한 관계를 맺도록 새로운 가능성을 열어준다.
알렉산드라 솔로몬 · 《용감하게 사랑하기Loving Bravely》 저자

이 책은 과거의 고통을 알아차리면서도 누군가를 탓하지 않도록 훌륭하게 균형을 잡아준다. 가족 모두에게 강력히 권한다.
줄리언 휴 · 에미상 수상자, 댄서, 배우, 사업가

내 영혼의 조력자,
코너, 코드, 브롱스에게 이 책을 바칩니다.
세상의 선한 모든 것이 바로 당신들이었어요.

차례

3부 | ### 관계 행동 바꾸기

4부 　나를 되찾기

자신만의 내밀한 이야기를 들려주겠다고 용기 내주신 분들이 없었다면, 이 책은 세상에 나오지 못했을 것입니다. 무엇보다도 내담자의 신원과 세부 정보를 보호하는 데 최선을 다했습니다. 일부는 여러 내담자의 사연을 섞어서 한 인물의 이야기처럼 재구성했습니다. 모든 이야기는 사실입니다. 구체적인 요소는 바꾸면서도 내담자의 이야기를 존중하는 태도를 잃지 않으려고 노력했습니다.

7장 '안전하다고 느끼고 싶다'에서는 학대, 자살 등 심각한 정신 질환을 다루므로 특히 주의해서 읽어주시길 바랍니다.

마지막으로, 누구나 이 책에서 자신의 일면을 발견하기를 바라지만, 이 한 권에 모든 측면을 다 담지는 못했습니다. 변화의 여정은 저마다 다를 수밖에 없습니다. 또 누구에게나 험난하지요. 이 책을 읽으면서 새로운 사실을 발견하면 불안해질 수도 있고 가족과 새로운 역동dynamics에 휩싸일 수도 있습니다. 그러니 심리치료 전문가를 만나 관계를 치유하는 길을 찾는 방법이 바람직할 수 있습니다. 특히 트라우마를 치유하려는 분은 반드시 전문가를 찾아서 함께 적극적으로 치료 과정을 거쳐야 합니다. 트라우마나 복합 트라우마를 경험한 분이라면 트라우마 치료 전문가와 상담하기를 권합니다.

들어가며

나는 다섯 살에 가족의 불화로 상처를 입었다. 이후로도 오랫동안 그 상처는 내가 관계 맺는 방식에 결정적인 영향을 미쳤다.

나는 오랫동안 과거가 내 삶의 다른 **모든 측면**에 영향을 미친다는 사실을 받아들이려고 하지 않았다. 심리학을 전공하면서 트라우마의 끈질긴 여파에 대해 배우고 관계에 진지하게 관심을 보이지 않았다면, 내가 유년기에 겪은 사건의 의미를 제대로 이해하지 못했을 것이다.

나는 길고도 지난한 연구 과정을 통해 유년기 경험이 내게 어떠한 영향을 미쳤는지 이해했고, 내가 관계 안에서 어떤 사람이 되고 싶은지를 알아차렸으며, 이 책에서 소개하려는 소중한 교훈도 얻었다. 하지만 성급히 앞서가지 않고 처음부터 차근차근 설명하겠다.

그러면 '나의 이야기가 시작되는 곳'에서 출발하자.

1991년 여름, 어느 화창한 날이었다. 조잡한 금팔찌를 최신 유행하는 링 귀걸이로 만들고 있는데(다섯 살짜리가 열다섯 살짜리처럼 군다고들 했다), 문 닫힌 방 안에서 아버지의 고함이 새어 나왔다. 아버지가 화를 내면 늘 무서웠다. 아버지는 모든 상황을 통제하려 했고, 그가 뿜어내는 위력은 위협적이고 강압적이었다. 멋진 귀걸이를 만들던 즐거움이 순식간에 사라졌다.

"떠날 거면 다신 돌아오지 마!"

아버지가 어머니에게 소리쳤다.

이 말이 나를 찌르는 것 같았다. 내가 사랑하는 어머니, 아버지가 사랑해야 할 여자를 향해 날아가는 비수 같은 말을 그날 처음 들었다. "떠날 거면 다신 돌아오지 마!"

잠시 후 어머니가 위층으로 뛰어올라 와 내게 당장 짐을 싸라고 했다. 어찌 된 영문인지 알 수 없었다. 우리가 떠난다는 정도만 알았다.

우리는 외할머니와 함께 저지 쇼어의 외가로 갔다. 그곳 바닷가에서 물놀이를 하고 모래성도 쌓았으며, 가는 길에 엄마를 졸라서 아이스크림도 먹었다. 그때만 해도 '집'이 다른 곳일 수 있다고는 생각하지 못했다. 우리는 할머니를 집에 모셔다드리는 게 아니었다. 그 집이 우리의 목적지였다.

외가에 도착한 우리는 짐을 풀었고, 하루 동안 햇볕을 쬐고 나니 긴장이 풀렸다. 얼마 후 전화벨이 울렸다. 아직 발신자 번호 표시가 없던 시절이었지만 누구 전화인지 알 수 있었다. 아버지는 당장 어머니를 바꾸라고 요구했지만, 할머니는 전화를 바꿔주는 것보다 좋은 방법을 알았다. 우리는 즉시 옆집으로 도망쳤다. 어떻게 돌아가는 상황인지 이해할 새도 없이 한시바삐 도망쳐야 했다.

10분쯤 지나서 아버지와 삼촌이 외가의 진입로에 차를 댔다. 우리는 이웃집에 숨어 그 둘이 현관문을 쾅쾅 치고 집 주변을 돌고 집 안에 인기척이 있는지 들여다보는 모습을 지켜보았다. 어머니의 차가 서 있었으니, 아버지는 우리가 멀리 가지 않은 걸 알았다. 나는 창턱 위로 조심조심 고개를 내밀어 우리 집에서 무슨 상황이 벌어지는지 보려고 했다. 아버지와 삼촌이 멀리 있어서 아주 작게 보였지만, 그들의 분노가 보이는 듯했다.

나는 아버지를 부르고 싶으면서도 무서웠다. 무섭고 위험하다고 느끼면서도 속으로는 '아빠, 저 여기 있어요'라고 외쳤다.

잠시 후 경찰이 외가의 진입로로 들어왔다. 어머니는 내게, 같이 벽장으로 들어가자고 했다. 어머니의 목소리엔 두려움이 서려 있었다. '이건 진짜로 일어나는 일이야.' 나는 창밖을 내다보지 말라고 주의를 들었다. 그러다 귀에 익은, 문을 부술 것 같은 소리가 들렸다.

이웃집 주인이 문을 열자, 화가 난 두 남자와 경찰관 둘이 문 앞에 서 있었다. 경찰관들이 질문하는 사이 아버지와 삼촌이 비난을 퍼부었다. 그들은 우리가 그 집에 있는 것을 알고 있는 듯했지만, 안으로 들어올 수는 없었다.

분노가 점점 극에 달하는 소리가 들렸다. '이걸 해결하기 위해 내가 할 수 있는 일이 있을 거야.' 나는 기도를 시작했다. '제가 어떻게 해야 이런 상황을 멈출 수 있을까요? 모두 다 잘 지냈으면 좋겠어요.'

하지만 어머니와 아버지가 모두 행복할 방법은 없었다. 내게는 양쪽을 모두 선택할 방법이 없었다. 어느 한쪽에 상처를 주거나 실망시키지 않으면서 다른 한쪽을 존중할 방법이 없었다. 아니, 그런 줄 알았다. 그때는 아직 다툼을 멈출 방법이 없었다.

소동이 일어나는 내내 어머니와 나는 벽장 속에 숨어서 손을 맞잡고 꼼짝도 하지 않았다.

그때는 그 상황을 표현할 말을 몰랐지만, 지금 와서 보면 그 순간 내게 안전 상처('안전 상처'에 대해서는 뒤에서 자세히 다루겠다)가 생겼다. 그때는, 내가 그 순간에 얼마나 오래 붙잡혀 살아가게 될지 짐작도 하지 못했다.

✿

부모님은 나름대로 최선을 다했지만, 나를 자신들의 분노로부터 보호하진 못했다. 신체적 안전을 위협받은 것은 아니지만, 내가 가족이라고 부르던 체계가 무너지고 불타고 있었다. 혼돈은 이후로도 계속되었다. 나는 두 성인이 서로를 위협하며 조작과

편집증, 감정 폭발, 학대, 통제, 공포를 드러내는 과정을 옆에서 지켜보았다. 두 분은 내게 숨기려고 애썼어도 나는 보고 느끼고 그들과 함께 경험했다. 나의 세상이 하루아침에 극도로 불안정해졌다. 보호자라고 믿었던 두 사람이 서로 싸우느라 바빠서 나는 안중에도 없어 보였다.

나는 스스로 안전을 구축해야 한다는 걸 깨달았다.

우선 나는 가족 안에 일어난 불을 진압하고 가족이 무사히 유지되도록 평화유지군 역할을 자처했다. 다섯 살짜리 아이에게는 막중한 역할이었다. 그때는 내 책임이 아닌 줄도 모른 채, 할수 있는 모든 노력을 다했다. 나는 뛰어난 배우가 되었다. 항상 괜찮은 아이가 아닐 수도 있다는 사실이 드러나면 부모님이 힘들어할 것 같아서 부담을 주지 않겠다는 일념으로 항상 "저는 괜찮아요"라고 말했다. 부모님을 기쁘게 해주고 부모님이 듣고 싶을 말만 하기 위해 내가 진정으로 원하는 것은 밝히지 않고 부모님이 원하는 대로만 말했다. 무엇도 요구하지 않고 까탈스럽지 않은 아이가 되어서 부모님의 부담을 덜어드리고자 했다. 부모님이 각박한 현실에서 조금이라도 눈을 돌리게 해주는 아이가 되었다.

하지만 나의 안전 상처는 해결되지 않은 채 남아서, 거듭 다시 건드려지고 무의식중에 내 삶을 이끌어갔다. 나는 늘 경계하면서 다음번 화재를 진압할 태세를 갖추었다. 불쏘시개와 성냥이 부모님에게서 나오든, 친구에게서 나오든, 나중에는 이전의 남자친구들에게서 나오든 마찬가지였다. 이처럼 나로서는 부적절한 평화유지군 역할을 해나가고 아무 문제도 없는 양 행동하면서 쓸데없이 에너지를 소진한 대가로 부작용이 나타나기까지는 긴 세월이 걸렸다. 나는 즐겁게 살겠다는 일념으로 나 자신과 나의 경험을 변형하고 축소하고 최소화하고 최대화하고 왜곡하는 법을 터득했다. 진정한 관계를 원한다면 꼭 버려야 할 태도다.

게다가 부모님처럼 살지 않으려고 발버둥 치다, 결국에는 내가 두려워하던 상황을 자초했다. 어머니가 아버지에게 통제당한 것처럼, 나도 누군가에게 통제당할까 봐 두려워서 나 자신을 통제하기 시작했다. 남들을 기쁘게 해주고 가치 있는 존재가 되기 위해 나약한 마음을 드러내지 않으려고 하다 보니, 진정성을 감추게 되었고, 결국 진실한 관계를 차단해버렸다. 그리고 세상 '쿨한' 여자, 뭐든 척척 해내는 사람이라는 가면을 쓰고 살면서, 내가 실제로 어떻게 느끼는지 표현하지 못하고 나의 욕구를 채우기 위해서 아무것도 요구하지 못하는 사람이 되었다. 개인적인 관계에서든 직업적인 관계에서든 우왕좌왕하면서, 절대로 반복하지 않기로 다짐한 바로 그 패턴을 되풀이했다.

처음 심리치료를 받았을 때는 나의 이런 측면을 보지 못했다. 내가 해결할 문제는 '관계에서 소통과 갈등을 개선하는 것'이라고만 믿었다. 삶의 여러 영역에서 만나는 사람들(친구나 동료나 연인)과 알 수 없는 이유로 불화를 빚으면서도, 어째서인지 좌절과 갈등의 원인을 찾기 위해 유년기 그날의 강렬한 사건을 돌아본 적은 없었다. 그리고 나 자신에게 이렇게 말했다. '나는 그 사건에서 살아남았어. 나는 평화를 유지했어.'

하지만 마음 깊은 곳에서는 더 잘 알았던 듯하다. 근본적인 문제(모든 갈등의 진정한 이유)는 공포가 엄습하던 그날로 거슬러 올라간다는 사실을. 나의 가족과 그날의 사건으로 생긴 나의 안전 상처로 거슬러 올라간다는 사실을. 가족의 렌즈로 나를 보기 시작하자, 드디어 내 발목을 잡은 손아귀에서 풀려날 수 있었다.

새로운 관점으로 나를 보자 문득 내가 어떤 사람이고 어떤 태도로 살아가는지 알 수 있었다. 수십 년 전 경험이 어떻게 내게 영향을 미쳐왔는지 깨달았다. 나는 근원의 상처가 나의 안전감을 무너뜨리는 것을 모른 척하면서 고통만 피하려고 발버둥 쳤다. 또한 가족에게 그리고 살면서 만난 모든 관계에 스트레스를 얹어주지 않으려고 최대한 무던한 사람이 되려고 애썼다.

남에게 스트레스를 안겨주지 않으려고 애쓰다 보면, 결국 자신에게 더 큰 스트레스와 고통을 안겨준다. 어릴 때 나는 갈등의 원인을 모른 채 갈등을 해결하려고 안간힘을 썼지만, 성인이 된 후 만나는 관계에서는 유년기의 방법이 더는 통하지 않았다. 나의 또 하나의 방어 기제인 쿨한 여자나 뭐든 척척 해내는 여자라는 가면도 더는 효과가 없었다. 고통을 피하면서 나를 '안전하게' 지키려고 안간힘을 쓸수록 오히려 반대의 결과가 나왔다. 나는 진심을 숨긴 채 나 자신의 욕구를 알아주지도 않고 나 자신을 표현하지 않으면서 모든 마찰을 피하려고 했지만, 결국 갈등은 다른 쪽으로 표출되었다. 그러다 나의 고통과 상처를 숨기면서, 또 내가 관심을 가져야 할 부분이 존재한다는 사실조차 인정하지 않으면서 치유를 거부했다.

15년 넘게 결혼 및 가족 치료 전문가로서 나 자신과 수백 명의 내담자를 상담하고 연구해왔다. 그러면서 발견한 좋은 소식은, 굳이 나처럼 할 필요가 없다는 것이다. 어린 시절에 상처를 입었다고 해서 평생 같은 패턴을 되풀이하면서 살아가야 하는 것은 아니다. 잠시 멈추어 상처가 어디에서 왔는지(나의 근원의 이야기) 알아보고 다른 패턴을 선택한다면, 효과적인 치유의 길로 접어들 수 있다. 사실 근원의 이야기는 진심으로 알아볼 의지만 있다면 치유로 가는 로드맵이 될 수 있다.

이제껏 치료인으로서 2만 시간 이상 내담자를 만났다. 인스타그램 커뮤니티를 운영하면서 매일 60만 명 이상과 소통한다. 이 책에서 나의 이야기와 내가 만난 수많은 사람의 이야기를 나누겠다. 각자의 신원이 드러나지 않도록 가명을 쓰고 세세한 부분도 바꾸었지만, 이 책에서 소개하는 사람들의 이야기에서 당신의 모습을 발견하고 자신과 타인을 진정으로 이해하는 데 도움받기를 바란다. 나는 당신이 근원의 이야기를 탐색하고, 상처에 이름을 붙이며, 상처와 현재의 건강하지 못한 행동 사이의 연관성을 보고, 궁극적으로는 현재 당신의 삶에서 건강한 관계를 맺고 유지하는 방법을 배우기를 바란다.

이 책은 심리치료에서 말하는 '현재의 문제', 곧 내담자가 현재 해결하고 싶어 하는 문제를 넘어서 그 이상을 보는 법을 제시한다. 그리고 당신의 신념과 행동과 사고방식 그리고 원가족family of origin에게 받은 영향을 탐색하도록 제안한다. 자신에게 해를 주고 좌절감을 안겨주는 패턴은 대개 어린 시절의 상처에서 비롯된다. **근원의 상처**origin wound와 그로 인해 오랫동안 남아 있는 **파괴적인 패턴**을 이해하면, 현재 당신에게 문제를 일으키는 갈등과 행동을 해결하는 데 도움이 될 것이다.

이 책에서 다루는 치유 연습은 원가족에서 시작한다. 원가족은 우리가 자신이나 타인이나 주변 세상과 관계 맺는 방식의 기반이 되는 곳이다. 유년기의 관계(관계의 존재나 부재, 방치, 과보호)는 현재 우리가 삶의 거의 모든 측면을 보는 관점에 영향을 미친다. 당신의 원가족이 언제나 제 기능을 수행했을 수도 있고, 간혹 제대로 기능하지 못했을 수도 있으며, 거의 기능하지 못했을 수도 있다. 어느 수준이었든 완벽하지는 않았을 것이다. 당신은 가족이 주지 못했거나 주지 않은 무언가를 갈망했고, 가족이 미처 보지 못한(혹은 보기는 한) 무언가로부터 보호받아야 했으며, 가족이 위협적이라고 보아서 금지한 경험을 직접 해보기를 원했다.

나를 찾아온 개인이나 커플이 겪는 관계 문제는 대체로 과거의 관계 안에서, 특히 원가족 안에서 받은 고통이나 트라우마가 해결되지 않고 남아 있어서 생긴 것이다. 그래서 나는 내담자와 함께 시도하는 심리치료를 **근원 치유 연습**origin healing work이라고 부른다.

근원 치유 연습은 가족 체계 접근법과 정신 역동 이론을 통합한 접근법이다. 내가 노스웨스턴대학교에서 결혼 및 가족 치료 전문가가 되기 위해 수련받으면서 배운 **통합 체계 치료**Integrative Systemic Therapy에 기반을 둔 접근법이다.[1] 우리는 현재의 행동이 어린 시절의 가족 체계와 어떻게 연결되는지 살펴보고, 한 개인이 겪는 문제를 주변의 더 큰 체계 안에서 이해할 것이다.

1부에서 보겠지만 이 과정을 거치지 않으면 고통과 트라우마가 해결되지 않은 채 남을 것이다. 고통스러운 과거를 아무리 피하려 해도 소용이 없다. 원가족에서 상처를 준 가족과 물리적으로 얼마나 떨어져 있는지(심리학자 프로마 월시Froma Walsh의 '지리적 치료법') 혹은 관계를 완전히 끊었는지는 중요하지 않다. 치유하려면 반드시 내면에서 문제를 해결해야 한다. 그러려면 우선 나를 붙잡은 근원의 상처를 이해하고 인식해야 한다.

나는 이제껏 근원의 상처가 없는 사람을 본 적이 없다. 이 책에서는 다섯 가지 주요 상처에 관해 알아본다. 당신도 그중 한 가지 이상의 상처에 공감할 것이다. 어린 시절에 사랑받을 가치가 있는 사람이라고 느끼지 못했을 수도 있다. 늘 어디에도 속하지 않는다고 느꼈을 수도 있다. 스스로 충분히 중요한 존재인지에 의문을 품었을 수도 있다. 가까운 사람을 신뢰하지 못했을 수도 있고, 신체적으로나 정서적으로 안전하지 않다고 느꼈을 수도 있다.

근원의 상처에 이름을 붙이는 단계에서 치유가 시작된다. 2부의 각 장에서는 각 유형의 상처가 생긴 근원에 대해 알아보고, 상처에 대처하기 위해 스스로 터득한 해로운 방법을 살펴보며, 이어서 치유의 사례를 소개할 것이다. 다음으로 독자가 직접 근원 치유 연습의 네 단계를 거치며 상처에 이름을 붙이고, 상처를 목격하며, 애도하고(감정 처리), 방향 전환을 통해 지속적인 변화를 시도하여 성인의 관계에서 유년기의 패턴을 되풀이하지 않도록 노력할 것이다. 삶에서 중요한 사람들과의 파괴적인 역동을 반복하지 않기로 결심했다면, 근원 치유 연습을 시도해보자. 고통은 모른 척하고 넘어갈 수 없다. 아무리 고통을 외면하려 해도 근원의 상처를 덮어둔 채로는 새로운 길을 열 수 없다. 돌파해야 한다. 내가 그 길에 동행할 것이다.

근원의 상처를 더 깊이 이해한다면, 그 상처와 함께 당신이 가족 안에서 터득한 행동 패턴이 현재의 관계에서 당신의 행동에 얼마나 영향을 미치는지 파악할 수 있을 것이다. 3부에서는 당신이 소통하고 갈등을 해결하는 방법을 어떻게 배웠는지, 경계에 대해 무엇을 배웠는지(또는 무엇을 배우지 못했는지) 구체적으로 살펴볼 것이다. 이처럼 과거의 패턴을 자세히 살펴보면서 현재 당신이 사람들과 소통하고 갈등을 빚고 경계를 설정하거나 허무는 방식을 살펴보고, 나아가 진정성 있게 관계를 맺고 더 건강하게 소통하도록 도와줄 것이다.

스스로 예민하게 반응하거나 파괴적인 패턴으로 빠지려는 순간을 포착하면, 현재 상황을 평소와 다르게 처리하기 위해 몇 가지 질문을 던지는 습관을 들일 수 있다. 왜 매번 비슷한 상대를 만나는지 알기만 해서는 안 되고, 왜 항상 그렇게 반응하는지 아는 것으로 그치면 안 된다. 근원 치유 연습을 통해 나와 타인에 대한 연민과 이해와 공감을 토대로 내가 깨달은 바를 실천하고 빼앗긴 것을 되찾을 방향으로 나아가야 한다. 이 책에서는 과거를 치유하는 데 중점을 두면서도, 한편으로는 현재 당신을 고착시키는 패턴을 깨뜨리고 변화를 시도하기 위한 방법도 제시한다.

이 책을 읽으면서 시도하면 좋을 문구와 연습과 명상법도 함께 제시할 것이다. 우선 현재의 관계와 삶에 방해가 되고 바람직하지 않은 패턴이나 행동에서 벗어나는 단계부터 시작한다. 이어서 치유하고 나를 발견하는 길로 나아가기 위한 구체적인 단계를 거친다.

다만 명확히 해둘 점이 있다. 이 연습은 부모나 보호자나 부모 역할을 해준 어른들을 배신하는 것이 아니다. (이 책에서는 부모나 보호자나 어른이라는 표현이 두루 나오는데, 당신이 자라는 동안 부모 역할을 해준 사람을 지칭하는 표현이다.) 실제로 나는 내담자를 상담하면서 누군가를 노골적으로 지적하거나 비난하지 않는다. 우리의 작업에는 폭넓은 맥락 정보가 필요하고, 맥락을 알 수 있다면 호의와 연민이 생긴다. 우리의 보호자도 결함이 있는 가족 안에서 자랐고, 그들의 존재 방식에도 나름의 근원의 이야기와 복잡다단한 개인사가 작용한다는 사실을 명심하기 바란다.

우리가 이렇게 탐색하는 목적은 누군가를 탓하고 비난하는 데 있지 않다. 그렇다고 해로운 행동에 핑계를 만들어주려는 것도 아니다. 경험을 축소하거나 없던 일로 만들지 않고 있는 그대로 인정하고 이름을 붙이기 위해 탐색하는 것이다. 우리 가족은 그들이 아는 한에서 최선을 다했지만, 역부족이었을 것이다. 해로운 경험을 이해한다고 해서 우리의 할 일이 달라지는 것은 아니다.

당신의 이야기는 나의 이야기와 다를 것이고 이웃의 이야기와도 다를 것이다. 당신은 남들보다 훨씬 충격적인 일을 겪었을 수도 있고, 다행히 그렇게 심각한 일을 겪지 않았을 수도 있다. 당신의 이야기가 어느 수준이든 그 이야기에 다정하고 진지한 관심을 가져야 한다.

당신이 할 일은 원가족이 당신에게 미친 영향에 이름을 붙이고 인정하고 느껴보고 알아차리고, 나아가 인식과 이해를 바탕으로 건강하고 지속적인 변화를 이루는 것이다. 하루아침에 끝나는 과정이 아니다. 자신과 연인이나 배우자와 가족에 대해 꾸준히 알아가야 한다. 나이와 상관없이 새로운 영역에 민감하게 반응하는 자신을 발견할 수 있다. 여전히 관심을 가져야 할 슬픔의 영역을 발견할 수 있다. 그리고 당신이 알아주고 목격하고 애도하고 함께 머물러주기를 갈망하는, 내면의 상처받은 아이를 몇 번이고 만날 수 있다.

근원 치유 연습은 나 개인적으로도 앞으로 나아갈 방향이자, 내가 날마다 내담자를 만나서 시도하는 작업이다. 지속적이고 통합적인 변화가 일어날 기회를 만들어주고, 내가 얽매인 틀을 깨뜨려주며, 나의 신념을 찾아주고, 내가 가족의 고통과 상처를 물려받기 전 진정한 나의 모습이 무엇이었는지 기억하게 해준다.

물론 앞으로 나아갈 길이 하나밖에 없는 것은 아니다. 그 길은 지구상에 살아가는 인간의 수만큼 많을 것이다. 다만 내가 말할 수 있는 한 가지는, 가족 체계의 렌즈로 나의 근원의 이야기를 들여다보고 나서 내 존재 방식이 이해되고 치유를 받아들일 수 있게 되었다는 것이다.

나는 유년기의 상처를 계속 건드릴 법한 상대를 이제 만나지 않는다. 나와 함께 소매를 걷어붙이고 힘껏 노력하면서 진정한 나를 보아줄 사람을 선택할 수 있었다. 그러자 나의 연애가 편안해지기 시작했다.

- 나는 늘 괜찮아야 한다는 생각을 버리자, 남들에게 취약한 모습을 보여줄 수 있게 되었다. 그러자 내 삶에서 나의 진실하고 취약한 내면을 볼 자격이 있는 상대를 찾을 수 있었다.
- 나는 늘 평화유지군으로서 남들을 기쁘게 해주는 데만 신경 쓰는 데서 벗어났다. 상대에게 실망을 안겨주더라도 나 자신을 존중하는 법을 배웠다.
- 나는 다른 사람들을 바꾸려고 하거나 그들이 다른 길을 택하게 하거나 그들의 고통을 보게 하려고 하지 않았다. 그들을 있는 그대로 인정했다. 변하지 않는 그들을 대하는 나의 태도를 바꾸었다.
- 나는 상황을 통제하려고 시도하지 않게 되었다. 누군가가 나를 이용하지 않고도 나를 이끌어줄 수 있다고 믿는 법을 배웠다.

근원에 얽힌 이야기는 아름답도록 복잡하고 가슴이 절절하도록 아프다. 나의 부모님은 1991년 11월에 공식적으로 별거에 들어갔고, 어머니와 나는 1992년 5월에 집에서 나왔다. 장장 9년간의 이혼 절차가 시작되었다. 당시 뉴저지주 역사상 가장 긴 이혼 절차였다. 부모님의 관계도 크게 달라져서 요즘은 사이가 괜찮다. 그러나 그 세월 동안, 나는 두려움과 슬픔을 견뎌야 했다. 이후로도 오랫동안 나는 어릴 때 받은 메시지를 다시 포장하고 풀기를 반복했다. 현재 내가 심리치료에 적용하는 기법은 오랜 세월 부모님 사이를 오가며 중재하던 역할과 직접 관련이 있다. 나의 친한 친구이자 동료인 알렉산드라 솔로몬Alexandra Solomon 박사는 "우리의 상처와 재능은 바로 옆 이웃"이라고 말한다. 우리의 가장 뛰어난 재능이 우리가 견뎌낸 고통에서 생긴다는 점을 일깨워주는 명쾌한 표현이다.

하지만 행복한 결말이 있다. 근원의 이야기와 가까워지는 과정에는 나 자신이나 가족에 관해 알아보거나 과거의 기억을 떠올리는 연습만 있는 것이 아니다. 근원의 이야기를 알아가는 연습은 나에게, 나보다 앞선 세대에게, 내 뒤에 올 세대에게 치유의 기회를 준다. 가족 치료 전문가이자 작가인 테리 리얼Terry Real은 이런 말을 했다. "가족의 불화는 세대를 거듭해 이어지고, 산불처럼 모든 것을 태워버린다. 어느 세대의 누군가가 용기를 내어 불길에 맞서는 순간까지. 그 사람은 앞선 세대에 평화를 주고 뒤에 올 아이들을 구제한다." 이제, 불길에 맞설 준비가 되었는가?

수십 년 동안 심리치료를 받았든, 아니면 심리치료를 받아본 적이 없든 상관없다. 가족 체계 작업을 해보았든 이번에 처음 접하든 상관없다. 어린 시절이 잘 기억나든, 거의 기억나지 않든 상관없다. 고통이 심하면 기억이 지워지기도 하지만, 여전히 느낄 수는 있다. 열린 마음이 중요하다. 차마 응시하고 받아들이고 인정하기 어려울 수도 있는 무언가를 탐색하고 느끼고 보겠다는 의지가 중요하다. 또 이 책을 읽는 동안, 자신을 잘 돌보아야 한다. 계속 밀어붙이든 잠시 멈추든, 이 작업에 계속 연결되어 있어야 한다.

이 책을 어떻게 활용할지는 각자의 선택이다. 옳고 그른 방법은 없다. 치료사와 함께 이 책을 참조하면서 치료할 수도 있다. 혹은 혼자 탐독하면서 자신을 진지하게 성찰할 수도 있다. 또 연인이나 배우자, 가족, 친구와 함께 읽고 대화를 나눌 수도 있다.

어느 길을 선택하든, 당신은 무언가를 찾기 위해 이 책을 펼쳤다. 관심을 가져야 할 무언가가 있기에 이 책을 펼쳤다. 당신이 짊어진 무게와 소모적인 행동 패턴에 지치고, 변화를 시도했지만 계속 좌절했기에 이 책을 펼쳤다. 나는 당신을 본다. 당신의 이야기를 듣는다. 내가 먼저 가보았던 이 험난한 길을 당신과 함께 걸을 수 있어서 기쁘다.

근원의 이야기를 알아보려면, 용기를 내 치유의 길에서 큰 걸음을 내디뎌야 한다. 자, 이제 출발해보자.

1

나의 뿌리

Our Roots

나의 과거는 나의 현재

1

상담 신청서에는 별다른 정보가 없었다. 이름과 나이 그리고 어떤 문제로 상담받고 싶은지만 간략히 적혀 있었다.

나타샤 해리스, 38세
지금 제 남자친구가 평생 함께할 사람인지 알아야 해요. 오래 고민한 문제인데 더는 덮어둘 수가 없을 것 같아요. 도와주실 수 있어요?!

나타샤는 심리치료가 처음이었다. 친구들이 심리치료사(나)를 만나보라고 설득했다. 첫 치료 시간에 나타샤는 긴장하면서도 설레는 모습이었다.

"저한테는 꼭 필요한 시간이에요. 시간 내주셔서 감사합니다.

오랫동안 미뤘는데 더는 미룰 수 없을 것 같았어요. 친구들도 제가 맨날 징징대니까 이젠 지겨워해요."

나타샤가 신경질적으로 웃었다. 나는 미소를 지었다.

"맨날 똑같은 얘기를 듣고 또 들으니 지겨울 만도 하죠. 친구들은 절 처음 알았을 때부터 매일 똑같은 소리를 늘었거든요."

"친구들과 만난 지는 얼마나 됐어요?"

"아, 어릴 때부터 알던 친구들이에요. 아주 오래됐죠. 30년도 넘게 만난 친구들이에요."

나타샤의 친구들이 지겹도록 들었다는 불평은 현재 만나는 연인만의 얘기가 아니었다. 나타샤는 이성을 사귀기 시작하고부터 거의 모든 연인에 대해 매번 같은 불평을 토로했다.

"친구들한테는 주로 어떤 얘기를 하세요?"

"음, 그냥 뭔가 잘못된 느낌이 든다고 말해요. 친구들은 제가 자꾸만 잘못된 걸 찾으려 한다고 해요. 제가 좋은 걸 망치려는 것 같다고 해요. 전 잘 모르겠어요. 제가 저한테 좋은 사람들을 밀어내는 것 같기는 해요. 모두가 그렇다고 하니 그렇겠죠."

나타샤의 머릿속에 든 나타샤가 이미 보였다. 그녀의 이야기에는 남들의 말과 메시지가 스며들어 있었다. 자기가 어떻게 느끼는지, 자기가 무엇을 아는지, 자기에게 무엇이 맞는지 제대로 파악하지 못했다.

"당신이 연애할 때 어떻게 행동하는지 친구들이 잘 아는 것 같네요. 그런데 남자친구와의 관계에 대해서 당신은 어떻게 생각해요?"

"아, 네, 클라이드는 훌륭한 남자예요. 똑똑하고 매력 있고 유쾌하고 성공한 남자이면서 친절하고 배려심도 넘치거든요. 클라이드를 보면 문제가 될 만한 부분을 찾을 수가 없어요. 다들 클라이드가 결혼 상대로 좋은 남자라고 말하고, 저도 드디어 제 짝을 만났다고 생각해요."

"클라이드가 결혼 상대로서 좋은 사람이라고 생각하나요?"

나는 나타샤가 클라이드를 어떻게 생각하는지로 다시 대화의 방향을 돌렸다.

"네, 맞아요. 클라이드는 저한테 훌륭한 남편감이에요. 멋진 남자고 불만을 가질 거리가 없어요. 그런데 그냥 뭔가가 잘못됐거나 앞으로 잘못될 것 같은 예감이 들어요. 제가 뭔가를 놓치고 있는 걸까요? 나중에 문제가 생기면 어떻게 해요?"

"다른 관계에서는 문제가 생겼어요?"

내가 클라이드 이야기에서 갑자기 방향을 바꾸자, 나타샤가 조금 놀라는 눈치였다.

"아니요, 그런 적 없어요."

"가족 중에는 그런 적이 있나요?"

나타샤는 멈칫하며 의아한 표정으로 나를 보았다.

"가족하고는 상관이 없는 일 같은데요. 왜 치료사들은 항상 그 얘기로 방향을 틀까요? 솔직히 전 어린 시절이 꽤 좋았어요. 그쪽으로는 건질 게 없을 거 같아요. 그냥 클라이드와의 관계에 대해 더 알아보고 싶어요."

이럴 때 나는 속으로 쾌재를 부른다. 그리고 첫 시간에 치료사와의 경계를 설정하려 한 브레네 브라운Brené Brown의 '취약성의 힘The Power of Vulnerability'이라는 TEDx 강연도 떠오른다.[1] "가족 문제도 없고, 어린 시절 문제도 없고, 내게는 그냥 전략이 필요하다."

사실 이 방법은 브레네에게도 효과가 없었고 당신에게도 효과가 없을 것이다. 인정하고 싶든 아니든, '가족 문제'와 '어린 시절 문제'가 **모든 문제**의 근원이기 때문이다.

당신이 듣고 싶지 않은 말일 것이다. 어쩌면 당신은, 오래전 사건이 현재에 전혀 영향을 미치지 않는다고 단언할 수도 있다. 그동안 성장하고 발전했을 테니까. 그리고 당신은 이미 용서했을 수도 있다. 그러니 수십 년 전 일이 현재로 이어져 자신의 삶을 지배한다는 게 믿기지 않을 것이다.

분명한 사실은, 현재 자신의 삶에 영향을 주는 패턴이 과거에 형성되었다는 것이다.

따라서 자신이 발전했더라도, 의미 있게 성장했더라도, 더는 과거의 자신과 같은 사람이 아니더라도, 여전히 당신은 여러 세대에 걸쳐 이어진 사슬의 한 고리다.[2] 그리고 알든 모르든, 더 큰 가족 체계가 크고 작은 측면에서 당신 삶의 여러 영역을 이끌어간다. 과거가 현재(당신의 삶)를 지배할 것이고, 이런 기제를 알아차리지 못하면 그로 인해 고통받을 수 있다.

과거는 끈질기게 따라붙는다. 우리가 외면할수록 과거는 우리를 쫓아다니며 우리의 관심을 요구한다. 왜 매번 같은 문제로 고민하는지 의아해한 적이 있는가? 왜 늘 비슷한 상대를 선택하는지 궁금해한 적이 있는가? 왜 늘 변화하려고 노력해도 같은 반응이 나가는지 의문인 적이 있는가? 왜 자기 안의 비평가는 매번 똑같이 불편한 말을 반복할까? 과거가 관심을 가져달라고 요구하기 때문이다. **어린 시절 문제**가 어떤 식으로든 현재의 삶을 주도하므로, 이런 현상을 알면 도움이 될 것이다.

나타샤는 어린 시절을 들여다보고 싶지 않다는 말로 사실 많은 정보를 제공했다. 나는 그 짧은 순간, 나타샤와 함께 치유의 여정을 시작하기 전에 약간의 사전 작업이 필요하다고 판단했다. 나타샤는 아직 여기까지 따라오지 못했지만 괜찮았다. 가족 이야기를 탐색하는 사이 그녀의 과거와 현재를 잇는 중요한 연결 고리가 드러날 터였다. 나타샤는 원가족과 현재 삶의 문제가 연결된 사실을 알아차릴 것이다. 그리고 이 여정을 계속 이어간다면, 얼마 안 가서 클라이드와의 문제가 생각만큼 단순하고 표면적인 문제가 아니라는 것도 알아차릴 것이다.

나타샤는 이례적인 사례가 아니었다. 다른 많은 내담자처럼 나타샤도 심리치료를 찾게 만든 직접적인 문제, 곧 현재의 관계를 이어갈지 말지에 대해 이야기하고 싶어 했다. 나타샤에게 과거를 깊이 들여다보는 작업, 말하자면 가족의 역동과 자신의 고착된 삶의 패턴과 수십 년 전에 일어난 사건을 들여다보는 작업은 치유와는 무관해 보이거나 중요하지 않아 보였을 것이다. 약혼을 앞둔 시점이라(클라이드가 약혼반지를 고르고 있었다) 현재의 관계 이외에 다른 부분을 들여다보는 것이 시간 낭비로 느껴졌을 것이다. 클라이드와 계속 함께할지 말지, 이것이 나타샤의 당면 과제였다.

물론 나타샤로서는 당연한 생각이었다. 사람들은 대체로 어디에서 왔는지보다는 어디로 가야 하는지에 집중하고 싶어 한다. 하지만 나타샤가 이해하지 못한 사실이 있었다. 그녀가 오로지 클라이드와의 **문제만** 들여다보기 때문에 문제를 명확히 이해하지 못한다는 점이었다. 이후 몇 달에 걸쳐 나타샤는 어린 시절과 과거의 여러 관계만이 아니라 부모와 언니에 대해서도 꽤 많이 들여다볼 터였다. 결국에는 클라이드와의 문제뿐 아니라 오래 고심해온 다른 여러 문제도 이해될 것이다.

～

원가족을 돌아보는 시간은 가치가 있지만 항상 쉬운 것은 아니다. 그리고 이것은 우리가 이 책에서 함께 해나갈 작업이다. 우리가 다룰 패턴을 알아차리지 못하면 예측 가능한(종종 파괴적인) 방식으로 같은 패턴을 반복할 것이다. 나타샤처럼.

나타샤도 다른 많은 사람처럼 심리치료의 돌파구에 이르기 전에는 이상적인 유년기였다는 서사에 집착했다. 부모는 여전히 원만한 부부 관계를 유지했고, 그녀는 사랑하는 가족 안에서 성장했다는 서사 말이다.

"불평할 게 없어요. 어린 시절이 꽤 행복했고 저보다 훨씬 힘들게 자란 사람도 많은데, 제가 이런저런 걸로 사연 있는 척하는 게 우습게 느껴져요."

나타샤는 어린 시절을 이상화할 뿐 아니라 내가 **상처 비교** wound comparison라고 일컫는 특징을 보였다. '남들은 더 심한 일을 당했다'면서 자신의 이야기를 인정해주지 않으려 하는 것이다. 주변에는 친아버지한테 학대당한 친구도 있었다. 또 어머니가 열세 살에 돌아가신 친구도 있고, 오빠가 가족의 재산을 다 훔쳐서 도박으로 날린 친구도 있었다.

"이런 게 진짜 문제죠. 이런 게 진짜 고민거리예요. 이런 게 진짜 고통이자 상처예요."

나타샤는 자신의 상처와 고통은 이런 심각한 일을 겪은 사람들의 상처와는 비교도 할 수도 없다고 생각했다. 나타샤는 스스로 고통을 느낄 권리가 있다고 생각하지 못했다.

나는 여기서 **진짜**라는 말에 주목해야 할 것 같았다. 행간에 이런 의미가 읽혔다. '내 고통과 상처는 명확하지 않아요. 그렇게 눈에 띄지 않아도 남들이 알아볼 수 있을까요? 나 자신조차 알아볼 수 있을까요? 제 고통이 끼어들 자리가 있을까요?'

나타샤에게도 과거의 아픔이 있었다. 실제로 그녀의 목소리에서 그 아픔이 들렸고, 그녀가 내게 들려준 이야기의 후미진 구석에서 그 아픔이 보였다. 그러나 나타샤가 그 아픔에 주목할 가치가 있다고 인정하기 전에는, 우리가 함께 해결할 수 없었다.

상처를 비교하는 태도는 축소든 과장이든 치유에 방해가 된다. 자신의 이야기, 자신의 취약성, 궁극적으로는 자신의 치유에서 초점이 벗어나기 때문이다. 나타샤처럼 과거를 이상화하는 사례가 드물지 않다. 역시나 자기를 보호하려는 시도다. 가족을 계속 긍정적으로만 본다면, 고통과 마주하면서 가족을 배신한다고 느낄 필요도 없고 가족이 베풀어준 보살핌과 사랑에 감사하지 않는 것처럼 보이지 않아도 된다. 게다가 과거가 그리 안전하지 않았다면, 과거에 일어났거나 일어나지 않은 일로 크게 상실감을 느끼고 현재와 미래가 어떻게 펼쳐질지 두려워질 수 있다.

많은 이가 이런 역설을 안고 산다. 원가족을 비판적으로 보면서도 가족의 사랑과 노력을 존중하는 태도. 충돌하는 두 가지 생각을 동시에 머릿속에 담고 살기란 쉽지 않다. 하지만 근원의 이야기를 들여다보지 못한다면, 고통과 상처를 보지 못한다면, 자신의 경험을 실제보다 줄이거나 부풀리거나 이상화하거나 지적으로만 처리한다면, 자칫 자기 인생에서 방관자가 될 수 있다.

나타샤는 비교를 그만두고, 아무런 방해도 받지 않고 오롯이 자신의 고통을 들여다보기 위한 공간을 만들어야 했다. 근원의 이야기를 진지하게 받아들여야 했다. 우선 그녀가 가족을 유지하기 위해 맡은 역할부터 살펴보아야 했다.

원가족에서의 역할

아이들은 놀랄 만큼 다 안다. 주변에서 벌어지는 상황을 예의 주시하고 보고 느끼고 알아차린다. 다른 사람의 정서 체험에도 세심히 주의를 기울이면서 부모나 형제자매가 슬퍼하거나 화가 난 듯 보이면, 먼저 안아주고 뽀뽀해주기도 한다. 어른들이 종종 간과하는 부분을 아이들은 놀랍도록 잘 알아차린다. 아이들의 직관은 생생히 살아 있고, 끊임없이 우리의 주의를 빼앗는 상황에 아직 오염되지 않았다. 아이들은 현재에 머무르며 주변에 관심을 둔다. 아직은 자신의 고통이나 타인의 고통을 변명하거나 축소해서 은폐하는 법을 배우지 못했다. 아이들은 타인의 고통을 보면 주저하지 않고 지적하고, 어른들처럼 문제를 발견하면 해결하고 싶어 한다.

아이들은 이처럼 타인의 고통을 세심하게 알아차리고 고통을 없애주고 싶어 하기에, 가족을 정서적으로 지지하거나 동생에게 부모 노릇을 하는 등 가족을 유지하는 중요한 역할을 한다. 때로는 부모가 힘든 일상에서 잠시 벗어나게 해주거나 자기가 대신 상황을 해결하고 싶어 하기도 한다. 가령 형제자매 중 특별한 도움이 필요한 아이가 있는 가정에서는 부모의 스트레스와 피로를 알아차리고, 자기는 손이 덜 가는 아이, 즉 한 가닥의 실에 위태롭게 매달려 있는 가족에게 스트레스를 더하지 않으려고 자기 일은 스스로 알아서 하고 최선을 다하는 아이가 될 수 있다. 이런 아이들은 주어진 상황에서 무엇이 필요한지 간파하고 자신이나 가족을 보호하는 데 필요해 보이는 역할을 떠맡는다.

여기서 핵심은 언제부터 그 역할을 맡았냐는 점이다. 그 역할이 여전히 남아서 우리의 행동과 반응을 주도할 수 있다. 과거가현재의 우리를 지배하는 것이다. 배우자나 친구나 심지어 직업을 선택할 때도 어느새 익숙한 역할로 돌아가서 선택할 수 있다. 가족 안에서 완벽주의자 역할을 맡았다면, 성인의 관계에서도 완벽주의적 성향을 보일 수 있다. 어릴 때 부모나 형제자매를 보살피는 역할이었다면, 현재에도 모든 사람의 요구를 살펴야 한다고 생각할 수 있다. 혹은 가족 안에서 잃어버린 아이, 그러니까 작고 조용한 아이였다면, 지금도 자기 목소리를 내지 못할 수 있다. 혹은 가족 안에서 우스꽝스러운 말이나 행동으로 분위기를 풀어주는 역할이었다면, 지금도 사람들에게 웃음을 주는 것이 자신의 역할이라고 믿을 수 있다. 반대로 어린 시절의 역할을 거부할 수도 있다. 가령 어릴 때 부모에게 든든한 친구나 정서적 지지자가 되어주었다면, 현재의 연인이나 배우자에게는 정서적으로 돌보거나 친밀감을 나누고 싶어 하지 않을 수 있다. 연인이나 친구에게서 정서적 도움을 구하는 신호를 포착하면, 어릴 때 가족의 지지자로 살면서 얼마나 힘들었는지 떠올라서 모든 관계에서 친밀감과 취약성을 원천 차단할 수 있다.

당신이 맡은 역할은 힘들어하던 가족을 지키는 데 필요했을 수 있다. 그러나 이제는 그 역할이 필요하지 않을 수 있다. 사실은 당신이 떠맡는 그 역할이 치유를 **방해**할 수도 있다. 마음속 상처를 발견하고 상처에 이름을 붙이고 상처를 해결하는 데 방해가 되고, 결국에는 연인이나 배우자와의 연결감과 친밀감을 가로막을 수 있다. 이것은 나타샤가 클라이드를 사랑하면서도 전념하지 못하는 마음을 깊이 파고들면서 드러난 사실이다.

나타샤는 심리치료를 시작하고 몇 주가 지나고도 행복한 어린 시절을 보냈다고 주장했다. 나는 몇 시간에 걸쳐 나타샤에게 클라이드와의 사이에 '문제가 터질까 봐' 두려운 마음에 관해 물었다. 클라이드의 관계에서 언젠가는 예상하던 '문제가 터질까 봐' 두려운 마음, 말하자면 클라이드가 언젠가는 본색을 드러낼 거라는 두려움에 관해 물었다. 가족이나 이전의 이성 관계에서 이렇게 문제가 터진 적이 있느냐는 질문에는 아무런 답을 듣지 못했지만, 무언가를 숨긴 적이 있느냐고 묻자 마침내 문이 열렸다.

나타샤는 열다섯 살 때 아버지의 컴퓨터에서 열려 있던 이메일을 우연히 발견했다. 다음 날 수업 시간에 제출할 과제를 마무리해야 하는데, 그녀의 컴퓨터에 문제가 생겨서 아버지에게 컴퓨터를 써도 되는지 물었고, 아버지가 흔쾌히 허락했다.

"아빠는 거기에 뭐가 열려 있는지 몰랐을 거예요."

나타샤의 눈에 눈물이 맺혔다.

"거기에 그 대화가 있었어요. 제 눈앞에. 두 사람이 주고받은 이메일을 다 읽었어요. 하나도 빠짐없이. 눈을 뗄 수가 없었어요. 도무지 이해되지 않았어요. 엄마가 아닌 다른 여자가 우리 아빠에게 사랑한다고 말하고, 주말이 얼마나 황홀했는지 말하고, 평생 함께 살 수 있기를 고대한다고도 말했어요. 아빠도 똑같이 말했고요. 몇 년이나 이어진 관계더군요. 여러 해 동안 아무도 몰랐어요. 그리고 아빠가 방에 들어왔어요. 저는 아빠를 쳐다보며 울었어요. 그때 엄마는 출장을 가서 없었고, 언니는 농구 연습하러 나가 있었어요. 아빠는 저를 보며 '엄마한테는 말하지 마라. 다 정리할게. 약속해'라고 하더군요. 우리는 다시는, 그 얘기를 꺼내지 않았지요. 엄마한테도 말하지 않았어요. 아빠는 불륜 관계를 정리했어요. 그 뒤로 제가 아빠의 이메일과 전화를 자주 들여다봐서 알아요. 아빠는 제가 감시하도록 그냥 놔두었고요. 서로 말하지는 않았지만 그렇게 우리의 암묵적 '계약'이 유지된 것 같아요."

나타샤는 잠시 말을 끊고 고개를 저었다. 그녀는 이 이야기를 들려주며 계속 아래만 보았다. 그리고 눈을 들다가 나와 눈이 마주쳤다.

"정말 무거운 짐을 졌군요. 20년 넘게 그런 비밀을 안고 살다니요. 어떤 고통과 혼란과 의문에 사로잡힌 채 살아왔을지 상상이 가요."

나타샤는 비밀을 지켰다. 자신의 역할을 훌륭히 수행했다. 다 잊어버릴 정도로 자신에게조차 철저히 비밀을 지키고 그런 이상한 방식으로 비밀을 흡수한 덕분에, 가족은 항상 행복하고 잘 소통하고 사랑하는 모습으로 (아무 일 없던 것처럼) 남을 수 있었다.

그러니 나타샤가 행복한 어린 시절을 보냈다고 생각하는 것도 이상할 게 없었다. 비밀을 지키는 나타샤의 역할은 은폐되었고, 나머지 가족은 고통과 슬픔을 피할 수 있었다. 하지만 나타샤의 역할극이 성공한 만큼, 과거는 더 강하게 그녀를 붙잡으며 건설적으로 살아갈 방법을 찾지 못하게 방해했다.

진정성과 애착 맞바꾸기

어렸을 때 부모나 보호자에게서 사랑이나 연결감, 인정, 안전, 긍정의 대가로 이래라저래라하는 요구나 권유를 수도 없이 받았을 것이다. 부모가 당신에게 자기다운 면을 줄이라고 요구했을 수 있다. 당신은 어렸을 때 어떻게 했을까? 아마 부모의 말을 따랐을 것이다. 우리는 원래 애착attachment을 갈구하도록 태어났기 때문이다. 인간이 생존하려면 애착이 필요하다. 사랑받고, 필요한 존재가 되고, 선택받고, 보호받고, 중요한 존재로 인정받고, 안전하고 싶은 욕구가 다른 모든 것을 압도하기 때문이다.

하지만 애착에 대한 욕구만큼이나 진정성authenticity에 대한 욕구도 중요하다. 진정성을 얻으려면 나의 존재를 자유롭게 느껴야 하고, 나와 나의 친밀한 공간에 들어온 사람들에게 나를 온전히 보여줄 수 있어야 한다. 진정성은 존재의 핵심이다. 진정성이 없으면 내면에서부터 죽는다.

진정성과 애착, 둘 다 강렬한 욕구다. 하지만 트라우마 및 중독 치료 전문가 가보 마테Gabor Maté 박사는 "진정성이 애착을 위협할 때는 애착이 진정성을 압도한다"고 말한다.[3] 놀랍게도 사람들은 하나의 생명줄을 주고 다른 생명줄을 구하려 한다. '나는 너와 연결되기 위해 나를 버리든가, 아니면 나 자신에게 진실하기 위해 너와의 연결을 끊든가, 둘 중 하나를 선택해야 한다'고 생각하는 것이다. 그리고 놀랍게도 당신을 비롯한 모든 인간이 무수히 반복해서 이런 결정을 내려야 한다.

어릴 때는 진정성을 내주고 애착을 얻으려 한다. 애착이 더 절실한 생명줄이기 때문이다. 우수한 성적을 받아오면 아버지가 기뻐한다. 착한 아이가 되면 어머니가 짜증을 덜 낸다. 살을 빼면 사람들에게 관심을 더 많이 받는다. 무던히 잘 지내면 부모가 덜 힘들어한다. 내가 거칠게 나가면 아버지가 여동생을 괴롭히지 않는다. 내가 동의하면 집안에 평화가 유지된다. 어머니를 도와주면 어머니의 슬픔이 줄어든다. 부모가 나를 버리거나 거부하거나 미워하거나 비난하거나 꾸짖거나 의절하지 않도록 스스로 잘 처신한다. 그런데 성인이 되고도 이런 태도를 유지한다. 인간이 원래 그렇게 태어났기 때문이다. 그리고 남들에게 나를 맞추면, 나의 가치감과 소속감, 우선순위, 신뢰, 안전이 보장된다는 사실을 터득했기 때문이다.

우리는 애착과 진정성에 관한 근원의 이야기에서 생애 처음 자신의 본모습을 배신하는 법을 터득한다. 그리고 애착을 얻기 위해 진정한 자아를 버리는 법을 배운다. 또 나에게 필요하다고 믿는 것을 얻기 위해 나를 바꾸기 시작한다.

잠시 생각해보자. 당신은 본모습이 아닌 다른 사람이 되어야만 그토록 갈망하는 무언가를 얻을 수 있다고 배웠다. '네가 바라는 사람이 되어야 나는 사랑과 연결감, 인정, 안전, 승인을 보장받을 수 있다.' 이것은 자기 보호의 한 형태고, 당신은 이 형태를 받아들이려고 최선을 다했다. 하지만 나를 잘 조율한다고 해서 성공하는 것은 아니다. 원하는 결실을 얻지 못할 수 있다. A 학점을 받거나 해트트릭을 기록하거나 덜 예민하게 군다고 해도, 자신의 마음속 깊은 곳에서는 어떤 상황인지 안다. 상황을 꿰뚫어 보면서 진정성을 버리고 인정받으면, 그 결과를 신뢰할 수 없다는 것을 안다. 그래서 자연히 불안하고 자신감이 부족하고 자신과 타인을 의심하는 성인으로 자란다. 나아가 진정성 있는 모습을 보여주어도 상대가 여전히 당신을 사랑하고 선택하고 존중하고 인정해줄 거라고 믿지 못한다.

나타샤의 이야기가 좋은 예다. 나타샤는 자기를 바꾸는 변신의 귀재가 되었다. 그녀는 아버지의 외도로 인한 고통을 회피하는 식으로 가족의 행복을 지켜줄 수 있었다. 하지만 그렇게 얻은 승리는 울림이 크지 않았다. 너무 오랫동안 혼자서 무거운 짐을 지느라 자신의 고통과 슬픔과 상실을 존중하는 법을 배우지 못했다. 진정한 자기를 포기한 대신, 비밀을 지켜야 하는 아버지와 아무것도 몰라야 하는 어머니에게 애착을 얻었다. 이런 거래로 자유와 회복력을 잃었고, 관계에 일상적으로 존재하는 부침에 흔들리면서도 관계를 유지하면서 연인과 함께 치유하는 능력을 잃었다. 삶에서 옆으로 비켜서서 과거의 해결되지 않은 문제가 현재의 삶을 좌우하고 관계와 치유를 방해하도록 방치했다.

과거는 현재와 미래의 열쇠

상만 바라보고 싶을 수 있다. 앞만 바라보고 싶을 수 있다. 하지만 이제는 고개를 더 돌려야 한다. 과거의 사건, 가족의 갖가지 문제 모두 매우 중요하다. 자신과의 관계와 사람들과의 관계를 치유하고 싶다면, 근원의 이야기를 알아야 한다. 치유되지 않고 해결되지 않은 과거가 오늘의 삶을 지배하지만, 계속 그렇게 살 필요는 없다.

과거의 유산과 가족의 비밀, 두려움과 불안은 세대를 거쳐서 대물림된다. 명절에 치르는 의식이나 가족의 기도문이나 화요일 타코의 밤처럼 명시적인 전통도 있다. 하지만 건강하지 않고 음험한 전통이 대물림되기도 한다. 가령 자기가 어머니에게 비난받았듯이, 딸의 체중을 노골적으로 비난하는 어머니가 있다.

어릴 때 아버지에게 엄격한 규율로 통제받았으면서 자녀가 비현실적인 기대에 미치지 못하면 봐주지 않는 아버지도 있다. 이웃의 이목이 두려워 중요한 사건을 드러내지 못하거나 어린 자녀를 잃고도 인정하거나 애도하지 못하는 부모도 있다.

나타샤는 아버지의 이메일을 발견한 후 타인을 불신하면서 심각할 정도로 자기 의심에 빠졌다. 의식 차원에서는 인지하지 못했지만 불신으로 가득한 삶을 살기 시작했다. 나타샤는 무엇을 믿을 수 있고 무엇을 믿을 수 없는지 구분하지 못했다. 좋은 사람, 안전한 사람, 정직하고 친절하며 사려 깊고 배려심이 넘치는 사람에게 끌리면서도, 그들이 일관성 있는 모습을 보여주어도, 문제가 터질까 봐 늘 불안해했다. 그리고 그런 상황에 대처하기 위해 미리 관계를 끝냈다. 그래야 수십 년 전에 아버지가 그랬듯, 문제가 터질 때까지 기다릴 필요가 없었다.

나타샤는 자신의 방식을 인지하지 못했다. 아버지의 배신을 알게 된 이야기는 이제껏 아무에게도 말하지 않았다. 내게 털어놓기 전까지 그 이야기는 자신 안에 갇혀 있었다. 이후 몇 주에 걸쳐 나타샤는 클라이드를 향한 의심, 뭔가 '맞지 않는 것 같다'는 우려가 아버지로 인한 불화의 연장선이라는 사실을 이해하게 되었다. 아버지가 은밀하게 회피와 비밀을 요구한 탓에 그녀는 내내 그 안에 갇혀 있었고, 회피와 비밀이 계속 이어진 탓에 유난히 훌륭한 상대를 만나고도 그 사람도 결국 자신을 배신할 거라고 확신했다. 나와 함께 근원 치유 연습에 깊이 파고들고서야, 비로소 과거로부터 해방되고 더 행복한 결말과 더 건강한 길을 찾을 수 있게 되었다.

우선 근원의 이야기를 탐색하는 작업이 (중요하지만) 쉽지는 않다는 점을 인정해야 한다. 어린 시절을 놀아본다는 생각만으로도 부담스러울 수 있다. 무엇이 튀어나올지 몰라 겁이 날 수도 있고, 그렇게 발견한 사실을 감당할 수 있을지도 의문이며, 당장 중요한 문제에서 멀어지는 느낌이 들 수도 있다.

사람들은 대개 위기에 부딪힐 때까지 기다린다. 나의 심리치료 경험으로 보면, 개인이든 커플이든 문제를 필요 이상으로 오래 묵혔다가 도움을 구하러 온다.

연애나 결혼 상태이든 아니든, 스스로 타협해서 더 손쉬운 방법을 찾을 수도 있다.

'나 혼자서도 해결할 수 있을 거야.'

'상담을 받으면 나쁜 일들이 더 많이 튀어나올지도 몰라.'

'우리 가족은 최선을 다했어. 쓸데없이 기억을 들쑤셔서 가족을 미워하고 싶지 않아.'

하지만 근원의 이야기를 파고들어 당신이 오래 갈구해온 평온과 해답을 찾을 수 있다면 어떨까?

상처에 이름 붙이기

2

날마다 나타샤 같은 사람들이 지금 안고 사는 문제를 이야기하고 싶어서 생애 처음 상담실 문을 두드린다. 나는 수많은 개인, 연인이나 배우자, 가족을 대상으로 심리치료를 해왔다. 첫 시간은 거의 언제나 이렇게 시작한다. "저희는 매번 같은 문제로 싸우는데 해결책을 못 찾겠어요." 혹은 "저희는 성적으로 연결된 느낌이 들지 않아요." 혹은 "제 미래가 어떻게 될지, 뭘 하면서 살아야 할지 생각하면 스트레스받아요." 혹은 "엄마한테 제 입장을 이해시키려고 해봤지만, 이제 포기해야 할 것 같아요."

　사람들은 최대한 빨리 해결책을 찾고 싶어 한다. A 지점(고민거리)에서 B 지점(안도감)까지 최단 거리로 넘어가고 싶어 한다. "어떻게 해야 지금처럼 싸우지 않을 수 있을까요? 해결책을 찾도록 도와주실 수 있나요?" 혹은 "누가 옳고 누가 그른지 판단해주시면 안 될까요?" 이런 식이다. 싸우는 방법, 감정이 격해진 순간 좀 더 부드럽게 말하는 방법, 고마운 마음을 표현하는 방법, 설거지와 집안사와 과소비에 대해 서로의 입장을 전할 방법 등에 관한 규칙과 전략을 세운다. 상담실이기는 하지만 현실에서 진전을 이룬 것처럼 안도감을 느끼기도 한다.

그다음에는 대개 어떤 상황이 펼쳐질까? 연인이나 부부가 다음 주에 와서 지난주에 상담한 내용과 거의 비슷한 이야기를 또 꺼낸다. 어머니에게 자신의 입장을 이해시키려는 노력을 중단하고 싶어 한 젊은 여자는 어머니와의 대화가 또 틀어졌다고 털어놓는다. 성적으로 연결하기 위해 새로운 방법을 시도하려던 부부는 그 시도가 실패하자 전보다 더 실망한 채로 찾아온다.

이제 지름길을 안내하고자 한다. 간단하지만 중요한 방법이다. 지금까지 읽고 감을 잡았을 수 있지만, 자칫 오해할 수도 있으니 여기서 미리 명시하겠다. '처음 상담실 문을 두드리게 만든 문제보다 겉으로 드러나지 않은 문제가 훨씬 클 수 있다.'

장기적이고 통합적으로 달라지려면 수면 아래에 무엇이 있는지 알아야 한다. 수면 아래 있는 가족의 근원 이야기와 해결되지 않은 고통에 관심을 가져야만 현재 일어나는 상황을 바로잡고 안도감을 얻을 수 있다. 현재 어떤 상황을 쉽게 넘기지 못한다면, 그만한 이유가 있다는 뜻이다. 근원 치유 연습에서는 원가족을 들여다보고, 고통의 지점을 발견하거나 식별하고, 이전에 이름 없는 채로 남아 있던 것에 이름을 붙여볼 것이다.

나의 이야기가 시작되는 곳

이제 어디에서 시작할까? **나의 이야기**가 시작된 지점으로 가보자. 아주 오래전으로 거슬러 올라가지는 않겠지만, 그래도 꽤 멀리까지 가볼 것이다. 이제 자신의 이야기가 시작된 곳에 대해 알게 될 것이다.

원가족부터 알아보자. 원가족은 우리가 성장기를 보낸 가족 체계고, 그 체계에는 우리가 정서적으로 연결되었고 현재도 연결된 사람들이 있다. 참고로 이 책에서는 **원가족**과 **가족 체계**를 같은 의미로 혼용하겠다. 원가족의 구성원은 혈연관계든 아니든 우리의 신념과 가치관과 정체성의 토대가 된다. 우리는 원가족 안에서 사랑부터 갈등이나 비판까지 인생의 거의 모든 것에 관해 처음으로 배운다. 원가족은 우리 자신에 대해, 사람들과 소통하는 방법에 대해, 관계에서 무엇을 기대할지에 관해 가르쳐준다. 누구나 하나의 가족 체계를 가졌고, 나처럼 이혼 가정의 자녀라면 서로 다른 역동으로 굴러가는 두 개의 가족 체계를 가졌을 수 있다. 더 많을 수도 있다.

누구에게나 부모와 형제자매는 중요한 안내자다. 또 누군가에게는 조부모와 계부모, 의부 형제자매, 입양 가족, 위탁 가족, 한집에 사는 이모나 삼촌이 길잡이가 되어준다. 가족보다 보모와 더 오래 산 내담자도 있고, 하교하고도 부모가 퇴근하는 밤 10시까지 이웃집에서 지낸 내담자도 있었다. 이런 사람들도 원가족으로 볼 수 있다.

　여러 가족 안에서 성장한 사람은 각 가족을 살펴볼 수 있다. 여러 가족에 들어가서 그 가족 체계 안에서 살아가는 법을 터득하기란 쉽지 않다. 가족마다 고유한 교육을 제공한다. 직업윤리나 교육의 중요성과 올바른 자녀 행동에 대해 가족마다 상반된 메시지를 받았을 수도 있다. 텔레비전 시청 시간과 취침 시간, 허용되는 음식의 종류, 자녀가 해야 하는 집안일에 관해 가족마다 다른 규칙을 정할 수도 있다. 사회경제적 지위나 종교적 신념이 다른 두 가족 안에서 살아갈 방법을 배워야 했을 수도 있다.

　그뿐 아니라 고통이나 슬픔, 편안함과 기쁨을 느끼는 지점이 가족마다 달랐을 수도 있다. 어떤 가족 안에서는 스스로 가치 있다고 느꼈지만, 다른 가족 안에서는 자기 가치감을 느끼지 못했을 수 있다. 어떤 가족 안에서는 안전하다고 느꼈지만, 다른 가족 안에서는 두려움에 떨었을 수 있다. 어떤 부모에게는 내가 중요한 존재라는 느낌을 받았지만, 다른 부모에게는 그런 느낌을 받지 못했을 수 있다. 여러 원가족을 두루 탐색하기란 쉽지 않다. 그래도 다양한 경험을 이해하는 작업은 본론에 들어가기 전에 필요한 단계이므로, 주요 원가족만이 아니라 여러 근원의 이야기가 펼쳐진 배경을 두루 탐색할 필요가 있다.

　근원의 이야기는 나의 첫 시작에 관한 이야기다. 처음 무언가를 배운 순간, 처음 무언가를 관찰하고 목격한 순간, 처음 내게 영향을 준 메시지를 들은 순간, 그리고 이 책의 목적에 가장 부합하는 부분으로서 처음 상처를 입은 순간에 관한 이야기다. 어떤 영역에서는 이런 첫 경험이 중요하지만, 실제로 우리의 마음에 각인되는 순간은 극도로 고통스러운 사건이 처음 일어난 순간, 인생을 바꾸는 사건이 벌어진 순간, 혹은 누군가나 무언가가 내게 자꾸만 변하라고 요구한 순간이다. 그런 순간에 대한 기억이 아무리 오래 묻혀 있더라도.

다만 원가족에서 사랑과 소통과 경계와 그 외의 여러 가지에 관한 첫 번째 교육을 받았더라도 근원의 이야기가 항상 가족에서 시작되는 것은 아니다. 그리고 반드시 자신의 어린 시절 이야기일 필요도 없다! 사회와 미디어, 종교, 교육, 과거의 연애 관계에서 근원의 이야기와 그 영향을 발견할 수도 있다. 청소년기나 청년기나 불과 얼마 전 이야기여도 된다. 다만 근원의 이야기는 대개 (항상은 아니지만) 어린 시절의 이야기다. 이후로도 우리는 끊임없이 이야기를 쓰고 다시 쓴다.

이런 이야기라면 이미 많이 안다고 생각할 수 있다. 그도 그럴 것이 우리는 **우리의 삶을 산 유일한 존재**이기 때문이다. 하지만 나는 내 이야기를 되돌아볼 때마다 나에 대해 새로운 사실을 알게 된다. 새로운 렌즈로 나를 보게 된다. 당신도 그럴 것이다. 그러면 이 과정을 시작하는 데 도움이 되는 몇 가지 질문을 살펴보자.

나의 시작에 관한 질문

나는 내담자와 처음 심리치료를 시작할 때 우선 내담자가 어떻게 성장했는지부터 알아본다. 원가족과 (과거와 현재 맺어온) 관계 역동, 가족 구성원의 자질, 성장하면서 경험하고 관찰한 상황을 비롯해 다양한 정보를 알아낸다. 그러면서 내담자와 함께 어렸을 때 원했거나 필요했지만 주어지지 않은 것을 파악한다. 어려운 과정이지만 현재 내담자의 상처받은 마음을 이해하는 데 매우 중요하다.

그사이 오랫동안 생각해본 적 없는, 가족 구성원의 특징이나 성격이 떠오를 수도 있다. 특정 사건이 일어난 뒤로 가족의 분위기가 어떻게 달라졌는지 혹은 가족의 행동과 신념이 어떻게 세대를 거듭해 내려왔는지에 대해서도 생각할 수 있다. 이런 과정에 익숙해져야 한다. 그러면 원가족 및 가족과의 관계, 가족들 사이의 관계를 폭넓게 들여다볼 수 있다. 또 패턴을 파악하는 데 도움이 된다.

이 책을 읽고 연습하는 동안 기록을 하면 좋다. 깊이 공감하는 부분을 적어두거나, 연습에 나오는 여러 질문에 대한 답변을 일지처럼 기록하면 도움이 된다. 탐색을 시작할 때는 자신을 잘 보살펴야 한다.

내담자에 따라 질문이 달라지지만, 모든 내담자에게 던지는 공통 질문은 이렇다.

- 어릴 때 주변에 누가 있었나요?

- 어른들이 서로를 어떻게 대했나요?

- 어른들이 서로에게 어떻게 사랑을 표현했나요?

- 아버지는 당신에게 어떤 분이었나요? 한 개인으로서 아버지와 당신
  의 아버지 역할을 하는 아버지에 대해 말해주세요. 아버지의 어떤 면
  을 존경했는지, 아버지를 어떻게 판단했는지, 아버지의 어떤 면이 좋
  고 어떤 면이 싫었는지 말해주세요.

- 어머니는 당신에게 어떤 분이었나요? 한 개인으로서 어머니와 당신
  의 어머니 역할을 하는 어머니에 대해 말해주세요. 어머니의 어떤 면
  을 존경했는지, 어머니를 어떻게 판단했는지, 어머니의 어떤 면이 좋
  고 어떤 면이 싫었는지 말해주세요.

- 양부모나 다른 보호자가 있었다면, 그분들에 대해서도 위의 질문에
  답해주세요.

- 어른들이 서로를 대하는 태도나 당신을 대하는 태도가 갑자기 달라진
  계기가 있었나요? 있었다면 어떤 사건이었는지, 어떻게 달라졌는지
  말해주세요.

- 가족 중 정신 건강에 문제가 있던 사람이 있었나요?

- 그 문제가 어떻게 해결되었나요? 혹은 어떻게 해결되지 않았나요?

- 가족 안에서 외도나 배신, 중요한 전환기, 상실, 사망이 있었나요?

- 그 사건이 가족에게 어떤 영향을 미쳤나요?

- 아버지가 당신에 대해 어떤 점을 이해해주기를 바랐나요?

- 어머니가 당신에 대해 어떤 점을 이해해주기를 바랐나요?

- 부모님이 당신의 그런 점을 이해해주었다면, 부모님과의 관계에서 무엇이 달라졌을까요?
- 어렸을 때 간절히 원하던 것은 무엇이었나요?
- 형제자매가 있다면, 그들과의 관계에 대해 말해주세요.
- 아버지에게 한 가지를 말하고 나서 어떻게 될지 걱정하지 않아도 된다면, 무슨 말을 할 건가요?
- 어머니에게 한 가지를 말하고 나서 어떻게 될지 걱정하지 않아도 된다면, 무슨 말을 할 건가요?
- 어린 시절의 가장 행복한 기억은 무엇인가요?
- 어린 시절의 가장 고통스러운 기억은 무엇인가요?

이상의 질문에 답하려면 시간이 필요하고, 호기심, 개방성, 용기, 취약성 등이 있어야 한다. 확실한 것은, 질문에 모두 답하면 당신의 과거와 현재의 경험에 대해 소중한 통찰과 맥락 정보를 얻을 수 있다.

상처 드러내기

과거를 돌아보는 동안 유독 힘들고 감정이 흔들리는 기억과 마주할 수 있다. 지극히 정상이다. 근원 치유 연습에서는 **근원의 상처**, 곧 치유되지 않은 채 곪아 터지는데도 이제껏 온전히 알아차리지 못한 상처를 찾아내서 이름을 붙여주는 과정을 거쳐야 한다. 상처를 드러내고 이름을 붙여주는 과정은 치유로 향하는 가장 큰 걸음이다.

상처라고 하면 몸의 상처가 먼저 떠오른다. 어렸을 때 무릎이나 팔꿈치가 까졌던 경험을 기억할 수 있는가? 부모가 상처를 소독해주면서, 공기가 통해야 상처가 잘 아문다고 했을 것이다. 그래야 상처에 딱지가 생길 거라고 했을 것이다. 그러다 상처 난 자리를 책상 모서리에 찧거나, 아이들이 잘 그러듯이 딱지를 뜯으면 상처에서 다시 피가 난다. 그러면 다시 생채기가 생기고, 처음에 상처를 입었을 때처럼 아프다.

마음의 상처도 비슷하다. 정서적이나 심리적으로 영향을 미치는 고통스러운 경험을 하면 마음에 상처가 생긴다. 딱지가 생기듯, 눈에 보이지는 않지만 그 영향은 오래도록 우리 안에 깊숙이 자리 잡는다. 마음의 상처도 몸의 상처처럼 거듭 찔리고 뜯겨나가며 다시 생채기로 변하기도 한다.

놔두면 자연히 치유되는 몸의 상처와 달리, 마음의 상처는 그대로 둔다고 저절로 치유되지 않는다. 시간이 흐른다고 해서 저절로 낫지 않는다. 시간이 흐르면 한결 가벼워지고 수월해지는 상처도 있지만, 마음 깊숙이 뿌리 내린 상처는 특별히 관심을 갖고 함께 머물러 마음을 쓰고 에너지를 쏟아부어야 낫는다. 계속 보살펴야 한다. 마음의 상처는 사라지지 않고 희미해질 뿐이다.

그러니 모른 척할 수는 없다. 근원의 상처를 찾는 과정이 쓸모없는 시간은 아니다. 고통의 근원을 찾아가는 과정이다. 마음의 상처는 대개 가족 체계에서 출발하므로 가족을 들여다보는 일부터 시작해야 한다.

내가 가장 원했던 것

내가 어떤 치료사에게 받았던 가장 중요한 질문, 이후로도 내게서 떠나지 않는 질문으로 시작한다.

"당신이 어렸을 때 가장 원했지만 얻지 못한 것은 무엇인가요?"

잠깐, 이 질문을 그냥 지나치지 말자. 잠시 시간을 들여서 답하자. 이 질문에 온갖 감정이 일어날 것이다. 질문을 진지하게 고민하고 솔직하게 답하려면 용기를 내야 하고 내면의 취약성을 드러내야 한다. 그리고 당신의 대답에는 몇 가지 중요한 정보가 담길 것이다.

가족 안에서 당신이 가장 원했지만 주어지지 않았던 것, 그 무언가는 사실 당신이 누릴 수도 있었던 것일 수 있다. 당신은 완벽한 성적을 받지 못해도 집에서 가치 있는 사람이라고 느끼고 싶었을 수 있다. 집에 소속되었다고 느끼고 다름을 인정받고 사랑받는다고 느끼고 싶었을 수 있다. 집에서 중요한 존재라고 느끼고 싶었을 수 있다. 어른들이 당신에게 솔직하게 대해주고 무언가를 숨기지 않는다고 믿고 싶었을 수 있고, 집에서 보호받고 있다고 느끼고 싶었을 수 있다.

그리고 이런 느낌을 얻지 못할 때 상처가 생긴다.

다시 말해서 당신은 가치감 상처를 입었거나 소속감 상처를 입었을 수도 있다. 혹은 중요한 존재로 느끼지 못하는 우선순위 상처를 입었거나 신뢰 상처나 안전 상처를 입었을 수 있다. 모두 2부에서 자세히 다룰 것이다. 일단 여기서 이해할 것은, 당신이 가장 원했고 실제로 누릴 수 있었지만 그걸 누리지 못했다면, 그곳에 진지하게 들여다볼 고통이 존재한다는 것이다.

그렇다고 안 좋은 측면만 찾아보라는 것은 아니다. 부모는 당신에게 진심으로 관심을 가졌지만, 당신의 정서적 욕구를 채워줄 형편이 되지 않았을 수 있다. 그리고 세상에서 가장 불행한 사연이 있어야만 상처가 생기는 것도 아니다. 자신이 겪은 경험을 함부로 고치거나 왜곡하거나 변명거리를 찾지 말고, 있는 그대로를 존중해야 한다. 상실에 이름을 붙여주고 자아의 한 부분에 관심을 가져야 한다. 이 과정을 잘 거치면 자신에게 있던 상처가 드러날 수 있다.

나타샤가 가족의 평화를 위해 아버지의 비밀을 지켜주면서도 자신의 고통에는 이름을 붙이지 못한 이야기를 떠올려보자. 부모의 관계를 지켜주기 위해 불륜 내용이 담긴 이메일을 발견한 사실을 어떻게 숨겼는지 기억하는가? 하지만 나타샤가 인정하든 아니든 아버지에 대한 관점, 곧 아버지와 부모의 결혼생활에 대한 그림은 그 이메일을 발견한 순간 산산조각이 났다. 원래 나타샤는 어머니 아버지가 서로 사이가 좋고 사랑한다고 믿었다. 아버지는 훌륭하고 명예로운 사람이라고도 믿었다. 아버지는 매일 저녁 6시면 집에 놀아오고, 아내와 아이들과 함께하는 시간을 좋아했다. 아내를 배려하고 가족과 함께 있으면서 진심으로 즐거운 것처럼 보였다.

나타샤는 그동안 진실이라고 믿었던 아버지에 대한 경험과 수년간 바람을 피운 아버지를 연결할 수 없었다. 이전의 삶과 즐거운 기억이 모두 의심스러웠다. 자기는 아버지에게 속았고, 어머니와 언니도 배신당했다는 생각이 들었다. 그때부터 아버지와의 관계가 근본적으로 바뀌었고, 어머니와 언니와의 관계도 달라졌다.

이렇게 나타샤에게 신뢰 상처가 생긴 것이다.

나타샤는 자신의 상처와 어릴 때 가장 원하던 것이 무엇인지 발견했다. 이후 몇 달에 걸쳐 우리는 나타샤의 유년기와 평화를 깨뜨린 사건과 그 사건의 여파를 탐색했다. 그녀는 신뢰 상처에 이름을 붙이고, 어렸을 때 가장 원한 것은 신뢰지만 신뢰가 쌓이기는커녕 오히려 배신만 당했다고 인정했다. 그러자 어릴 때 관심받았어야 했던 모습, 처음으로 진정한 치유의 가능성을 여는 모습이 드러났다.

개인적으로 내가 어릴 때 가장 원했던 건, 내가 늘 괜찮지만 않아도 된다는 사실이다. 그래도 된다는 걸 아는 것이었다. 힘들고 고통스러울 때는 아무렇지 않은 척하지 않아도 된다는 것, 무슨 일이건 척척 해내면서 잘 적응하는 아이가 아니어도 된다는 사실을 알고 싶었다. 그렇게 믿고 싶었다. 내가 그래도 된다는 걸 부모님께서 알려주셨다면 좋았을 것이다. 부모에게 보이기 위해 꾸며진 나의 모습이 아니라 진정한 나로서 인정받고 싶었다. 부모가 나의 겉모습 너머 본래의 모습을 꿰뚫어 보았으면 좋았을 것이다. 부모가 각자의 감정을 책임지고 조절할 줄 알아서, 내가 가족을 책임져야 한다는 부담을 느끼지 않았으면 좋았을 것이다. 부모의 감정을 상하게 하거나 상처를 주지 않기 위해 늘 적절한 말을 해야 한다는 압박을 느끼지 않았으면 좋았을 것이다. 이것이 내가 어린 시절에서 달랐으면 좋았을 거라고 생각하는 측면이다.

자, 이제 당신 차례다.

당신은 어렸을 때나 성인이 된 이후에 중요한 관계에서 원하면서도 얻지 못한 것이 무엇인지 정확히 알 수도 있다. 아니면 너무나도 당연한 것이라 생각지도 못했을 수도 있다. 아직 잘 모르겠다면, 잠시 시간을 내서 당신에게 진정으로 필요했지만 얻지 못한 것이 무엇인지 진지하게 생각해보자. 아니면 질문을 조

금 바꾸어 이렇게 물어볼 수도 있다. '당신의 어린 시절에서 무언가를 바꿀 수 있다면 그게 무엇인가?'

아무것도 떠오르지 않아도 괜찮다. 때가 되면 떠오를 것이다.

상처 감추는 법

전 세계의 심리치료 전문가들이 가장 선호하는 질문은 **제약 질문**constraint question이다. 무언가를 왜 하거나 하지 않느냐고 묻는 것이 아니라 무언가를 하거나 하지 못하게 제약하는 것이 무엇인지 묻는 것이다.

당신을 제약하는 것은 무엇인가?

상처에 이름 붙이거나 자신에게 상처를 드러낼 때도 같은 질문을 던질 수 있다. '당신이 상처를 보지 못하게 제약하는 것은 무엇인가?' 대개 상처를 보거나 상처를 드러내거나 상처와 함께 시간을 보내지 못하게 가로막는 창의적인 방법을 하나나 여러 개 가지고 있다. 알면서 그러기도 하고 모르고 그러기도 한다.

숨기기

흔히 상처를 덮는 방법으로 숨기기가 있다. 내가 잘 쓰는 방법이기도 하다. 어렸을 때 내가 어머니와 실제로 옷장에 숨은 것처럼 잘 숨어서일 거라고 짐작할 수 있다. 하지만 이 기법은 청소년기와 20대 초반을 거치면서 점점 더 강력해졌다. 나는 나의 취약한 **모든 면**을 숨겼다. 이전에 사귀던 남자친구들이 싫은 행동을 해도 괜찮은 척했다. 친구들이 나의 이런 면을 이용해도 대수롭지 않게 넘겼다. 나는 모든 상황에서 실제로 괜찮지 않으면서도 괜찮다고 말했다. 나는 아주 잘 숨겨서 아무도 내가 얼마나 겁나고 불안한지 몰랐다.

숨기기 전략은 속마음과는 전혀 다른 모습을 겉으로 보여주는 데 효과적이다. 하지만 상처와 고통, 두려움, 불안감을 자꾸 숨기기만 하면 점차 진정성 없는 사람으로 살게 된다. 안전 상처로 우울증을 앓는 나의 내담자 아잠이 그랬다. 그녀는 하루하루 살아내는 것만도 버겁고 힘들었지만, 힘든 시기에도 친구들에게 말하지 않고 주말에 집에 틀어박혀 스스로 고립되었다. 왜일까? 친구들이 그녀를 재미없고 우울한 사람이라고 보고 멀리할까 봐 두려워서였다. 한편 가치감 상처를 가진 나의 내담자 돔은 그의 가족을 부끄러워해서 사귀는 사람이 생겨도 한 번도 집에 데려가지 않았다. 그들이 어떻게 생각할지 염려돼서였다. 이렇게 숨기다 보면 당분간은 안전하다고 느낄 수 있지만, 결국에는 가장 중요한 관계에서조차 자기를 온전히 표현하지 못한다.

회피하기

상처를 덮는 또 하나의 방법으로 회피가 있다. 상처에 가까이 가지 않는 식으로 회피할 수 있다. 나와 상처 사이를 최대한 떨어뜨리는 것이다. 거절당하거나 친밀해질까 봐 두려워서 상처와 직면하지 않은 채 아예 연인을 만들지 않을 수도 있다. 혹은 실패가 두려워서 승진에 지원하지 않을 수도 있다. 어쨌든 상처를 만지거나 쳐다보지 않으면 나에게조차 상처를 드러낼 필요가 없다. 회피해서 보호하려는 시도다.

연기하기

어떤 사람은 끊임없이 연기하면서 상처를 덮으려 한다. 연기로 근사한 공연은 펼칠 수도 있다. 완벽주의자를 연기해서 완벽하게 균형 잡힌 삶을 사는 것처럼 보일 수 있다. 그러면 두려움과 의심과 불안에 직면하지 않아도 된다. 연기를 잘하면 고통에 직면할 필요가 없다. 나의 내담자 제니가 그런 사례였다. 제니는 상사와 동료들에게 잘 보이려고 주당 90시간씩 일했다. 좋은 성과를 올리기는 했지만, 직장 생활에 보람을 느끼지는 못했다. 제니는 수년간 직장에서 거둔 성과를 성공의 척도로 삼았다. 어쨌든 직장에서 인정받으면 어릴 때처럼 스스로 부족하고 불충분하다는 느낌에 사로잡힐 필요가 없었다.

기쁘게 해주기

남을 기쁘게 해주면서 상처를 덮을 수도 있다. 남을 기쁘게 해줄 때는 상대에게 실망감을 주지 않으려고 애쓰고 그런 상태를 유지하려고 안간힘을 쓴다. 전형적으로 남을 기쁘게 해주는 유형인 나의 내담자 로즈는 모든 친구의 모든 행사에 참석한다. 초대를 거절할 줄도 모르고 항상 맨 먼저 가고 맨 나중에 떠난다. 이런 사람은 어떻게 하면 계속 사람들에게 인정받을지 고심한다. 로즈는 사람들에게 호감을 사면 어릴 때처럼 아무도 자신을 좋아하거나 원하지 않는다는 느낌에 사로잡히지 않을 수 있다고 믿었다.

자신의 취약성을 있는 그대로 드러내는 것은 두렵고도 어려운 일이다. 하지만 고착되어 살지 않으려면 반드시 거쳐야 할 과정이다. 나 자신에게조차 상처를 숨기면 치유할 수 없고, 나의 고통을 인정하지 않으면 치유할 수 없다. 나아가 나의 상처를 보지 않으려고 남을 위해 연기하거나 남을 기쁘게 해주려고 애쓰기만 하면 나의 상처를 치유할 수 없다. 이 점에 대해 잠시 생각해보자.

나에게조차 상처와 아픔을 숨기면 삶을 변화시킬 수 없다. 관심을 가져야 할 부분을 차단하면 지금과 다르게 살 수 없다. 그 안에 계속 갇힌 채 살게 된다. 물론 아직은 그럴(나의 고통을 남에게 알리거나 스스로 온전히 고통을 느낄) 준비가 되지 않았을 수도 있다. 이제 이 책을 읽으면서 그럴 마음이 생기는지 알아보자. 여기에는 당신과 나밖에 없다. 원하지 않는다면, 이 작업을 다른 누구와도 공유하지 않아도 된다.

상처를 덮는 대가

상처를 덮는 이유는 상처에 직면하기 힘들기 때문이다. 상처는 감정을 건드리고 아프며, 나아가 과거의 아프고 힘든 사건에 주목하게 만든다. 상처를 인정하지 않고도 살아갈 수 있다면, 누구나 그러고 싶을 것이다.

하지만 그저 앞으로 나아가기만 해서는 소용이 없다. 상처는 저절로 사라지지 않기 때문이다. 상처를 외면한다고 해서 상처가 차지한 공간이 줄어드는 것은 아니다. 상처를 무시한다고 해서 저절로 치유되는 것도 아니다. 상처를 피한다고 해서 치유되는 것도 아니다.

상처는 치유되기를 원하기에 끈질기게 남는다.

상처를 덮으려 할수록 상처는 어떻게든 우리의 관심을 끌 방법을 찾아낸다. 실제로 상처는 우리가 인지하지 못하는 방식으로, 어쩌면 생각보다 더 일상적으로 우리의 시선을 끌려고 한다. 바로 지난주나 지난달에 상처가 우리의 관심을 끌려고 안간힘을 썼지만, 우리가 보지 못했을 수도 있다.

당신은 무의식중에 **부모처럼 되어** 어머니가 아버지를 비난했듯이 연인이나 배우자를 비난하거나, 부모가 서로에게 화를 낸 것처럼 연인이나 배우자에게 화를 낼 수 있다. 아니면 부모의 패턴을 되풀이할까 두려워서 부모처럼 되지 않으려고 안간힘을 쓸 수도 있다. 때로는 건강한 노력이 될 수 있지만, 여전히 두려움에서 출발한 선택이다. 이를테면 어떤 대가를 치르더라도 갈등을 피하려고, 겉으로 평화로운 척하면서 좌절이나 걱정을 드러내지 않는 선택과 다르지 않다.

낯설지 않은 이야기인가? 이미 친구나 직장 동료, 혹은 현재나 과거의 연인과의 관계에서 같은 패턴을 보았을 수 있다. 의식적 행동이든 무의식적 행동이든, 근원의 상처가 주의를 끌려고 애쓴다는 좋은 지표다.

예민하게 반응하기

예민한 반응은 상처가 있다는 것을 드러내는 가장 중요한 지표다. 어떤 상황에서 격한 반응을 보인다면, 경보가 울린다는 의미다. 당신의 자아가 현재 상황에서 **무언가**를 감지했고, 예민한 반응은 그 상황이 마음에 들지 않는다거나 불편이나 위협을 느낀다거나 위험에 처했다는 것을 알려준다.

예민한 반응이 나오는 이유는 낯익은 무언가가 발생했다고 마음속에서 느끼기 때문일 수 있다. 취약한 마음을 연인에게 털어놓는데 연인이 휴대전화만 본다면, 당신은 자리를 박차고 나갈 수도 있다. 연인이 산만해진 모습을 보자 어렸을 때 당신을 중요한 존재로 대접해주지 않은 부모가 떠오르는 것이다. 친구가 약속을 세 번이나 취소하자 친구에게 화를 낼 수도 있다. 배려하지 않는 친구의 모습에서 약속만 하고 지키지 않던 부모가 떠오르기 때문이다.

누구나 경험해봤을 것이다. 내 인스타그램 커뮤니티에 다들 무엇에 민감하게 반응하느냐는 질문을 올렸다. 수많은 댓글이 달렸다. 비판받거나, 무시당하거나, 거절당하거나, 비난받거나, 지나치게 예민하다는 말을 듣거나, 상대가 내 말을 끊거나, 내 말을 들어주지 않거나, 책임을 회피할 때 등이었다. 그러면 왜 예민하게 반응할까? 앞으로 여러 유형의 상처를 다루면서 더 자세히 알아보겠지만, 일단 여기서는, 강렬한 반응은 모래밭의 깃발과 같아서 그 자리를 조금만 파면 여전히 어루만져주어야 할 근원의 상처가 드러날 수 있다는 정도만 알아두자.

과도하게 화내기

한 꺼풀 아래 상처가 있는 것을 보여주는 또 하나의 징표는, 상황에 맞지 않게 과도하게 화를 내거나, 아니면 화내는 행동과 주어진 상황이 어울리지 않는 경우다. 마히카는 몇 달 만난 여자에게 요리를 해주겠노라고 기분 좋게 제안했다. 초대에 응한 여자가 그의 집에 빈손으로 와서 소파에 앉았고, 마히카 혼자서 요리하게 되자 갑자기 마음이 바뀌었다. 여자는 열심히 대화를 주도하며 그날의 일들을 이야기하고 마히카에게도 질문을 던졌다. 그러나 마히카의 마음속에는 이미 소용돌이가 일고 있었다. '당신이 이렇게 배려심이 없는 사람인 줄 몰랐어. 왜 도와줄 일이 없냐고 물어보지도 않는 거야? 당신은 날 이용하는 거야. 난 사람들을 돌보는 게 지긋지긋한 사람이야.' 그리고 잠시 후 속마음이 튀어나왔다. "나에게 관심이 없다면, 왜 여기까지 온 거야?"
그리고 눈물을 쏟아냈다. 이 대화가 혼란스럽게 들릴 수도 있다.
초대받은 여자는 무슨 영문인지 전혀 몰랐을 것이다. 그녀는 그
자리에 왔고 기분이 좋았다. 하지만 마히카는 그 상황에 어울리
지 않게 과도한 반응을 보였다.

당신이든 다른 누구든 필요 이상의 반응을 보인다면, 그 반응
에는 복잡다단한 역사가 숨겨져 있다는 의미다. 주어진 상황을
이해하고 사소한 수준이라도 맥락을 부여하는 역사일 것이다.
사실 마히카는 소파에 앉아 이래라저래라 시키기만 하고 자기
네를 돌봐주기만 바라는 알코올 중독 부모 밑에서 자랐다. 그런
데 사귀는 여자가 빈손으로 와서 아무것도 도와주지 않자, 무의
식중에 어릴 때 부모에게 이용당한 분노가 되살아났다. 마음속
에서 현재의 감정이 아니라 과거의 부정적인 감정을 느끼고, 가
정에서 중요한 존재로 인정받지 못한 상처가 치유되지 않은 채
남아 있다가 격한 반응으로 분출된 것이다. 이 주제에 관해서는
5장에서 자세히 다루겠다.

역기능적 행동 패턴
덮어두거나 이름을 붙이지 않은 상처는 정서적·신체적·정신
적·관계적·영적 행복을 거스르는 행동이나 선택을 답습하는 방
식으로도 표출된다. 매번 비슷한 유형을 연인으로 선택할 수도
있다. 이를테면 바람을 피우거나 무언가를 숨기는 사람과 사귈

수도 있고, 무심하거나 나에게 집중하지 않는 사람과 사귈 수도 있다. 혹은 하룻밤 만남 후 이튿날 끔찍한 기분이 들어서 다시는 안 하겠다고 다짐하고도 같은 행동을 반복하기도 한다. 혹은 매달 말일에 월세를 내기도 빠듯하면서 친구들의 돈 씀씀이를 '따라잡느라' 은행 계좌의 돈을 다 빼 쓸 수 있다.

이 중 하나라도 당신에게 익숙한 게 있는가?

모두 역기능적 행동 패턴이다. 그 밖에도 미루기, 데이트하면서 심리전 펼치기, 거짓말하기, 상처를 주거나 해로운 행동에 대해 변명하기, 쓸데없는 언쟁에 휘말리기, 부정적인 자기 대화에 빠지기, 받은 것보다 많이 퍼주기를 비롯해 다양한 행동 패턴이 있다. 이런 행동의 공통점은 우리가 알아차리지 못한 상처가 반영된다는 점이다.

방해하기

가장 일반적인 역기능적 행동 패턴 중 하나는 우리 자신과 우리의 관계를 방해하는 행동이다. 방해 행위에 빠지면 흔히 무의식 중에 상대를 시험하면서 자신의 상처를 계속 숨기려 하거나 상처를 더 강화하거나 치유가 필요한 상처를 수면 위로 끌어올리지 않으려 한다.

관계를 시험하거나 방해하는 가장 흔한 행동 중 하나가 외도다. 물론 바람을 피우는 데는 여러 이유가 있지만, 나는 방해 행위의 한 형태로 바람을 피우는 내담자를 여럿 만났다. '내가 바람을 피우면 당신이 알게 되고, 그러면 당신은 내가 이 관계를 지속할 자격이 없는 사람이라면서 날 떠나겠지.' 그러면 자기는 사랑이나 친밀감이나 연애를 누릴 자격이 없다는 상처가 강화되고, 결국에는 자기가 선택받을 자격이 없는 사람이라고 거듭 확신한다.

반면에 방해 행위는 나름대로 상처를 치유하기 위한 시도일 수도 있다. 이런 식이다. '내가 바람을 피우면 당신이 알게 될 거야. 그래서 우리 관계가 끝날 수도 있지만, 내가 왜 당신의 연인이 될 자격이 없다고 생각하게 되었는지 대화를 나누게 되겠지. 내가 왜 당신한테서 충분히 괜찮은 사람이란 느낌을 못 받는지 대화할 수 있을 거야. 그러면 당신은 내가 왜 당신 인생에서 가치 있고 중요한 바로 그 사람인지, 미래를 함께할 자격이 있는 사람인지 이해하는 데 도움이 될 거야.' 당신이 무슨 생각하는지 알고 있다. 하지만 이렇게 생각하는 사람이 생각보다 흔하다.

받아들일 수 없는 조언하기

마지막으로, 상처가 겉으로 불거지려고 꿈틀대는 행동이라고 예상하기 어려운 행위가 있다. 자기는 받아들이지 못할 조언을 남에게 해주는 경우다. 여기에 해당하는 사람이 많을 것이다. 누구나 살면서 이런 경험을 해봤을 것이다. 친구에게 전 애인과 연락을 끊으라고 조언하지만, 정작 자기는 전 애인에게 연락이 오면 바로 답장한다. 동생에게 면접에 대비해서 마음의 준비를 어떻게 할지 조언하면서도, 정작 자기는 같은 처지에 놓이면 자신 있게 면접에 대처하지 못한다. 인스타그램에서 남들에게는 자기를 사랑하라고 조언하면서도, 정작 자신에게서 마음에 드는 점은 찾지 못한다.

자신은 받아들이거나 따르기 어려운 소언을 남들에게 쉽게 해준다면, 해결되지 않은 상처가 표출된다는 의미일 수 있다. 남들에게 자기를 사랑하라고 조언하면서 자기는 그렇게 하지 못한다면, 어린 시절에 아무도 나를 사랑하지 않는다고 믿으면서 성장했기 때문일 수 있다. 남들에게 설교하면서 자기는 설교 내용을 실천하지 못한다면, 잠시 여유를 갖고 치유되지 않은 무언가에 관심을 기울여야 한다는 뜻일 수 있다.

상처가 우리의 주의를 끌려고 표출되는 방식을 모두 다 다룬 것은 아니지만, 나와 내담자들에게 그 지점을 더 자세히 들여다보라고 알려준 징후를 소개했다. 그중에 하나라도 당신에게 나타난다면, 장담컨대 그 자리에 더 파헤칠 무언가가 있다는 뜻이다.

상처에 이름 붙이기

이 책에서는 다양한 내담자의 사연을 소개한다. 우리는 흔히 상처를 교묘히 덮곤 한다. 그렇기 때문에 차라리 남들의 사례를 보면서 우리의 상처에 접근하는 편이 훨씬 수월할 수 있다. 남의 이야기는 좋은 사례가 되어주고 통찰을 주기도 한다. 이 책에서 소개하는 사연을 읽으며 혼자 연습하는 사이 당신이 덮어두었거나 알아차리지 못한 문제를 수면 위로 끌어올릴 수 있다. 내가 소개하는 사연이나 발견한 상처가 당신에게 모두 해당되지는 않을 것이다. 하지만 1부와 2부에서 소개하는 사례와 그들이 통찰한 내용이 당신만의 '아하' 하는 깨달음의 순간을 끌어내고 상처에 이름을 붙이는 과정에 도움이 될 것이다. 나의 내담자 모니카의 사례부터 시작하겠다.

모니카가 마흔한 살에 난임의 고통으로 나를 찾아오면서 심리치료가 시작되었다. 모니카는 임신하려고 온갖 방법을 써봤지만, 아무런 효과를 거두지 못했다. 그래서 몸도 쇠약해지고 정신도 피폐한 상태였고, 머릿속에는 임신 생각뿐이었다.

모니카는 현재의 남편인 마이클이 자기를 지지하고 사랑하며 마음을 써주고, 과거의 불성실하고 '일상생활이 가능한 중독자'이던 전남편 닉과는 전혀 다른 사람이라고 좋게 평했다. 하지만 전날 밤 마이클과 크게 다퉜고, 결국 둘 사이가 나빠졌다고 했다. 모니카는 전날의 다툼에 대해 들려주면서 자신의 행동을 부끄러워했다.

"남편이 퇴근하고 저녁 모임에 가는 건 알고 있었어요. 저한테 일주일 전부터 말해주고 달력에도 표시해놨거든요. 그런데 남편이 11시쯤 돌아오자, 저는 괜히 별것도 아닌 걸로 트집을 잡으며 시비를 걸었고, 남편의 휴대전화까지 빼앗아 집어 던졌어요. 너무 부끄러워요."

모니카의 행동은 중요한 문제였고, 자기 자신도 왜 그랬는지 알지 못했다.

"왜 그랬는지 모르겠어요. 남편은 아무 잘못이 없어요. 그냥 저녁 모임에 갔다가 귀가해서 밤새 저와 대화를 나눴을 뿐이죠. 제가 왜 이러는 걸까요?"

모니카가 상황에 어울리지 않게 과하게 화를 낸 것은 그녀 안의 상처가 그녀의 주의를 끌려고 울리는 5단계 화재 경보와 같았다. 전날 밤에 모니카의 상처가 건드려진 건지 알아보기 위해 조금 더 탐색하기로 했다.

모니카의 부모는 20대 초반에 딸을 임신했다.

"아빠는 없었고 엄마는 엄마가 되는 법을 하나도 몰랐어요. 아무도 저를 돌보지도, 이끌어주지도, 지지해주지도 않았어요. 제가 존재한다는 사실을 인지하는 사람이 없는 것 같았어요. 저는 모든 걸 혼자 알아가야 했어요. 숙제하는 것부터 식사하고 학교에 다니는 것까지 전부 혼자서 해결해야 했어요. 정말 힘들었어요."

이제 예전에 내 치료사가 던진 중요한 질문을 할 때였다.

"어렸을 때 가장 원했지만 얻지 못한 것은 무엇인가요?"

"전부 다요."

여러 면에서 맞는 말이지만, 다소 편향된 답변이기도 했다. 나는 잠자코 앉아서 그녀가 자신에게 조금 더 집중할 시간을 주었다. 그녀의 눈에 눈물이 차올랐다.

"전 그냥 누군가가 제게 집중해주고 제가 어떤 기분인지 궁금해하고 물어봐줄 만큼 중요한 존재인지 알고 싶었어요. 혼자서 모든 것을 헤쳐 나가느라 지칠 대로 지쳤어요. 이게 그렇게 과한 요구인가요?"

물론 과한 요구가 아니었다. 하지만 그렇게 인정해준다 한들 그녀의 경험은 달라지지 않았다.

"어제 낮에는 무슨 일이 있었는데요?"

"일하고 병원에 다녀왔어요."

"진료는 어땠어요? 난임 전문의를 만난 거예요?"

"네, 별로 좋지 않았어요. 사실은 꽤 충격적이고 속상한 소식을 들었어요. 의사가 임신이 어려울 것 같다면서 대리모를 생각해보자고 하더군요."

모니카 혼자 감당하기에는 버거운 상황이었다.

지난번 상담 시간에 모니카의 전남편 닉이 술 마시는 데 정신이 팔렸다는 정보가 나왔다. 닉은 집안의 중요한 일도 잊어버리고 몇 달 전부터 예정된 행사도 놓쳤으며, 늘 숙취에 시달리거나 술에 취해 사느라 먼저 도와주겠다고 제안한 적이 거의 없었다. 어린 시절의 관계 역동이 되풀이되는 듯한 결혼생활은 실패할 수밖에 없는 수순이었고, 결국 실패했다.

하지만 모니카는 마이클을 선택하면서는 신중했다.

"위험 신호가 없었어요. 그이는 절 사랑하고 우리 두 사람을 위해 계획을 세워요. 같이 있으면 즐겁고 함께 사랑을 나누죠."

모니카는 이번 관계에는 이전의 행동 패턴이 나타나지 않는다고 확신했다.

"마이클은 대리모를 쓰는 걸 어떻게 생각해요?"

"몰라요. 그이한테는 말하지 않았거든요."

"그래요? 말하지 않은 이유가 있나요?"

"우리는 난임에 대해서는 별로 얘기하지 않아요. 남편은 아이를 꼭 갖고 싶어 하는 사람이라 힘들어하거든요. 사실 남편의 첫 번째 결혼도 그래서 깨졌어요. 전처가 아이를 원하지 않는다고 해서 결혼생활이 끝난 거예요. 그래서 제가 그이한테 지금의 상황을 숨기려는 것 같아요. 그이는 제가 약속을 잘 지키고 할 일은 하는 사람이라고 믿어요. 그래서 전 책임감을 느껴요."

"알아요. 당신이 늘 스스로 일을 처리하는 거 알아요. 어젯밤에 그런 소식을 듣고 혼자 있으면서 마음속에서 무엇이 건드려졌는지 궁금해요. 마이클이 저녁 모임에 가는 건 알았지만, 당신이 정말로 원한 건 마이클이 당신에게 안부를 물어주는 게 아니었을까요? 그러면 다음 단계에서는 당신 혼자서 해결하지 않아도 되니까요."

그리고 우리는 몇 분인지 모를 시간 동안 말없이 앉아 있었다. 모니카의 몸 전체가 들썩였다. 그러곤 모니카가 두 손에 얼굴을 묻고 흐느끼기 시작했다. 물론 마이클은 낮에 병원에서 무슨 일이 있었는지 몰랐다. 모니카가 진료받은 것도 몰랐다. 이런 맥락에서 보자 모니카가 보인 의외의 반응에 대한 퍼즐이 맞춰지기 시작했다.

마이클과 모니카는 여러 면에서 아름다운 결혼생활을 지켜왔지만, 모니카 혼자서 모든 것을 책임질 수는 없었다. 둘 다 아이를 원했고, 그러려면 둘 다 개입해야 했다. 모니카는 남편의 노력과 관심과 헌신을 느껴야 했다. 모니카의 과도하고 혼란스러운 반응은 유년기의 상처(5장에서 자세히 다룰 우선순위 상처)와 연결되었고, 마이클이 지지해주고 이끌어주고 기여하는 노력이 부족해 보이자 이 상처가 건드려진 것이다.

'또 시작이네' 버튼이 너무 자주 눌리면 자신에게 비판적인 사람이 되고, 심지어 자신에게 혐오감이 들 수 있다. 모니카처럼 자신에게 이렇게 물을 수 있다. '내가 왜 이러는 거지? 나는 계속 왜 이러고 살지? 나는 왜 이런 행동 패턴을 바꾸지 못하지? 나는 왜 계속 이런 사람들만 선택하지? 나는 왜 늘 엄마를 못 참겠지? 나는 왜 아직 이런 걸 극복하지 못했지?' 하지만 이런 질문은 뚜렷한 방향으로 나아가지 못한 채 제자리에서 맴돌 뿐이다. 사실 우리가 이렇게 하는 이유는 명백하다. 우리의 내면이 우리를 보호하려는 것이다. 그리고 이런 기제를 알아차려야 낡은 행동 패턴에서 벗어나 새로운, 더 건강한, 더 건설적인 길로 나아갈 수 있다. 그러려면 우선 반복적인 행동 패턴을 유발하는 상처를 알아내서 이름을 붙여야 한다.

✕

당신이 이 책을 집어 든 이유는, 당신이나 수변 사람들의 행동 때문에 이 주제에 관심을 갖게 되어서일 것이다. 이 책에서는 더 건강하게 살려면 근원의 이야기와 가족 안에서 당신이 가장 원하던 것을 얻지 못했을 때 생긴 상처를 들여다볼 필요가 있다는 것을 이야기하고 있다. 이제 다음의 질문을 던져보자. '이 책의 이야기에서 무엇이 내게 익숙한가?' '이 경험을 처음 한 건 언제였나?' '누구와 함께 경험했나?' '내 과거의 어떤 부분이 현재 나타나는가?' 우선 스스로 역기능적 행동을 알아차리는 연습을 해본 뒤, 당신의 관심을 요구하는 근원의 상처를 찾아서 이해하는 법을 알아보자.

상처에 이름을 붙이는 방법과 과거로 돌아가 고통을 목격하고 존중하는 법, 그 고통과 함께 애도하는 법을 배우고, 방향을 전환해서 당신의 삶과 행동 패턴을 변화시킬 방법을 찾아볼 것이다. 이것이 바로 다음 장에서 자세히 알아보는 **근원 치유 연습** 과정이다.

이 장을 마무리하면서 한 가지 중요한 사실을 되짚어보려 한다. 삶은 당신을 괴롭히려 하지 않는다. 치유되려 할 뿐이다. 상처는 당신을 해치려 하지 않는다. 당신이 고통에서 벗어날 자격이 있으므로 상처가 당신을 끌어당기는 것이다. 나를 되찾고 스스로 삶을 책임지는 여정은 끝없이 길다. 하지만 근원의 상처가 미치는 영향을 알아차리고 오늘 하루 나의 행동에 미치는 영향을 줄이려고 애쓰다 보면, 어느새 치유의 길로 들어설 수 있다.

그러면 이렇게도 물어보자. '당장 해보자!'라는 반응부터 그냥 지금의 문제에 대한 전략만 필요하다고 주장하는 브레네 브라운의 반응까지, 이 척도를 기준으로 볼 때 당신은 얼마나 준비가 되었는가?

2

나의 상처와 그 근원

Our Wounds And
Their Origins

가치 있는 존재가 되고 싶다

3

여러 해 전 강연에서 나는 참가자들에게 이 문구를 보여주었다.

"나는 **이것** 때문에 가치가 없다."

순간 강연장은 침묵에 휩싸였다. 그러다 참가자들이 하나둘씩 용기를 내어 자신에 대해 솔직히 말하기 시작했다. 먼저 뒤쪽에 앉은 누군가가 조용히 말했다.

"전 날씬하지 않아요."

다른 누군가가 말했다.

"저는 똑같은 실수를 반복해요."

또 누군가가 말했다.

"저는 성공하지 못했어요."

또 누군가가 말했다.

"전 남편이 번 돈으로 살아요."

발언은 계속 이어졌다.

"전 매력적인 사람이 아니에요."

"저는 게을러요."

"저는 일에 집착해요."

"저는 지나치게 감정적이에요."

"저는 가족이 너무 많아요."

"저는 제대로 해내는 게 하나도 없어요."

"저는 충분히 똑똑하지 않아요."

"저는 마음을 열지 못해요."

"저는 너무 예민해요."

"저는 너무 뚱뚱해요."

"저는 이혼했어요."

"저는 사람들에게 상처를 줘요."

"저는 아직도 미혼이에요."

"사람들이 저를 떠나가요."

어느새 참가자들의 눈가에 눈물이 고였다. 그리고 남들의 이유를 들으면서 연신 고개를 저었다. 이 연습을 통해 모두가 유대감과 연대감을 얻었다. '누구나 고민을 안고 살아간다'란 생각이 든 것이다. 이런 연습을 계속 더 할 수도 있었지만, 그만하면 충분하다는 것을 모두가 이해했다.

마음속에서 자기가 가치 있는 존재라고 느끼지 못하면 스스로 좋은 것을 누릴 자격이 없다고 여기게 된다. 스스로 사랑과 관심, 존재감, 헌신을 누릴 만큼 충분히 좋은 사람이라고 느끼지 못한다. 나아가 스스로 즐겁고 편안하고 누군가와 함께 살 자격이 없다고 생각할 수 있다. 이런 상처가 있으면, 자신은 가치 없고 소중한 존재가 아니며, 세상에서 간절히 원하는 것을 누리려면 먼저 성과를 올리거나 완벽해져야 한다고 생각한다.

많은 사람이 마음속 깊이 이 문제로 어려움을 겪는다. 스스로 문제가 많거나 게으르거나 그저 평범해서 누군가와 관계를 맺을 자격이 없다고 여기는 것이다. 자신에게 이런 의문을 가질 수도 있다. '내 부모도 나를 사랑하지 않는데 누가 날 사랑할 수 있을까?' '내가 성공하지 못해도 사랑받을 자격이 있을까?' '나와 같이 있고 싶어 할 사람이 있을까?' '내가 좋은 사람이 아닌데 누가 날 선택해줄까?' 이런 질문이 끝없이 이어진다.

"나는 **이것** 때문에 가치가 없다."

이 문장 안에 들어갈 말이 무한히 나오는 듯하다.

하지만 전제가 틀렸다면 어떨까? 당신은 원래 가치 있는 사람이고, 좋은 것을 누릴 자격이 있는 사람이라면 어떨까? 사랑과 즐거움, 배우자와의 진지한 관계를 누릴 자격이 있는 사람이라면 어떨까?

애초에 당신은 가치 없는 존재로 태어나지 않았는데, 태어난 순간부터 지금까지 어떤 일이 있었기에 자신의 존재 가치에 의문을 갖게 되었을까?

앞서 소개한 강연장의 참가자들처럼 당신도 스스로를 무가치한 존재라고 규정할 준비가 되어 있을 수 있다. 사실 태어난 것만으로도 우리가 이미 가치 있는 존재라고 말하면 어쩐지 억지스럽게 들릴 수 있다. 가치감 상처worthiness wound가 있는 사람에게 이 말을 해주면 대개는 "좋은 말이고 무슨 말인지도 알겠는데, 저는 그런 느낌이 들지 않아요. 아니, 무슨 뜻인지조차 모르겠어요"라는 반응이 돌아왔다. 사실 아직 마음의 결정을 내리지 못했어도 괜찮다. 세상 사람 모두가 가치가 있어도 당신만은 아니라고 믿어도 괜찮다. 우리는 그저 함께 탐색하면서 더 합리적으로 생각할 수 있을지 알아보기만 하면 된다.

어떻게 하다가 자신이 뚱뚱하다거나 지나치게 예민하다거나 사랑받을 만큼 자격이 없다고 믿게 되었는가? 이런 생각은 어디서 시작되었는가? 처음에 누가 이렇게 말해주었는가? 어떻게 스스로 무가치한 존재라고 믿게 되었는가? 다른 모든 상처와 마찬가지로 답은 생각보다 단순하다.

근원의 이야기가 당신이 그런 사람이라고 믿게 만든 것이다.

가치감 상처의 근원

내담자를 많이 만날수록 누구나 어떤 식으로든 가치감 상처를 안고 산다는 확신이 든다. 적어도 누구나 종종 자신의 가치에 의문을 품을 수 있다.

- 코리나는 매일 아침 남자친구보다 먼저 일어나 화장을 마치고 다시 침대로 들어간다. 남자친구가 일어날 때 그녀가 꾸미지 않아도 예쁘다고 믿게 만든다.
- 크리스토프는 돈을 많이 벌지 않으면 매력적인 여자들에게 외면당할 것이라고 확신한다.
- 아리는 만성 질환을 앓고 있어서 결국에는 배우자가 나가 떨어질 테니 자기는 평생 결혼하지 못할 거라고 믿는다.

이렇듯, 사람들이 스스로에게 들려주는 이야기에서 가치감 상처가 드러난다.

이런 이야기는 어디서 시작되었을까? 당신은 어떻게 사랑받을 자격이 없다거나, 선택받을 자격이 없다거나, 누군가가 원하는 존재가 될 자격이 없다거나, 누군가가 곁에 있어줄 자격이 없다거나, 충분히 괜찮은 사람이 아니라고 믿게 되었는가? 이런 말을 직접 들은 적이 있는가? 어떤 행위가 기억나는가? 사랑이 조건부로 주어진다는 것을 깨달았을 때 기분이 어땠는지 기억나는가? 아니면 버림받은 기분이 들었던 때가 기억나는가?

베로니카가 나에게 심리치료를 받으러 왔을 때, 그녀는 50대 초반이었다. 결혼한 적이 없는 독신이었고 자녀도 없었다. 베로니카는 수십 년간 심리치료를 받았지만, 별다른 진전을 보지 못했다. 월스트리트에서 30년간 일하면서 거칠고 강한 어조로 말하는 습관이 생겼다. 그리고 수십 년간 담배를 피우고 남자들에게 큰 소리로 말하느라 성대가 지친 상태였다.

베로니카는 내게 미소를 지으며 말했다.

"저는 과격한 게 아니라 그냥 지친 거예요. 이런 데 오면 피로가 풀려야 하잖아요. 이런 치료로 효과를 볼 수 있을 줄 알았어요. 그런데 저한테는 효과가 없었네요. 선생님이 마지막 기회예요."

베로니카는 우리의 첫 시간을 이렇게 시작했다.

"압박이 센데요. 그럼 시작할까요?"

내가 웃으며 말했다. 베로니카는 아직, 이번 기회가 마지막인 것은 내가 아니라 그녀 자신이라는 말을 들을 준비가 되지 않았지만, 함께 치료하는 사이 얼마 안 가서 스스로 깨달았다.

베로니카는 누군가가 자신의 이야기를 들어주어서 심리치료가 좋다고 했다. 속마음을 털어놓을 수 있어서 기분이 좋다고 했다. 하지만 달라지는 게 없어서 아쉽다고 했다.

"ROI가 좋지 않아요."

ROI는 투자 수익률을 뜻한다. 금융계에 종사하는 내담자들은 거의 다 이 표현을 쓴다. 그들은 ROI와 비용편익분석과 데이터 포인트에 대해 말한다.

베로니카는 여러 해에 걸쳐 상당한 돈과 시간을 심리치료에 투자했지만, 매번 같은 결과만 돌아왔다고 했다. 심리치료에 대한 투자로 원하는 성과를 얻지 못했다는 뜻이다.

"저는 파트너를 원해요. 이제 아이를 가질 가망은 없지만 진실로 사랑하고 사랑받고 싶어요."

심리치료에 깊이 들어가지 않고도 베로니카가 이전의 치료사들과 가족 이야기를 나눈 적이 없다는 것을 알 수 있었다. 나는 여러 치료법과 치료 이론을 지지한다. 어느 한 가지 치료법이 누구에게나 효과적일 수 없다고 믿는다. 하지만 가족 관계와 그와 관련된 근원의 이야기를 먼저 중요하게 다루지 않는 치료는 상상할 수 없다.

"가족에 관해 얘기하는 시간을 가져도 될까요?"

"네, 그럼요. 마음대로 하세요."

베로니카는 나를 마지막 기회로 삼았기에 내가 어느 방향으로 데려가든 기꺼이 따라올 준비가 되어 있었다. 나는 베로니카에게 가족에 대해 물었고, 베로니카가 다섯 살 때 어머니가 가족을 떠난 사실을 알게 되었다.

"어머니가 왜 떠났는지 아세요?"

"네, 엄마는 아이를 원하지 않았어요. 엄마는 그저 좋은 삶을 원했어요. 책임지고 싶지 않고, 발목이 잡힌 채 자유를 잃고 싶지 않았던 거죠. 어느 평범한 토요일 아침에 가방 하나만 싸서 떠났어요. 어떤 여자가 우리 집 앞에 차를 세우고 경적을 울렸어요. 엄마는 언니와 저를 끌어당기고 우리와 눈높이를 맞추면서 말했어요. '너희 둘을 아주 많이 사랑하지만, 이런 삶은 엄마한테 좋지 않아'라고요. 엄마의 친구가 차를 빼는 동안 엄마가 미소를 지으며 우리에게 손을 흔들었고, 그 뒤로 다시는 엄마를 만나지 못했어요."

베로니카는 내게 이 이야기를 들려주면서도 감정을 드러내지 않았다. 내가 **사실적 스토리텔링**factual storytelling이라고 부르는 화법으로 이 이야기를 들려주었다. 어떤 일이 일어났는지 세세히 이야기하면서 그 일에 얽힌 감정이나 그 일이 자신에게 미친 영향에 대해서는 언급하지 않았다. 사실적 스토리텔링은 철통같은 방어 태세를 유지하면서 직접 느끼고 머물기에는 버겁다고 여기는 경험으로부터 자신을 보호하는 방법이다. 베로니카는 사실적 스토리텔링 전문가였다. 그녀의 이야기는 재미있고 매혹적이기까지 했다. 하지만 그녀는 남들이 무언가를 느끼게 해줄 수는 있지만, 정작 자신은 **아무것도** 느끼지 못했다.

베로니카는 친구나 동료나 바에서 만난 모르는 사람들에게 자기 이야기를 수없이 들려주었다. 그런데 치료사들에게는 한 번도 말한 적이 없었다. 왜일까?

"그분들이 물어보지 않았어요."

그녀가 어깨를 으쓱했다. 그 말이 맞았다. 이전의 치료사들이 묻지 않았다. 그러나 베로니카도 먼저 꺼내지 않았다. 그녀는 똑똑한 사람이었다. 그 대목이 자신의 이야기에서 중요한 부분인 건 알지만 거기까지 들어가고 싶어 하지 않았다. 아직은.

베로니카는 그전에 1년 넘게 내 인스타그램을 팔로우하면서 나의 심리치료 기법을 이해했다. 그녀는 내게 심리치료를 받겠다고 신청하면서 원가족 이야기로 들어갈 줄 알았고, 우리의 치료가 단지 분출하는 데만 머무르지 않으리라는 것도 알았다. 우리는 함께 소매를 걷어붙이고 치료에 돌입했다.

어머니가 떠나면서 베로니카의 내면에는 무가치한 존재라는 느낌에 관한 근원의 이야기가 시작되었다.

가치감은 한순간 사라지기도 하고, 때로는 일련의 사건이나 메시지를 통해 서서히 사라지기도 한다. 베로니카는 어머니에게 버림받으면서 자기는 어머니가 곁에 머물러줄 만큼 충분히 좋은 딸이 아니라고 생각하기 시작했다.

스스로 가치 없다고 느끼는 사람들이 그렇듯이, 베로니카도 자신이 가치 있는 사람이라는 것을 증명해줄 누군가를 절박하게 찾아 헤맸다. 베로니카는 간절히 제 짝을 만나고 싶어 했지만, 그런 사람은 나타나지 않았다. 사실 연애를 시작해도 몇 달 안 가서 헤어졌다. 무가치감이라는 근원의 상처에는 많은 요인이 작용했을 테고, 베로니카는 후보들을 하나씩 지워나갔다. 게다가 그녀는 그 사람들이 계속 머물러줄 거라고 믿지 않았다. 그녀는 누군가가 함께 있고 싶어 할 만큼 충분히 괜찮은 사람이거나 가치 있는 사람이거나 중요한 사람이라고 믿지 못했다. 그녀는 범접할 수 없는 남자를 선택하거나 만날 수 있는 남자를 선택한다 해도 이내 밀어낼 방법을 찾아냈다.

베로니카는 남자들에게 끝없이 과제를 내주었다. 나도 마음속에 시험 장치가 있는 사람이라 베로니카의 시험 장치를 알아볼 수 있었다. 그녀는 남자들에게 드라이클리닝을 맡기고 찾아오게 하거나 청소 도우미 일정을 잡게 하거나 항공편을 예약하게 하거나 냉장고에 먹을 걸 가득 채워놓게 했다. 그렇게 남자들을 배우자가 아니라 직원처럼 대했다. 그러면서도 이제껏 오랜 세월 무엇이 문제인지 몰랐다.

우리가 함께 근원 치유 연습을 하기 전까지, 베로니카는 과거의 연인들을 이렇게 심각한 방식으로 시험하고, 결국에는 모두 떠나게 밀어냈다. 그녀는 관계를 방해하면서도 그러는 줄 몰랐다. 이제는 스스로 건강하지 않은 관계 패턴에 얽매이게 만드는 데 과거가 어떤 영향을 미치는지 알아차려야 했다. 어린 시절이 그녀에게 얼마나 큰 영향을 미쳤는지 확인해야 할 때였다.

당신의 가치감 상처는 어디에서 시작되었을까? 스위스의 정신과 의사이자 정신분석가인 카를 융 Carl Jung은 "우리가 무의식을 의식하기 전까지 우리의 삶은 무의식에 휘둘리고, 우리는 그것을 운명이라고 부른다"라고 했다. 당신도 자신의 어린 시절로 깊이 파고들어가 더 선명하게 보아야 한다. 앞으로 살펴보겠지만, 부모가 부재하거나 조건부로 사랑을 주거나 지나치게 비판적이었다면, 자녀가 무가치감에 시달릴 수 있다. 당신의 부모나 보호자가 이런 특성을 보였는가?

부모의 부재

부모의 부재는 자녀에게 여파를 남긴다. 부모가 자녀를 돌보지 않는 데는 나름의 사연이 있을 것이다. 그런데 부모에게 보살핌을 받지 못한 채 자란 인생은 고통스럽고 혼란스러우며 외롭고 대개는 가치감 상처에 시달린다. 가정은 우리가 지도와 사랑, 연결감, 위안을 받는 곳이다. 물론 스스로 가치 있는 존재라고 믿는 것은 결국 각자의 내면에서 일어나는 일이지만, 어린 시절의 가치감은 주위 어른들이 우리를 어떻게 대하고 우리에게 어떻게 말하며 우리에 대해 뭐라고 말하는지와 관련이 있다. 가정은 우리가 생애 처음으로 스스로 중요한 존재인지, 가치 있는 존재인지, 자격이 있는 존재인지를 알게 되는 곳이다. 원가족은 아이에게 가치감을 심어주고 유지해주는 데 중요한 역할을 한다. 이런 가족 관계는 평생 자녀의 행복을 형성하는 데에도 중요한 역할을 한다.[1]

부모의 부재는 일관성 없는 태도로 나타날 수 있다. 극단적으로 베로니카처럼 부모에게 버려지는 사례도 있다.

일관성 없는 태도는 가장 일반적인 부재의 형태다. 부모가 상반된 메시지를 보낸다고 생각해보자. 어느 날은 숙제를 도와주면서 누구보다도 든든한 지원군이 되어주지만, 다른 날은 숙제 하나도 혼자 하지 못하느냐고 야단친다. 혹은 자녀가 정서적으로 힘들어할 때 옆에서 지지해주다가도, 어느 날은 견뎌내라거나 스스로 해결하라고 냉정하게 말할 수도 있다. 혹은 자녀가 실수하거나 실망시킬 때 다정하고 애정 어린 말로 안심시켜주다가도, 어느 날은 매몰차게 비난하고 벌까지 준다. 연구에 따르면, 부모, 그중에서도 어머니가 칭찬과 인정과 사랑을 표현할 때 일관성이 없으면, 아이는 자존감이 떨어지고 우울증에 걸릴 가

능성이 커진다.[2]

다음의 상황을 겪었다면, 당신의 부모가 일관성 없는 양육 태도를 보였을 수 있다.

- **부모가 어떤 모습으로 나올지 몰랐다.** 다정하고 애정 어린 부모일지, 비판적인 부모일지 몰랐다. 장난기 많고 가벼운 부모일지, 화를 잘 내고 신경이 날카로운 부모일지 몰랐다.
- **부모가 어떤 반응을 보이거나 어떤 판단을 내릴지 예측할 수 없었다.** 어느 날은 너그럽게 대하다가, 다른 날은 유독 가혹했다.
- **부모가 당신과 어떻게 소통할지 종잡을 수 없었다.** 어느 날은 세심하게 배려해서 말하다가, 다른 날은 자기가 하는 말이 자녀에게 어떤 영향을 미칠지 전혀 신경 쓰지 않고 말했다.
- **부모가 당신의 삶에 얼마나 관심이 있는지 알 수 없었다.** 어느 날은 당신의 삶에 관심을 보이다가도, 다른 날은 전혀 관심이 없었다. 어느 날은 당신에게 시간과 에너지를 쏟다가도, 다른 날은 그렇지 않았다.

부모가 심각한 수준으로 일관성이 없으면, 자녀는 부모에게 가치 있고 중요한 존재인지 알 수 없어서 혼란스러워할 뿐 아니라 자신의 가치감과 적절성에 의문을 품을 수 있다.

물론, 자녀가 참여하는 수백 번의 축구 시합 중 몇 번 못 가준다든가, 가끔 집에서 업무를 볼 때도 있지만 평상시 자녀를 봐주고 다정하게 대해온 부모를 말하는 것이 아니다. 여기서는 자녀가 혼란스러워하면서 자신의 가치에 의문을 품게 할 만큼 일관성이 떨어지는 부모를 말하는 것이다.

자녀 양육에 대한 부모의 소홀한 태도가 일관성 부족으로만 나타나는 것은 아니다. 부모가 완전히 부재하면서 신체적으로나 정서적으로 자녀를 보살펴주지 않는 사례도 있다. 부모가 일 때문에 몇 달씩 떠나 있을 수도 있고, 정신 건강 문제로 자신의 일상과 양육에서 손을 뗐을 수도 있으며, 새로 가정을 꾸려서 새 배우자와 새로 얻은 자녀에게 더 집중할 수도 있고, 아니면 그냥 귀찮아서 자녀를 돌보지 않을 수도 있다.

이유가 무엇이든, 부모가 부재하면 자녀는 자신의 가치에 대해 의문을 품을 수 있다. 물론 부모가 부재할 때 어느 정도 이해해줄 만한 상황일 수도 있다. 여기서 잠시 아이의 입장이 되어보자. 아이들은 부모의 부재나 제약을 온전히 이해할 정도로 정서적으로 성숙하지 않다. 아이들은 주어진 상황을 사적이고 감정적으로 받아들이고, 특히 대안이 없는 상황에서는 이런 경향이 더 심하다.

베로니카는 어머니에게 버림받으면서 부모의 부재를 겪었다. 어머니는 아버지와 언니와 베로니카를 남겨두고 '엄마한테 좋지 않다'는 말만 남기고는 아무런 설명 없이 떠났다.

무엇이 '엄마한테 좋지 않다'는 것이었을까?

베로니카는 **자기가 좋지 않다**는 뜻으로 해석했다.

그렇게 다섯 살짜리 아이의 내면에 가치감 상처가 싹트기 시작했고, 이 상처는 베로니카가 평생 자신의 가치에 의문을 품게 만드는 기반이 되었다.

"엄마가 떠난 뒤 언니와 저는 며칠 동안 계속 울었어요. 고작 두 살 차이 나는 언니지만 저는 언니에게 이유를 물었어요. 일곱 살짜리가 무슨 답을 알기라도 할 것처럼. 언니와 저는 이야기하고 또 이야기했어요. 엄마의 물건을 뒤져서 단서를 찾아보려 했지만, 아무것도 없었어요. 우리는 결국 우리가 원인이 되었을 거라는 결론에 이르렀어요. 다른 걸로는 설명이 되지 않았으니까요. 엄마가 되는 것이 엄마에게 좋지 않았다면, 문제는 자식들에게 있다는 뜻이지 않을까요? 그래서 저는 지금도 그걸 반증하려고 노력해요."

나는 베로니카가 들려준 가슴 아픈 이야기를 묵묵히 들으면서 그 아픔을 인정해주며 이렇게 말했다.

"어머니가 그렇게 해주지 못했으니, 당신이 스스로 연애든 결혼이든 관계를 이어갈 자격이 있다는 확신이 들지 않았겠네요."

질문이 아니었다. 그리고 베로니카가 어떻게 답할지 이미 알았다. 베로니카도 그 답을 알았지만, 누군가에게 직접 이런 질문을 들은 것은 처음인 듯했다.

당신도 어린 시절을 돌아볼 때, 부모가 어떤 식으로든 함께 머물러주지 않은 적이 기억나는가? 그리고 부모의 일관성 없는 태도나 부재나 유기가 일어났을 때 어떤 느낌이었는지 지금 느껴볼 수 있는가? 나와 같이 찾아보자.

- 내가 어렸을 때 옆에 있어주지 못한 사람은? _____

  _____

- 내가 경험한 부재는 [일관성 없는 태도, 잦은 방치, 유기 혹은 _____]
  이었고, 이 경험을 통해 내가 기억하는 것은 다음과 같다. _____

  _____

잘 따라오고 있다. 부모가 옆에 있어주지 않은 것만 기억나지는
않을 것이다. 아이가 가치감 상처를 입는 데 원인을 제공하는 부
모의 양육 태도는 그 밖에도 여러 가지가 있다.

조건부 사랑

사랑은 무조건적일 수 있어도 관계에는 조건이 있어야 한다고
믿는다. 연애 관계, 성인이 된 후의 가족 관계, 친구 관계도 마찬
가지다. 그러나 세상을 처음 경험하는 아이에게는 무조건적 사
랑이 중요하다. 무조건적 사랑은 아이를 아이의 행동과 구분하
면서, 실수해도 괜찮고 일을 그르쳐도 괜찮고 실망스러운 행동
을 해도 사랑과 가치감이 손상되지 않는다고 알려준다.

처벌의 형태로 사랑이나 소통이나 용서를 거둬들이는 행동
은 아이에게 가장 고통스러운 심리적 경험일 수 있다. 나의 아버
지가 자주 그랬다. 아버지는 내가 까탈스럽게 굴고(철없는 아이처
럼 행동하기) 그 행동이 마음에 들지 않으면 화부터 냈고, 이후 며
칠이나 몇 주씩 내게 침묵으로 일관했다. 잔인한 처벌이었다. 하

지만 당시의 어린 나는 그게 잔인하다는 걸 몰랐다. 사실 아버지가 예민하게 반응한 이유는 본인의 감정이나 내 감정을 감당하지 못해서였다. 아버지는 감정을 처리할 줄 몰라서 그렇게 반응한 것이다. 아버지 나름의 소통 방식이고, 힘과 통제력으로 훈육하는 아버지의 방식을 내게 관철시키려 한 것이다. 하지만 나는 아버지의 방식이 마음에 들지 않았다. 나 역시 물러서는 성격이 아니었다. 그래서 나도 침묵으로 맞대응했고, 날마다 매주마다 아버지와 대치했다. **누가 먼저 말할까?** 나는 이 게임을 잘 치렀다. 그러나 게임을 잘 치렀다고 해서 내가 까다롭게 굴면 안 좋은 일이 생긴다는 믿음이 사라진 것은 아니다. 내가 까탈스럽게 굴면 실제로 안 좋은 일이 일어났고, 내게 사랑은 조건부라고 굳어졌다.

잠깐 짚고 넘어가자면, 가치감 상처를 일으키는 조건부 사랑과 모든 아이에게 필요한 무조건적 사랑을 구분한다고 해서 아이의 행동으로 인한 결과를 모두 눈감아주라는 뜻은 아니다. 필요하다면 결과에 대해 훈육하면서, 동시에 아이에게 여전히 사랑한다고 안심시켜주는 메시지를 줘야 한다. 사실 내가 아버지에게 듣고 싶었던 말은 이런 거였다. "네가 그런 행동을 한 건 정말 마음에 들지 않아. 그래서 이번 주말에는 친구들을 만날 수 없어. 그래도 아빠는 널 사랑하고 네가 준비될 때 언제든 같이 이 문제로 이야기할 수 있단다."

'나는 널 사랑하고 언제든 네 곁에 있어.' 이것이 안심시켜주는 메시지다. '나는 널 사랑하고 넌 나에게 소중해.' '나는 너를 사랑하고 아무 데도 가지 않아.' '나는 너를 사랑하고 너는 안전해.' '나는 너를 사랑하고 널 용서해.' '네가 무슨 짓을 하든, 네가 한 행동으로 어떤 결과가 뒤따르든, 내 사랑은 어디에도 가지 않아.' '널 사랑해.'

나는 아버지가 나를 완전히 풀어놓기를 바란 게 아니었다. 아버지가 행동의 결과에 대해 한계를 설정하면서도 아버지의 사랑은 변함 없다고 나를 안심시켜주기를 바랐다. 하지만 아버지가 일관성 없이 대해서 내 행동에 대해 가치감 상처(나는 까탈스럽게 행동한다는 생각)가 생겼고, 이 상처가 나의 가치감에 깊이 각인되었다. '네가 까탈스럽게 굴지 않으면 괜찮을 거야.' '네가 까탈스럽게 굴면 관계와 사랑이 위험해질 거야.'

나는 아버지와의 관계에서 어떻게 처신해야 사랑과 연결감, 소통, 관심을 얻을 수 있는지 배웠다. 평소 아버지는 기꺼이 내게 필요한 일을 해주거나 저녁을 차려주거나 숙제를 도와주었다. 하지만 내가 보이지 않는 선을 넘으면, 아버지는 내게 이런 호의를 베풀지 않았다. 아버지의 이런 태도는 나의 20대 초반까지도 계속되었다. 내가 '착한 딸'로 잘 지내기만 하면, 아버지는 급할 때 마트에서 장을 봐주기도 하고, 내가 뉴저지에서 뉴욕으로 통학하던 시기에는 기차역으로 나를 데리러 오기도 했다.

하지만 내가 아버지가 싫어하거나 아버지의 기분을 상하게 만드는 말을 하면, 아버지는 내게 벌을 주었다. 밤 10시에 전화해서 다음 날 아침 6시에 기차역에 데려다줄 사람을 알아보라고 말했다. 물론 대안은 있었다. 내가 직접 차를 몰아도 되고 택시를 부를 수도 있었다. 하지만 당시에는 돈이 넉넉하지도 않았고, 사실 그게 중요한 것도 아니었다. 중요한 건 아버지가 나를 벌준다는 사실이었다. 그리고 아버지가 무언가를 베풀지 않는 식으로 내게 메시지를 전하려 한다는 점이었다. 나는 어떻게 행동하면 관계와 관심, 사랑, 편안한 생활을 유지할 수 있는지, 그리고 그렇게 행동하지 않으면 이런 것을 모두 잃는지를 터득했다. 결국에는 내가 편안하고 기분 좋은 상태이면 가치 있는 사람이 되고, 그렇지 않으면 무가치한 사람이 된다는 것을 배웠다.

- 당신의 가족 안에서는 사랑에 어떤 조건이 달렸는가?

- 당신이 어떤 조건을 충족해야 연결감이나 관심을 얻을 수 있었나?

- 당신이 어떤 조건을 충족해야 가족 안에서 존중받고 가치 있는 존재가 되었나?

조건부 사랑은 한 개인에게서 존중과 가치감을 앗아간다. 그리고 비판적인 말은 그 사람의 사기를 떨어뜨릴 수 있다.

해로운 말

어떤 사람들은 가치감 상처가 생긴 계기를 명확히 찾을 수 있다. 자녀를 옆에서 지켜주지 않거나 사랑에 조건을 다는 방식이 아니라, 아예 대놓고 자녀에게 무가치한 존재라고 악담을 퍼붓는 부모도 있다. 이런 부모는 자녀에게, 절대로 아무것도 되지 못할 것이고, 존재 자체가 실수고 태어나지 말았어야 하며, 한 인간으로서 쓸모없고 하찮은 존재라고 말한다. 이것은 명백한 학대다. 이렇게 신랄한 말은 아이에게 심각한 내상을 입힌다. 학대에 관해서는 다른 장에서 자세히 다루겠지만, 여기서는 일단 우리에게 가치 없는 존재라고 대놓고 말하는 사람으로 인해 가치감 상처가 생길 수 있다는 정도만 알아두자.

이런 상황이 반복적으로 나타나면 온갖 방식으로 피해를 줄 수 있다. 또 한 번 순간적으로 던진 말이 영원히 뇌리에 박힐 수도 있다. 또 어떤 경우에는 수치심을 주거나 평가하는 말을 하기도 한다. 부모가 자녀에게 어떻게 말하고 어떤 단어를 쓰는지는 그들 자신에 대해 많은 것을 말해주지만, 어린 자녀에게는 모두 자기에 대한 말로 들린다.

베로니카는 어머니가 떠난 후에야 아버지의 비판적인 말의 무게를 온전히 느꼈다. 처음에는 언니 캐럴과 비교하면서 시작되었다. 사실 베로니카는 어머니에게 버림받은 후 학교에서도, 다른 데서도 잘 적응하지 못했다. 아버지는 화를 내고 비판적인 말을 퍼부으며 더 언니처럼 되라고 요구했다. "왜 넌 언니처럼 더 열심히 공부하지 않니? 네가 언니처럼만 해줘도 내 인생이 훨씬 더 편해질 텐데."

이런 아버지의 말은 베로니카에게 큰 상처로 남았다. 베로니카는 반항하기 시작했다. 하지만 아버지는 딸을 안심시키기는 커녕 더 비난했다.

"엄마가 우리를 버린 지 얼마 되지도 않았는데, 아빠한테 그런 말까지 들으니 정말 화가 났어요. 아빠가 한 말은 '언니처럼 되어라'가 다였어요. 언니처럼 되면 어떻게 되는데요? 널 더 사랑해줄 거다? 언니처럼 되면 너희 엄마가 떠난 걸 이해하게 될 거다? 언니처럼 되면 너희 엄마가 돌아올지도 모른다?"

베로니카의 목소리가 갈라졌다. 그리고 눈을 감고 울었다. 어머니에게 버림받은 데 더해서 아버지의 폭언은 그녀가 자신의 가치를 계속 의심하게 만들었다. '나는 옆에 남은 부모에게도 사랑받지 못하는구나.'

해로운 말이라고 해서 모두 노골적이고 잔혹한 것은 아니다. 미묘하게 해로운 말도 있다. 마야의 가족은 마야를 지지하고 사랑해주었지만, 자신의 몸매에 만족하지 못했던 어머니는 마야에게 자신이 생각하는 이상적인 체중에서 2킬로그램 이상 벗어나지 말라고 끊임없이 잔소리했다. 어머니는 "절제하지 못하면 안 돼"라고 말했다. 그러고는 "살이 쪄도 엄마는 널 사랑한다"라고 덧붙였다.

여기서 "살이 쪄도"라는 말은 너무 매정하지 않은가? 마야는 평생 자신의 몸에 만족하지 못했다. '살 빼지 않으면 아무도 날 원하지 않을 거야.' '살을 빼지 않으면 아무도 날 매력적으로 봐 주지 않을 거야.' '살을 빼지 않으면 연애할 자격도 없어.' 수십 년 전에 어머니가 미묘하면서도 노골적인 말로 그녀에게 전한 메시지였다.

당신의 어린 시절을 돌아볼 때 부모가 한 말 중에 지금까지도 영향을 미치는 말이 있는가? 살찌는 문제를 지적하는 마야의 어머니처럼, 당신도 여전히 계속 부모의 말이 들릴 수 있다. 아니면 부모가 한 번 한 말이 지금까지 뇌리에 박혔을 수도 있다. 나는 말 한마디가 어떻게 수십 년간의 기분과 서사를 설정하는지 자주 깨닫는다.

내 내담자 트레버는 누굴 만나든 먼저 친해지고 나서야 데이트를 시작할 수 있다고 했다. 일단 아는 사이여야 그의 키 때문에 그를 무시하지 않을 거라고 했다. 초등학교 5학년일 때 짝사랑했던 여학생이 무심코 던진 한마디에서 비롯된 생각이다. 파티에서 그 여자애가 그에게 "넌 키만 좀 컸으면 귀여웠을 텐데"라고 말했다. 바로 이 말이었다. 이후 오랫동안 그가 자신의 가치에 의문을 품게 만든 말이었다.

물론 상처가 되거나 비판적인 말을 거듭 떠올리는 것은 즐거운 경험이 아니다. 하지만 말이 우리를 따라다니므로 말의 영향력을 인정해야 한다.

- 어렸을 때 내게 가장 큰 상처를 준 말은 이것이고, 이 사람이 했다.

다시 말하지만, 위의 이름을 말할 때 당신의 몸에서 감각이 달라질 수도 있다. 그것도 중요한 정보이므로 여유를 갖고 느껴봐도 된다.

- 그 말이 상처가 되는 이유는 이것 때문이다.

어렸을 때 이런 구전 시를 한번쯤은 들어보았을 것이다. "막대기와 돌로 내 뼈를 부러뜨릴지언정 말로는 결코 나를 해치지 못해." 아니다. 이 말은 거짓이다. 이 시는 회복탄력성으로 포장된 거짓말을 우리에게 팔았다. 말은 우리에게 깊은 상처를 입힐 수 있다. 말은 우리를 해칠 수 있다. 그러니 말이 상처를 준다는 사실을 인정해야 한다.

가치감 상처가 어떻게 시작되었는지 탐색하는 작업은 쉽지 않다. 어쩌다 스스로 무가치하다고 생각하게 되었는지 들여다보면 감정이 깊게 건드려질 수 있다. 전에는 보지 못한 무언가를 알아차릴 수도 있고, 이미 알고 있는 무언가를 다시 떠올릴 수도 있다. 그것이 어느 쪽이든 상처가 있다면, 대처할 방법을 찾을 수 있다.

가치감 상처가 불러오는 행동 패턴

아이들은 가치감이 위협받거나 의심받을 때 저마다의 방식으로 대처한다. 어떤 아이는 완벽주의자가 된다. 어떤 아이는 남을 기쁘게 해주거나 최대한 쓸모 있는 존재가 되어 가치 있는 무언가를 제공할 수 있는 사람이라는 걸 증명하려 한다. 또 어떤 아이는 성과와 성취에 몰두하여 잘 해내면 주목받고 인정받으며 축하받을 수 있다고 믿는다. 아이들은 부모를 기쁘게 해주기 위해 최선을 다하면서 부모가 행복하면 자기도 가치 있다는 뜻이기를 바란다.

어떤 사람은 원가족을 떠나고 한참 지나서도 계속 같은 길에 남아 있다. 이런 사람은 계속 완벽하고 주변 사람들에게 도움이 되고 성과를 내고 사람들을 기쁘게 해주어야만 좋은 일이 생기고 사랑과 주목, 관심, 친밀감을 받을 자격이 생긴다고 믿는다. 하지만 이렇게 최선을 다하지만, 결국에는 스스로 가치 없는 존재라고 받아들이는 사람도 있다.

몇 년 전에 강연회를 연 곳에는 가치감 상처를 입은 사람들로 가득 찼다. 사실 그곳에 모인 사람들은 우리 모두였다. 그들은 당신이자 당신의 배우자였다. 당신의 친구이자, 동료이자, 부모이자, 자식이자 상사였다. 가치감 상처를 입은 사람, 스스로 충분히 괜찮다고 생각하지 못하는 사람을 멀리서 찾을 필요가 없다. 우리 주변에 가득하다.

당신이 완벽해지려고, 쓸모 있는 사람이 되려고, 성과를 내려고, 남들을 기쁘게 해주려고 애쓰는 아이였다면, 그동안 당신이 얼마나 애쓰며 살았는지 스스로 알아차리기를 바란다. 물론 당신은 최선을 다했다. 가치감을 지키기 위해 최선을 다했다. 자격이 있는 존재라고 느끼기 위해 초과 근무도 마다하지 않았다. 앞날의 안전을 확보하고 자신 있게 길을 열어 나가기 위해 훌륭하게 노력해왔다. 가치감을 지키기 위한 노력을 스스로 인정할 수도 있다.

이제 가슴에 손을 얹자. 당신이 자신을 지키기 위해 얼마나 애써왔는지 인정해줄 수 있는가? 당신이 이룬 결과에 고마워할 수 있는가? 나에게 이런 말을 해보자.

"＿＿＿＿＿＿해서 고마워. ＿＿＿＿＿＿하기 위해 얼마나 애썼는지 알아. 그것에 감사해."

나를 비판하는 태도에서 내게 고마워하는 태도로 넘어가야 한다. 그러나 보통은 이렇게 간단하지 않다. 더 큰 변화가 일어나야 할 수도 있고, 예전 방식이 더는 예전처럼 도움이 되지 않을 수도 있다. 그래도 우리가 일하고 살아남기 위해 터득한 방식이 한때는 우리에게 가치 있고 중요했으므로, 가능하면 존중과 고마움과 감탄의 마음으로 인정해줄 필요가 있다.

가치감 상처 치유하기

변화와 전환은 스스로 이루어야 하지만 쉽지는 않다. 베로니카는 오래전부터 불행한 관계를 맺으면서, 그 관계 안에서 자신의 역할을 보지 못했다. 책임을 모두 남에게 돌렸다. 전에 만나던 남자친구들이 충분히 배려하지 않았고 충분히 노력하지 않았으며 충분히 사랑하지 않았다고만 생각했다. 나는 베로니카가 피해자 사고방식에서 벗어나, 관계 안에서 그녀가 어떤 역할을 했는지 알아차리게 만들어야 했다. 이 과정을 거치지 않으면 베로니카는 계속 같은 역동을 일으키며 상대만 비난할 것이다.

베로니카와의 관계가 발전하고 신뢰가 쌓이자, 나는 가치감 상처를 더 깊이 들여다보도록 이끌어줄 수 있었다. 그녀가 인정하기 어려운 부분을 지적하는 것이기에 최대한 부드럽게 말했다.

"베로니카, 사람들이 당신을 선택하기 어렵게 만드는 것 같아요. 그들은 당신의 직원이 되고 싶은 건 아닐 거예요. 당신의 연인이 되기를 원하죠. 그들은 당신을 알고 싶어 해요. 당신에게 끝없이 업무 지시를 받고 싶어 하는 게 아니라요."

그러자 베로니카는 자기가 사람들을 어떻게 밀어내는지 깨달았다. 그리고 사람들이 그녀를 알아가는 것을 거의 불가능하게 만드는 것도 알았다. 사람들이 그녀가 제시하는 모든 시험을 통과하지 못할 때마다 예민하게 반응해왔다는 사실도 알게 되었다. "왜 그냥 도와주면 안 돼? 나는 당신에게 최우선으로 대접받을 만큼 중요한 사람이 아니야? 내가 부탁하는 일을 그냥 해줄 만큼 당신 인생에서 나는 가치 있는 존재가 아니야?" 이런 식으로 과거의 연인들을 몰아세웠다.

물론 베로니카는 무조건 가치 있는 사람이고, 당신도 그렇다. 당신은 사랑과 친밀감, 존재감, 관심, 안전 그리고 그 이상을 누릴 자격이 있다. 그만큼 가치 있는 사람이다. 하지만 아무리 관계를 유지하고 싶고 그럴 거라고 믿어도 함부로 행동해서는 안 된다. 우리가 베로니카의 근원 이야기로 들어가는 사이 그녀는 가치감 상처가 그동안 맺어온 관계를 어떻게 방해했는지 알아차렸다. 그녀는 사람들을 밀어내면서도 옆에 머물러주기를 바랄 수 없다는 사실을 깨달았다. 그리고 시험을 멈추고 경계를 설정하고 몇 가지 지침을 정하는 법을 배워야 했다. 그렇지 않으면 계속 관계를 잃고 스스로 무가치하다는 믿음을 입증하게 된다.

베로니카는 치유를 위해 마음속의 피해자와 마주해야 했다. 나아가 경계를 설정하고 자신이 가치 있는 존재라는 믿음을 강화해야 했다. 할 수 없다고 말하는 내면의 목소리를 알아차리기만 한다면, 좋은 관계를 유지할 수 있었다. 이제 범접할 수 없는 남자를 고르거나 만날 수 있는 남자와 친밀해지지 않으려고 피하는 방법을 찾지 않고, 계속 마음을 열어두고 관계에 다가가기 시작했다. 상대에게 새로운 과제를 내주거나 상대가 감당하지 못할 비난을 퍼붓고 싶어질 때도 있었다. 그러면 베로니카는 앞으로 더는 입증하고 싶지 않은 이야기를 입증하기 위해 그녀 안의 가치감 상처가 전술을 쓰는 거라고 자각했다. 베로니카는 이 연습을 열심히 해나갔다. 결국에는 보람 있는 연습이 되었다. 한마디로 훌륭한 ROI를 기록했다.

근원 치유 연습 단계

이제 치유의 여정에서 반드시 거쳐야 할 네 단계를 소개하려 한다. 내가 **근원 치유 연습**이라고 부르는 단계다. 이 연습의 구조는 사실 어떻게 변화를 만들지에 대한 수많은 치료적 지혜에서는 벗어나 있다. 하지만 적어도 나와 내 내담자들에게는 효과가 있었다.

이 연습은 상처에 **이름 붙이기**, 상처를 **목격하고 존중하기**, 진정한 자아의 상실을 **애도하기**, 끝으로 상처가 치유되기 시작하면 새로운 행동과 선택으로 **방향 전환하기**. 이렇게 네 단계로 이루어졌다.

네 단계에 대해 자세히 알게 되면, 각자가 근원 치유 연습을 해볼 수 있다. 그리고 2부에서는 각 상처에 대해 이 네 단계 연습을 적용할 것이다. 그중에서 각자가 가장 공감하는 상처를 골라서 자세히 살펴보면 된다. 각각의 네 단계를 거치는 과정은 미세하게 다르고 개인마다도 다르며, '정답'은 없다. 처음에는 쉽지 않을 수 있다. 그래도 해보는 만큼 해보자. 몇 번이고 다시 돌아와도 된다. 평소보다 강렬한 감정이 느껴질 수도 있다. 전보다 더 의도적으로 기억과 감정을 처리할 수도 있다. 계속해보자. 근원 치유 연습에 참여하면 변화와 성장과 치유를 위한 기회가 주어질 것이다.

이름 붙이기

자신의 상처를 알아차리지 못하면 치유도 어렵다. 또 상처를 잘 알아차리지 못해도 그릇된 치유의 길로 들어설 수 있다. 당신과 사연이 비슷한 사람이 어떤 근원의 상처를 입었다고 해서 당신도 꼭 같은 상처를 입는 것은 아니다. 그래서 이 작업이 까다로워지는 것이다. 하지만 자신의 이야기를 찬찬히 들여다보며 세세한 부분까지 알아차리고 무엇이 당신에게 상처를 입혔는지 찾아보면 치유의 길로 들어설 수 있을 것이다. 그래서 내가 늘 **있는 그대로 이름을 붙여라, 더하지도 덜지도 말라**고 말하는 것이다. 이것은 대담한 첫걸음이다. 있는 그대로 이름을 붙이려면 큰 용기가 필요하다.

1장에서 소개한 나타샤가 아버지의 외도로 인한 상처에 이름을 붙이는 것이 얼마나 어려웠는지 기억할 것이다. 배신에 동참하라는 아버지의 은밀한 기대가 버거운 만큼 그 상처에 이름을 붙이는 것도 어려웠다. 혹은 베로니카가 이전의 심리치료에서 가치감 상처를 숨기기 위해 가족에 관해서는 전혀 언급하지 않은 사실도 기억할 것이다. 상처에 이름을 붙인다는 생각 자체가 (상처의 시작을 부모나 보호자의 부재, 조건부 사랑, 해로운 말에서 찾게 되므로) 위험해 보일 수 있다. 상처에 이름 붙이기 단계에서는 당신에게 영향을 미친 기억과 직면해야 하고, 이야기를 축소하거나 확대하거나 무효화하거나 왜곡하지 않으면서 있는 그대로 고백해야 한다. 잠시 시간을 갖고 과거의 경험에 이름을 붙이자. 이렇게 과거와 직면하지 않으면 아직 설명되지 않는 과거에 삶이 휘둘릴 수 있다. 장담컨대 반드시 그렇게 된다.

목격하기

누군가에게 **목격**당하는 경험은 인생에서 심오한 경험 중 하나다. 여기서는 우리가 지금 시도하는 치유의 맥락에서 목격의 의미를 정의하겠다. 목격당하는 경험은 자신(그렇다, 자기 이야기의 목격자가 되어줄 수 있다)이나 다른 누군가가 당신의 고통이나 당신에게 영향을 주고 있거나 영향을 주었던 과거의 사건을 목격하는 식으로 당신의 이야기를 존중하는 것이다. 당신의 이야기를 들어주고 보아주고 인정해주는 것이다.

당신의 경험에 목격자가 생기면 삶의 행로가 달라질 수 있다. 그냥 인정받기만 해도 과거에 얽매인 패턴에서 벗어날 수 있다. 그 위력을 과소평가해서는 안 된다. 목격하는 것은 과거나 현재의 사건을 보고 느끼고 소통하고 직접 경험하면서 (아니면 직접 경험하는 것처럼) 과거나 현재에 존재한다는 의미다.

진지하게 목격하기만 해도 평생 얽매인 패턴에서 벗어날 수 있다.

나는 처음 남편 코너가 진실로 나를 목격해준다고 느낀 순간을 생생히 기억한다. (사실 '목격하기' 단계에 대해 글을 쓰는 것만으로도 감성이 올라온다.) 그때 나는 가족 중 누군가와 동화하고 있었다. 그 가족은 내가 하려는 말을 들어주기보다 자기를 방어하는 데만 급급했다. 우리 사이에 수십 년에 걸쳐 반복된 관계 패턴이었고, 나는 그런 관계에 지쳐 있었다. 나의 상처받은 내면은 상대에게 제발 내 말 좀 들어주고 내 상처를 이해하고 어느 정도 책임을 인정해달라고 애원했다. 하지만 나의 노력은 매번 처참하게 실패했고, 그때마다 상처는 더 깊어졌다.

그날 저녁에는 남편이 집에 있었고, 나는 우연히 스피커폰으로 돌려놓고 통화하고 있었다. 긴장되고 좌절감이 드는 통화가 이어졌다. 남편은 잠자코 듣고 있었다. 평소와 다름없는 통화였지만, 그날은 통화가 끝나고 내 안의 무언가가 풀려날 만큼 치유된 느낌이었다.

통화를 마친 후 남편과 나는 연결되었다. 남편은 그가 들은 대로 내게 말해주었다. 놀랍게도 그는 내가 경험한 그대로 경험했다. 남편은 통화에서 내가 들은 것을 들었고, 내 감정과 좌절감을 공감하고 인정해주었다. 남편은 그 순간의 나만이 아니라 이전의 모든 나를 목격해주었다. 수십 년 전부터 가족 중 한 명과 똑같은 언쟁을 수없이 반복한 터였다. 그날은 내 안의 아이도 어른인 나만큼이나 누군가가 보아주고 들어주고 이해해주는 경험을 했다.

가족 중 한 명과 나의 관계는 달라지지 않았지만, 나는 더 이상 외롭지 않았다. 꼭 나의 원가족이 알아듣고 내 입장을 이해해줄 필요는 없었다. 다른 누군가가 그렇게 해주는 것만으로도 충분했다. 비로소 나는 수십 년간 얽매였던 건강하지 못한 패턴에서 풀려났다.

이 점에 관해 잠시 생각해보자. 상대가 누구인지가 중요한 게 아니다. 물론 특정 누군가가 내 이야기를 들어주기를 바라겠지만, 내가 개인의 삶에서나 심리치료사로 일하면서 깨달은 바로는 누구든 진지하게 목격해주면 변화가 일어날 수 있다.

실제로 상처를 준 당사자가 우리의 진실을 들어주는 경우도 있다. 연인이나 배우자와의 관계에서 종종 나타나는 경우다. 혹은 친구와의 관계에서 나타나기도 한다. 혹은 마음의 여유를 갖고 자신의 이야기를 들어줄 수도 있다. 아니면 내가 주최한 모든 수련회에서처럼 처음 보는 사람과도 가능하다. 며칠 동안 한자리에 모인 용감한 사람들, 그전에는 만난 적 없고 수련회를 떠나면 다시 만나지 않을 사람들이 서로에게 목격자가 되어주고 삶을 변화시키는 치유의 과정에 참여하는 것이다.

자신이 과거의 패턴에 다시 얽매이려는 것이 느껴질 때면, 바로 누군가가 목격해주어야 할 순간이라는 뜻이다. 한 번으로는 끝나지 않는다. 실제로 그런 경우는 거의 없다. 이제 나는 그 순

간이 오면 배우자나 나를 알아주는 소중한 친구나 나 자신에게
의지할 수 있다.

애도하기

애도라고 하면 사랑하는 사람을 잃은 경험이 떠오를 것이다. 원
가족과 함께 치유하려 할 때 애도는 자아의 일부를 잃는 경험,
말하자면 자신의 원래 모습, 상처와 고통과 트라우마가 발생하
기 이전 진정한 자아를 잃는 경험에 대한 반응이다. 그리고 이런
경험만 애도해야 하는 것이 아니다.

　나에게서 더 멀어지게 하는 대처 방식, 특히 고통이 너무 심
해 차마 인정하지 못하는 나의 일부를 다루던 방식에서 벗어나
는 것도 애도다. 고통에 대처하기 위해 자기 몸을 함부로 다루는
경우가 있다. 아무하고나 성관계를 갖는 식으로 상처에 대처했
을 수도 있다. 아니면 자기에게 가혹하고 반복적으로 자책하는
식으로 상처에 대처했을 수도 있다. 이제부터는 애도 과정을 통
해 이런 부적응적인 대처 전략을 버릴 것이다.

　목격과 애도는 모두 감정을 건드리는 과정일 수 있다. 내가
나를 목격하든 누군가가 나를 목격해준 해방감이 들 것이다.
밸브가 열리고 막혀 있던 것이 뚫리는 느낌이 들 것이다. 나를
보호하려는 태도에서 훨씬 개방적이고 활동적인 태도로 넘어갈
것이다. 밸브가 닫혀 있으면 나를 보호하려는 경향이 강하고 몸
에 긴장이 흐른다. 그러면 감정을 온전히 느끼지 못하고, 감정을

부정하거나 억압한다.

따라서 애도는 무언가를 목격한 후 일어나는 모든 감정을 있는 그대로 수용하는 것이다. 일단 밸브가 열리면 그 감정에 머물러 느껴보자. 이미 예상했을 수도 있지만 감정을 위한 공간을 마련하면 감정이 올라온다! 지극히 정상이고 예측 가능한 현상이다. 애도 단계에서 이런 감정을 모두 거치는 데는 올바른 길도 없고 적당한 속도도 없다. 이 과정에서 일어나는 감정을 모두 거쳐야 한다. 도중에 감정을 피하거나 부정하거나 억누르면 안 된다. 그러다가 지금의 당신이 된 것이다. **감정을 온전히 느껴야 한다.**

명심하자. 우리가 상실한 무언가를 영원히 잃은 것은 아니다. 가치감과 소속감, 우선순위, 안전, 신뢰를 되찾을 수 있다. 당신도 가치감과 즐거움, 편안함, 기쁨을 되찾을 수 있다.

방향 전환하기

나는 **방향 전환**pivot이라는 단어가 이 단계를 가장 적절하게 표현한다고 생각한다. 방향을 재빨리 바꾼다는 의미다. 경기장에서 선수가 방향 전환을 잘하면 상대가 움직임을 예측하지 못한다. 우리가 고착된 방어 기제로 대응하면, 상대는 우리의 다음 행동을 예측할 수 있다. 그러나 상대가 다음 수를 눈치채지 못하게 방향을 전환하는 것이 중요하다. 행동 패턴은 일관성을 통해 굳어진 것이다. 따라서 건강하지 않은 행동 패턴을 바꾸려면 훨씬 건강하고 적어도 내게 잘 맞는 행동 패턴을 장착할 때까지만

이라도 일관성을 깨뜨려야 한다.

방향 전환을 하려면 우선 제대로 인식해야 한다. 이제 새로운 결과로 나아갈 방법을 선택해야 한다. 남편이 나를 목격해준 날 이후, 나는 수없이 나를 목격하고 애도했다. 그리고 과거의 행동 패턴에서 풀려나자, 더는 그 가족과 매번 같은 방식으로 소통할 필요가 없어졌다. 이런 자각이 방향 전환은 아니다. 방향 전환은 내가 낡은 패턴에 개입하지 않는 모든 순간에 일어난다. 말하자면 낡은 패턴이 작동하려고 해도 내가 더는 그 패턴에 개입하지 않으면, 그 순간 방향 전환이 일어나는 것이다.

방향 전환은 나에게 돌아가는 과정이다. "나는 너를 봐왔고, 너를 존중해"라고 말하는 것이다. 충분히 목격하고 애도했기에 존중할 수 있는 것이다. 이런 단계를 거치지 않으면 방향 전환이 일어나기 어렵다. 그래서 마음을 다해 목표를 정하고 자신과 거듭 약속하고도 계속해서 같은 상대와 같은 대화를 반복하는 것이다. 무언가를 바꾸고 싶지만 좀처럼 바뀌지 않는다면, 아직 충분히 목격하고 애도하지 않았다는 뜻이다. 먼저 고통을 알아차리고 목격하고 온전히 느끼지 않고서는 고통에서 벗어날 수 없다. 고문이 아니다. 고통과 상처를 존중하는 것이다.

어떤 문제를 있는 그대로 불러줄 수 있다면, 반드시 해방과 자유가 주어질 것이다. 내가 가장 좋아하는 말 중에 이얀라 반잔트Iyanla Vanzant의 명언이 있다. "당신이 죽은 무언가를 똑바로 쳐다보면서 그것이 존재한다고 인정하고 그것을 있는 그대로 불러주고 그것이 당신의 삶에서 어떤 역할을 할지 결정할 수 있을 때, 사랑하는 그대여, 자유를 향해 첫걸음을 내디딘 것이다."

당신도 지금 자유를 향해 첫걸음을 내딛는 중이다.

근원 치유 연습 시작하기

근원 치유 연습으로 더 깊이 들어갈 준비가 되었다면, 우선 나만의 시간과 사생활을 확보해야 한다. 다시 말하지만, 이 연습은 가치감 상처가 있는 사람을 위한 연습이다. 가치감 상처가 없다면, 이 연습을 생략하고 소속감 상처를 다루는 다음 장으로 넘어가도 된다. 2부의 각 장에는 각 상처를 위한 근원 치유 연습을 소개하므로 각자에게 해당하는 상처를 치유하기 위한 연습을 해보면 된다.

치유는 신성한 체험이다. 치유를 통해 다른 차원으로 넘어갈 수 있다. 일단 쿠션을 놓고 담요를 몸에 두르거나 명상 방석에 앉아 촛불을 켜놓는 등 편안한 자세를 취하자. 치유를 위한 분위기를 조성하라는 뜻이다.

각자에게 가장 안전하다고 느껴지는 방법이라면 뭐든 괜찮다. 나는 온전히 집중하기 위해 눈을 감는 편이다. 내게는 효과적인 방법이지만, 누군가는 눈을 떠야 안전하다고 느낄 수 있다.

그래야 그 공간에 나 말고 아무도 없는 것을 알고 주변에서 무슨 일이 일어나는지 확인할 수 있기 때문이다. 여기서 옳고 그른 방법이란 없고, 각자에게 맞는 방법이 있을 뿐이다. 치료사와 함께 연습하는 방법을 선호할 수도 있다. 가만히 생각해보라. 트라우마를 극복하려는 사람이라면 우선 자기를 잘 돌봐야 한다. 트라우마를 치유하는 동안 당신을 이끌어주고 지지해주고 안전한 공간을 확보하도록 도와줄 사람이 필요하다. 이제 시작해보자.

이름 붙이기 자신의 가치에 처음 의문을 품은 순간을 떠올려보자. 여기서는 마음을 편하게 먹어도 된다. 첫 순간의 세세한 부분에 주목해보자. 당신은 어디에 있었나? 거기에 누가 또 있었나? 당신은 몇 살이었나? 무슨 옷을 입고 있었나? 다른 사람이 한 말 때문에 자신의 가치에 의문을 품게 되었나? 세세한 부분을 최대한 떠올려보자.

목격하기 자신에게, (이 연습을 하는 현재의 당신이 아니라) 당신이 목격하는 어린 시절의 자신에게 더 집중하자. 그리고 마치 영상으로 보듯이 그 순간 경험한 감정을 알아차리자. 베로니카는 이 연습을 통해 엄마에게 떠난다는 말을 듣는 다섯 살짜리 아이를 보았다. 그리고 엄마가 차를 타고 떠나는 모습을 지켜보는 아이를 보았다. 베로니카는 그 순간을 경험하는 어린 자아를 목격하면서, 그 사건으로 자신의 가치에 의문을 품게 된 아이에게 연민을 느꼈다.

애도하기 이 단계에서는 감정이 올라올 수 있다. 감정이 올라오게 놔둘 수 있는가? 어린 당신에게 어떤 상황이었는지 주목할 수도 있다. 버림받는 상황을 견디거나 해로운 말을 들어야 했던 어린 자신을 보면서 마음이 아플 수도 있다. 사랑받기 위해 남을 기쁘게 해주거나 진정한 자기로 살지 않게 된 어린 자신을 보면서 괴로울 수도 있다. 어린 자신에게 연민을 느끼고, 어른이 된 지금 그 아이에게 무엇을 해주고 싶은지 생각해보자. 안아주고 싶은가? 그런 일을 겪게 해서 정말 마음이 아프다고 말해주고 싶은가? 아이를 들어 올려 안아주면서 다 괜찮을 거라고 말해주고 싶은가? 어떻게 해주고 싶은가? 그냥 알아차리자. 감정이 올라오게 놔두자.

길어도 되고 짧아도 되니 편안한 만큼 그 상태에 머무르자. 눈을 감고 있었다면, 다시 현재로 돌아오기 전에 잠시 그대로 감고 있어도 된다. 눈을 감은 채로 손끝과 발끝을 조금씩 움직여보자. 스트레칭으로 목의 긴장을 풀어보자. 가슴이나 배에 손을 올려보자. 다시 호흡에 집중하자. 눈을 뜨면 무엇이 보일지 생각하자. 당신이 지금 어디에 있는지 생각나는가? 그리고 천천히 눈을 떠보자. 천천히 감정을 느껴보자.

이제 큰 걸음을 내디뎠다. 애도는 이번 한 번으로 끝나지 않는다. 이 연습을 여러 번 반복해야 할 수 있다. 나도 애도할 때 이 연습을 반복해서 한다. 세세한 부분을 새로 발견하고 여섯 살이나 아홉 살의 내 모습에서 새로운 사실을 알아차리기도 한다. 그리고 이 상태에 머물 때마다 비슷하면서도 새로운 느낌이 든다. 그러니 필요한 만큼, 원하는 만큼 많이 해보길 바란다. 일주일간 매일 할 수도 있다. 아니면 한 번만 해보고 내년이나 5년 후에 다시 해볼 수도 있다. 당신이 정말 자랑스럽다.

방향 전환하기 당신의 가치감 상처가 현재 어떤 식으로 영향을 미치는 알겠는가? 그 영향이 어떤 관계에서 뚜렷이 드러나는가? 당신은 가치 없는 존재라고 느끼지 않기 위해 남을 기쁘게 해주거나 연기하는가, 아니면 숨거나 회피하는가? 잠시 시간을 내서 당신이 가치 있다고 생각한다면, 무엇이 달라질지 생각해보자. 사랑받을 자격이 있는 사람이라는 것을 안다면, 어떻게 연기하는 일을 멈추게 될까? 당신이 가치 있고 소중한 사람이라고 느낀다면, 어떻게 숨고 회피하는 행동을 멈출 수 있을까? 방향 전환을 하려면 잠시 시간을 내어 다음 단계를 명확히 그려보는 습관을 들여야 한다. 다음 문장을 완성해보자. '내가 나 자신을 가치 있는 존재라고 믿는다면, 다르게 행동할 한 가지는 ____이다.' 그리고 관계 안에서 당신이 가치 있는 존재가 아니라고 느끼는 것을 멈춘다면, 무엇이 달라질까? 이번 주에는 당신에게 낡은 방식을 새로운 방식으로 바꿀 기회가 생길 때마다 알아차릴 수 있는지 살펴보자. 그냥 알아차리면 된다. 아직 그 이상은 할 필요가 없다.

이제 진지한 몇 단계를 거쳤다. 그동안 여리거나 약한 모습이 나오면 알아차리면서 자신을 안전하게 보살펴야 한다. 가치감은 하루아침에 생기는 것이 아니다. 다른 모든 근원 치유 연습과 마찬가지로, 반복해서 자기에게 집중해야 한다. 나는 당신이 연습하는 과정을 지켜보며 계속 함께 걸어가고 싶다.

소속되고 싶다

4

모든 아이, 아니 모든 인간은 어딘가에 속하고 싶어 한다. 누구
나 자신의 모습으로 살고 싶은 동시에, 자기보다 더 큰 무언가의
일부가 되고 싶어 한다. 우리는 소속되고 싶어 한다.

　가족이나 집단에서 우리의 진정성을 억압당하지 않을 때 존
중받고 안전하다고 느낀다. 아름다운 소속감이 생긴다. 무언가
의 일부가 되는 것은 중요하고 가치 있는 일이다.

　그러나 안타깝게도 많은 가족과 집단은 의식적으로든 무의
식적으로든 그들의 기대에 부응하고 그들의 방식을 따르는 쪽
으로 우리를 키우려 한다. 집단의 일부가 되기 위해, 심지어 가
족에 속하기 위해 우리는 본모습을 희생해야 한다고 느낀다. 애
쓰지 않아도 소속감이 그냥 주어지면 얼마나 좋겠는가. 그러나
우리가 원하는 것이 항상 주어지는 것은 아니고, 때로는 전혀 주

어지지 않기도 하고 때로는 쉽게 주어지지 않는다. 그러면 아이는 외부인으로 느끼면서 소속감 상처belonging wound를 지닌 채 성인이 될 수 있다.

소속감 상처의 근원

"왜 이 도시의 게이 중에 정착해서 정상적으로 살고 싶어 하는 사람이 한 명도 없을까요?"

상담실 문이 채 닫히기도 전에 절망에 빠진 닐이 들어와 소파에 주저앉아 고개를 뒤로 젖히며 물었다. 서른두 살의 닐은 몇 달 전에 웨스트버지니아에서 뉴욕으로 넘어와 살다가 한 달 전쯤부터 나와 심리치료를 시작했다.

"**정상**이 무슨 의미예요?"

"무슨 말인지 아시잖아요. 허구한 날 밖으로 싸돌아다니며 파티에 빠져 살지 않아도 되는 남자요. 오직 한 사람과 사랑을 원하는 남자. 밤에는 집에 있고 싶어 하는 남자. 연인에게 헌신하고 싶어 하는 남자. 동성애를 숨기느라 잃어버린 세월을 보상받으려고 발악하지 않는 남자."

닐도 또 하룻밤을 밖에서 떠돌며 파티를 즐겼다. 뉴욕으로 오기 전에는 마약에 손대본 적이 없고 술도 가끔 한 번씩 마셨다. 요즘은 스스로 통제 불능이라고 느끼고, 자기가 어떤 상태인지 알고 싶어서 나를 찾아온 터였다.

"파티에서 만나는 사람들에게 압박감을 느꼈나요?"

"아뇨, 전혀요. 그래서 미치겠는 거예요. 사실 아무도 압박을 주지 않아요. 그런데도 저는 거기에 갔으니 원하지 않는 제안에도 '예스'라고 말해요. 그런 제안이 들어오면 주변에서 다들 그렇게 하니까요."

나는 그에게 마약을 하기로 선택한 것이 결국에는 소속되기 위해서인지 물었다.

닐은 어깨를 으쓱하며 잠시 생각에 잠겼다.

"흥미로운 지적이네요."

닐은 뉴욕에 와서 고향에서는 찾기 힘들었던 무언가를 찾고 싶었다. 그가 정상이라고 느끼게 해주는 공동체. 하지만 얼마 안 가서 그는 **그의 공동체**, 즉 동성애 공동체 안에서도 외부인으로 느꼈다. 닐은 비슷한 가치관을 가진 사람과 함께 살고 싶었다. 그러나 가벼운 만남 이상을 원하는 남자를 아직 만나지 못했다. 그는 좌절감에 빠진 상태였지만 나와 함께 이 문제를 다루기 전에는 스스로 이 문제에 얼마나 영향을 받는지 알아차리지 못했다.

닐은 형 둘과 여동생 둘 사이에 끼어 자랐다.

"저만 유별난 아이였어요. 형들처럼 운동에 관심이 있는 것도 아니고, 늘 아빠를 실망시켰어요. 아빠가 기대하거나 원하던 아들이 아니었거든요. 저도 알았어요. 엄마와 여동생들은 여자들끼리 모이니까 거기에도 끼지 못했어요."

닐의 부모는 신앙심이 깊었고, 그의 작은 고향 마을에서는 온 동네가 서로를 알았다. 닐은 밝히고 싶지 않은 것을 잘 숨겨야 했다. 그는 동성애자라는 사실을 열심히 숨겼다. 14년 동안 가족에게 숨기고, 그보다 훨씬 긴 시간 동안 고향의 공동체에도 숨겼다. 오랫동안 가족과 잘 지내기 위해 애썼다. (사실 운동이 다 싫었는데도) 아버지가 바란 운동을 해보려고 노력했고, 항상 좋아하는 여자애들 얘기를 하려고 했다. 닐은 오랫동안 이성애자인 척했지만, 그에게 잘 맞는다고 느낀 적이 한 번도 없었다.

마침내 부모님께 자신이 동성애자임을 밝혔다. 반응은 좋지 않았다. 최악의 악몽이 현실이 되었다. 부모는 그의 고백을 수용하지 않았을 뿐만 아니라 아들을 비난하며 두려움과 불안감에 사로잡혔다.

차이에 직면할 때 가족은 여러 반응을 보일 수 있다. 닐의 부모는 성에 대한 신념이 확고한 사람들이었고, 닐의 동성애 고백이 그들의 신념 체계에 과부하를 일으켰다. 그들은 동성애자가 되는 것이 잘못이라고, 곧 죄라고 믿었다. 아들이 동성애자라는 사실은 부모로서 실패했다는 의미로 받아들였다. 그들은 공동체에서 심판받는 것이 두려워서 결국 닐을 심판했다.

닐이 부모에게 동성애자임을 밝힌 밤, 부모가 나누는 대화를 우연히 들었다.

"그날 밤 엄마가 우셨어요. 저는 부모님 방 앞에 앉아 부모님이 저에 대해 나누는 대화를 들었어요. 엄마는 아빠에게 제가 당신의 인생을 망친다고 했어요. 그 뒤로 몇 달 동안 저도 밤마다 울었어요. 제가 게이인 게 왜 **엄마의 인생**을 망치는 것인지 이해가 되지 않았어요."

이제 모든 것이 변했지만 아무것도 달라지지 않았다. 닐은 계속 소속감을 느끼지 못한 채 살았다. 부모는 집에서 닐을 무시하며 일정과 계획에 대해서만 건조하게 말했다. 형제자매들도 부모가 하는 대로 했다. 어머니는 닐에게 이 집에서 사는 동안만큼은 아무한테도 말하지 말라고 단단히 주의를 주었다. 그래서 고향에서는 아무도 몰랐다. 그가 동성애를 숨기든 커밍아웃하든, 그의 가족에 스며들 방법이 없었다.

닐은 자신의 고백이 부모에게 충격을 준 건 이해했다.

"제 부모님은 남부 출신이시고 종교적으로 독실한 분들이에요. 그분들에게는 이해할 수 없는 일인 건 알았지만, 절 그렇게 대하실 줄은 몰랐어요. 일단 화를 내시겠지만 결국에는 극복하고 저를 사랑해주실 줄 알았어요."

그는 머리로는 부모의 고충을 이해해도 마음이 아프다고 했다. 어떻게 부모가 자식을 외면하고 철저히 외부인 취급을 할 수 있느냐는 것이다.

우리는 저마다 다르게 태어난다. 건강한 환경이라면 모두가 제각각 다르다는 사실을 받아들이고 기쁘게 생각하는 법을 배울 것이다. 누구나 고유한 존재인 동시에 집단의 일원이 될 수 있다.

그러나 우리가 속한 집단이 개인의 고유한 차이를 인정해주지 않을 수 있다. 심지어 어떤 부모는 자기 자녀가 다른 가족 구성원들과 다를 때 어떻게 키워야 할지 몰라 난감해한다. 그래서 적어도 초기에는 자녀가 부모에게 양보해야 할 때가 있다.

어린 시절에는 신념에 대해 발언할 권한을 얻지 못한다. 적응이 최선이다. 소속되지 못하는 위협을 감지하고 한구석으로 몰려서 집단과 자기 중 하나만 선택해야 한다. 아이로서 자기를 선택하는 길은 지나치게 위험하다. 집단에 속하는 쪽이 안전하다. 설령 그것이 착각일지라도, 외적 소속감은 일단 수용과 인정과 즐거움을 준다. 그래서 대다수는 우선 어울리려고 안간힘을 쓴다.

하지만 어느 순간부터 차이로 인한 마찰이 생긴다. 당신은 어린 시절에 순응하지 못했을 수 있다. 혹은 부모의 신념에 반항하며 자랐을 수도 있다. 혹은 나중에 성인이 되고서야 집을 떠났을 수도 있다. 닐처럼 다름을 지지해주고 당신이 본연의 모습을 보여줄 수 있는 집단이나 거주지를 찾아 떠났을 수도 있다. 가족의 신념과 생활양식으로부터 거리를 두려는 시도가 어릴 때 시작되었든 한참 뒤에 시작되었든, 부모가 다름을 수용할 줄 모르면 아이는 스스로 인정받지 못한다고 믿는 사람으로 성장할 수 있다. 부모나 집단이 다른 삶의 방식을 수용할 여유가 없다면, 아이는 자신의 본질이 거부당했다고 느낀다. 그러면 개인의 방식과 가족의 방식이 충돌한다. 부모가 두 방식을 화해시키지 못하면, 아이는 결국 심각한 갈등을 일으키고 소속감 상처를 얻는다.

무시와 회피

가족이 아이의 다름을 그냥 회피하는 경우도 있다. 가족 내의 어른들이 아이의 다름을 외면하고 무시하면, 문제가 사라지거나 적어도 진지하게 다루지 않아도 된다고 믿는 것이다. 어른들이 자신을 보호하기 위해 그럴 때도 있고, 그것이 아이를 보호하는 방법이라고 믿어서 그럴 때도 있다.

내가 늘 말하듯이 치유의 길은 회피할 수 없다. 수용과 화해로 가는 길도 마찬가지다. 가족이 아이를 무시하고 회피하면, 아이에게 소속감 상처가 생길 수밖에 없다.

내가 트리시를 만난 건 2015년이지만, 그녀의 사연은 그 후로도 내내 기억에 남아 있다. 트리시는 뇌성마비를 앓아서 날 때부터 운동과 근긴장과 자세에 이상이 있었다. 절뚝거리며 걸었고 앉거나 일어서려면 남들보다 훨씬 힘을 들여야 했다. 그러나 가족은 그녀의 뇌성마비에 대해 한 번도 언급한 적이 없었다.

"제가 어디가 아픈 거냐고 물으면, 가족은 제게 아무 이상이 없다고만 말했어요. 제가 정상이기를 바라는 마음에서 제게 아무 문제도 없는 척했어요. 다들 제가 뇌성마비인 걸 완전히 못 본 척했어요."

결국 트리시는 불안정해졌다. 자기가 뭔가 다르다는 걸 알았지만, 가족은 인정하지 않았다. 학교에서는 매일 놀림을 받고 집에 와서 의문을 풀려고 하면, 그저 친구들이 '못되게 구는 것뿐'이라며 그녀에게는 아무 문제도 없다는 답만 돌아왔다. 부모는 트리시와 그들 자신을 보호하려 했지만, 그러면 그럴수록 트리시는 더 불안정해지고 혼란스러워졌다. 임상심리학 교수이자 《뉴욕 타임스》 베스트셀러 《부모와 다른 아이들 Far from the Tree》의 저자인 앤드루 솔로몬 Andrew Solomon은 신체장애처럼 부모에게 낯선 자녀의 특성이라는 개념을 **수평적 특성** horizontals이라고 소개한다.[1] 부모가 이런 수평적 특성을 수용하고 양육할 요소가 아니라 고쳐야 할 결함으로 다루는 태도에 대해 설명한다.

트리시는 뇌성마비로 인해 이미 남들과 다르다고 느꼈다. 가족은 트리시에게 해를 끼칠 생각이 없었지만, 그녀의 다름을 존중하지 않고 회피하기만 하면서 상처를 더 악화시켰다. 하지만 트리시를 위해서는 부모가 이런 격차를 메울 방법을 찾고 그로 인한 두려움이나 의심에 직면할 방법을 찾아야 했다. 트리시와 한 팀이 되어 앞날을 헤쳐 나갈 최선의 길을 찾아야 했다.

"신체적으로 남들과 다른 것도 힘든데, 부모님에게 그런 사실을 제발 인정해달라고 애원하다 보니 그 자체로 큰 상처가 됐어요. 이게 오랫동안 저를 괴롭힌 문제고, 지금도 이 문제와 화해하려고 노력하는 중이에요."

자신의 현실이 부정당하거나 무시당하거나 회피당한 경험이 있다면, 실제로 자신의 경험과 진실에 얼마나 쉽게 의문을 품게 되는지 알 것이다. 갈수록 자기에 대한 신뢰가 무너지고 확신과 자신감이 거의 남지 않을 수 있다. 이처럼 취약한 상태에서는 적응하기 위해 자기를 바꾸려 하거나 스스로 외부인이라고 인정하기 쉽다.

당신은 어떤 면에서 가족과 달랐는가? 어떤 면에서 주변 세상과 달랐는가? 부모나 가족 중 누군가가 당신의 다름을 외면하거나 무시했는가? 어떤 방식으로 그랬는가?

솔직하게 들여다보고 한번 써보자.

- 내가 달랐던 점은 이런 점이다.

- 나의 다름을 외면하고 무시한 사람이 있다.

- 그들이 나의 다름을 인정할 수 있었다면, 어떻게 달라졌을까?

통제

차이를 다루는 다른 몇몇 방법과 달리 무시와 회피는 그나마 긍정적인 전략처럼 보일 수도 있다. 통제는 부모가 자녀의 다름을 인정할 수 없어서, 자신의 신념과 삶의 방식에 의문을 품거나 도전하기 두려워서, 허용되는 행동과 허용되지 않는 행동을 미리 제한하는 것이다. 그러면 잘못될 위험을 감수할 필요가 없어진다. 말하자면 남들에게 '어떻게' 해달라고 미리 주문하면, 그들이 세계관을 발전시킬 기회를 주지 않고 현재 상태를 유지할 수 있기에 부모 입장에서는 훨씬 편할 수 있다.

칼은 해군 집안의 자녀로 자랐다. 그의 가족은 끊임없이 이사를 다녔다. 칼은 삼 남매의 장남으로 아버지가 해외로 파견될 때 어머니를 부조하는 역할을 떠안았다. 그리고 집에 돌아온 아버지는 가족을 극도로 통제하려 했다. 자식들은 아버지가 설정한 시간에 맞춰 일어나고 군대식으로 침대를 정리하고 등교하기 전에 몇 시간 동안 훈련을 받아야 했다. 아버지에게는 그만의 삶의 방식과 신념과 행동 패턴이 있었고, 자녀 모두가 그 방식을 순순히 따르기를 기대했다.

칼은 새벽 훈련에 참여하는 것을 싫어했다.

"저희가 입대한 게 아니잖아요. 입대는 아버지가 하셨죠."

칼은 형제들과 다르게 태어났고, 어머니에게 몰래 아버지에게 말해달라고 간청하기도 했다. 하지만 어머니는 칼의 부탁을 들어주지 않았다.

"저는 모든 일과를 따르면서도 괴로웠어요."

나는 칼에게 솔직한 마음을 아버지에게 말할 수 있을 것 같았는지 물었다.

"아버지는 제가 뭘 원하는지에 관심이 없었고 사내답게 자라는 게 중요하다고 하셨어요."

가족마다 나름의 규칙과 기대가 있다. 누구나 아주 어릴 때부터 가족의 일원이 되는 것이 무슨 의미고 가족 안에서 무엇을 요구받는지 배운다. 어떤 종교를 믿어야 하는지, 어떤 예절을 지켜야 하는지, 외모와 옷차림은 어때야 하는지, 인생에서 어떤 선택이 허용되는지, 누구를 좋아하고 사랑할 수 있는지에 관해서도 배운다. 명시적이든 아니든, 이런 메시지가 압도적 위력을 발휘할 때가 있다. '우리 식대로 살면 우리에게 소속되고, 다르게 살면 우리의 일원이 되지 못할 수 있다.' 가족의 기대가 이런 통제로 바뀌는 순간 소속감 상처가 생기기 쉽다.

통제하는 게 자녀 때문만은 아니다. 부모가 자신의 죄책감과 수치심과 부끄러움에 직면하지 않으려는 방어책이기도 하다. 안전을 확보하려는 시도다. 통제하면 자기가 가치 있고 사랑받을 자격이 있는 존재가 아닐 수 있다는 두려움에 직면하지 않아도 된다. '내가 널 위해 (이러이러한 것을) 선택하고 네가 그것을 하도록 만들거나 설득할 수 있다면, 나는 나의 두려움을 회피할 수 있다. 네가 내게 복종하게 만들 수 있다면, 나는 굴복할 필요가 없다.' 그러나 이것은 통제하는 사람의 가장 큰 착각이다.

통제하는 습관은 세대를 거쳐 대물림된다. 칼은 아버지보다 할아버지가 훨씬 통제가 심한 분이었다고 말했다. 내가 칼과 함께 그의 아버지가 칼을 대하는 태도가 할아버지에게서 비롯된 측면을 다루자, 칼은 뭔가를 깨달았다. 아버지도 통제와 고통 속에 자랐고 그 경험을 자식에게 물려준다는 사실을 깨달은 것이다.

그러나 통찰한다고 해서 칼의 현실이 바뀌는 것은 아니었고, 당신의 현실도 마찬가지다. 통찰하면 어느 정도 맥락이 주어질 수는 있지만, 통제가 미치는 영향이 달라지는 것은 아니다. 통제받으며 자란 사람은 자기가 가족의 중심이고, 가치 있는 존재이며, 존중받는 구성원이라는 느낌을 받기 어려웠을 것이다.

통제는 꽉 움켜쥐는 것이다. 통제의 힘은 사람을 숨 막히게 만들고 어떻게든 그 사람을 바꾸려 한다. 끔찍한 경험이다. 그러다 보면 철권통치에 굴복하거나 전쟁을 벌이거나 창의적으로 벗어날 방법을 모색할 것이다.

당신이 가족과 다른 점이 있어서 당신을 통제하려 한 사람이 있었는가? 여기서 당신의 다른 점을 정리해보자. 이름을 붙일 수 있는가?

- 나의 다른 점은 이것이다. _____
- 나의 다름을 통제하려 한 사람은 이 사람이다. _____

  _____
- 그 사람이 나를 통제한 방식은 이것이다. _____

  _____
- 통제받으면서 든 가장 큰 감정은 이랬다. _____

  _____

편협함과 수치심

편협함은 나와 다른 견해나 신념이나 생활양식을 받아들이지 못하거나 받아들이지 않으려는 태도를 말한다. 부모는 자녀가 잘살기를 원한다. 성공하고 건강하고 사랑받고 소속감을 느끼면서 살기를 원한다. 하지만 가족 안에서 편협함이 고개를 들면, 새롭고 낯선 것을 완전히 차단할 수 있다.

닐의 부모가 오랜 세월 닐과 관계를 유지하기 어려워한 이유는 그의 성 정체성을 받아들이려면 그들의 오랜 신념 체계를 버려야 했기 때문이었다. 닐의 부모는 동성애자인 아들을 받아들이고 사랑하려면 성에 대한 경직된 신념을 갱신해야 했고, 궁극적으로는 그들에게 중요한 종교적·정치적 신념에 도전해야 했다.

편협함은 부모가 신념이 다른 자녀를 받아들이지 못하는 형태로 나타날 수 있다. 혹은 부모가 정치적·종교적·인종적 관점이 다른 자녀를 인정해주지 않고, 이런 차이를 이유로 자녀를 배척하는 모습으로도 나타날 수 있다.

일탈이나 관용을 허용하지 않는 신념 체계를 고수하는 가족이 그들의 신념을 따를 수 없거나 따르지 않으려 하는 구성원을 집안의 수치로 여기거나 집에서 내쫓는 경우도 적지 않다. 즉 그 구성원의 문제가 아니라 거의 전적으로 부모의 문제인 것이다. 자녀의 다름이 그들의 일면을 비춰주고 그중에서도 특히 불안과 의심, 수치심을 끌어올리기 때문이다. 이런 관계 역동을 무시하면 개인은 물론 관계에도 해가 된다.

수치심은 차이에 대한 가장 파괴적인 반응이다. 수치심은 우리가 사랑받지 못할 만큼 심각하게 결함이 있는 존재라고 믿게 만든다. 우리가 스스로 수치심을 느끼는 것도 끔찍하지만, 우리에게 사랑과 지도, 양육, 보호를 제공해야 할 중요한 사람들이 우리에게 수치심을 느낀다면 더 힘들 수 있다.

내가 브리를 만났을 때, 그녀의 내면에는 냉혹한 비평가가 들어 있었다. 심리치료에서 **내면의 비평가**inner critic란, 우리 마음속에서 들리는 자기 비판적인 목소리다. 말이 많고, 그 말들이 주로 불친절하다. 하지만 내가 늘 말하듯 내면의 비평가에게도 근원의 이야기가 있다. 그런데 이 이야기는 우리가 스스로를 불친절하게 대하면서 시작된 것이 아니다. 다른 어디선가 비판을 학습한 것이고, 브리의 경우는 어머니에게서 수치심을 배웠다.

브리는 복음주의 기독교를 믿는 이혼 가정에서 자랐다. 어머니는 가장 힘든 시기에 종교를 믿기 시작하고 다소 가혹한 방식으로 믿었다. 어머니는 브리가 보이던 전형적인 사춘기 행동을 용납하지 못했다. 브리가 처음으로 끈팬티를 사자, 어머니는 하늘이 무너진 것처럼 반응했다.

"엄마가 울면서 저더러 지옥에 갈 거라고 하더군요. 그때도 그게 잘못된 반응인 걸 알았지만, 저는 이미 엄마가 진실이라고 주장하는 것을 체화한 상태였어요. 제가 나쁘다고 생각했죠. 제가 하는 모든 행동이 수치스러웠어요. 남자친구를 사귄다든지 파티에 가고 어떤 옷을 입는지 등등. 제가 어떤 행동을 하든 모두 제가 '사탄의 길을 걷는다'는 논쟁으로 이어졌어요. 정말 미친 짓이었어요."

브리는 늘 수치심을 느끼며 어디에도 속하지 않는 느낌에 사로잡혔다. 자신이 그릇된 행동을 한다고 생각하지는 않았지만, 그녀의 인생에서 가장 중요한 사람이 그녀에게 잘못하고 있다고 말했다. 브리는 오랫동안 어머니가 받아들일 수 있는 방식으로 살려고 노력했다. 그러다 결국에는 어머니를 영원히 기쁘게 해줄 수 없다는 사실을 받아들였다.

브리는 자라면서 수치심을 느끼지 않고 자신의 길을 찾아갈 여유가 없었기에 수치심을 내면화하고 성인이 된 뒤로도 계속 수치심으로 힘들어했다. 자기를 끊임없이 평가하고 비난하고 수치심을 느끼다 보니, 결국에는 진정성이나 소속감을 느낄 수 없었다.

당신의 다름은 어떤 식으로 수치심이나 판단의 대상이 되었는가? 수치심과 판단이 당신의 자기 비판적 목소리에 어떻게 일조했는가? 당신 안의 비평가를 알아차린다면 근원의 이야기를 파악할 수 있는가? 내면의 비평가가 당신이 스스로를 불친절하게 대하는 태도에서 나타난 것이 아니라면, 어디에서 기인했는지 파악할 수 있는가?

• 내가 내면의 비평가에게 가장 자주 듣는 말은 이것이었다.

• 내면의 비평가의 근원의 이야기는 이렇다.

세상이 그 어느 때보다 무례해진 지금, 우리는 친구하고든 모르는 사람들하고든 의견 충돌을 일으키기를 두려워한다.[2] 세상이 그 어느 때보다 훨씬 양극화되었기 때문이다.[3] 우리는 주변 사람들과 신념이 다르면 팔로우 취소를 당하거나 배제될까 두려워한다. 자신의 진정성을 지키기보다 외부에 순응하고 따르는 편이 더 수월하다.

모든 상처가 원가족에서 기인하는 것도 아니고, 모든 상처가 생애 초기에 생기는 것도 아니다. 따라서 소속감 상처에 관해서는 특히 사회와 마케팅, 공동체, 제도 전반이 우리에게 미치는 영향과 압력을 이해하는 것이 특히 중요하다.

주위를 둘러보면 어디서나 마케팅이 우리의 불안감을 자극해서 이윤을 창출하려 한다. 마케팅은 남들과 다른 상태에 대한 인간의 본능적 두려움을 이용한다. SNS는 **완벽한** 이미지를 생성하면서 현실을 왜곡하고, 우리에게 남들의 **더 나은** 삶과 비교하게 만든다. **포모**FOMO(나만 뒤처지거나 소외되어 있는 것 같은 두려움)의 심리로 인해 우리는 남들이 다 누리는 것을 **혼자서만** 누리지 못하는 상태를 싫어한다. 오랫동안 미국에서 미의 기준은 흰 피부와 날씬한 몸매와 큰 키를 높이 평가하는 유럽의 미 기준을 따랐다. 최근까지도 TV나 영화, 광고, 잡지에 다양한 문화와 피부색, 성적 취향, 비전통적 연애 관계가 거의 나오지 않아서 어른이든 아이든 매체에 자주 나오는 인물이나 관계나 직업에서 자신의 모습을 찾지 못했다.

누구도 타자로 남고 싶어 하지 않는다. 누구도 소외감을 느끼고 싶어 하지 않는다. 누구도 외부인으로 살고 싶어 하지 않는다. 그러나 많은 사람이 이렇게 살아간다. 집이나 학교나 지역사회에서 이런 느낌을 받는다면 외로울 것이다. 그래서 사람들은 소속감을 느낄 수 있는 곳을 찾아간다.

코드 스위칭code-switching이란 말이 있다. 집단과 어울리기 위해 자신의 억양이나 말투를 과장하거나 축소하고, 행동과 외모를 적절히 바꾼다는 뜻이다. 백인이 아닌 사람이 **더 백인**이 되거나 주류로 진입해야 한다는 압박을 느낄 때 흔히 나타나는 현상이다. 가령 흑인이나 히스패닉계 아이가 백인이 주류인 학교나 지역사회에서 적응하는 방법이다. 또는 동성애자가 이성애자처럼 보이려고 애쓰는 경우도 있다. 또 두 가지 성만 존재하는 사회에서 여성도 남성도 아닌 채로 살아가는 사람도 마찬가지로 코드 스위칭을 하는 셈이다. 또 전액 장학금을 받고 사립학교에 다니면서 계급 격차를 숨기려고 전전긍긍하는 학생도 여기에 해당한다.

바네사를 만났을 때, 나와 상담할 수 있어서 안도하는 듯했다. 바네사는 아픈 이별을 딛고 앞으로 나아가려고 애썼지만, 혼자 아이를 키우면서 연인과의 이별을 견디고 애도하는 것이 악몽과도 같았다. 그녀는 좌절감과 수치심에 사로잡혔다. 친구와 가족들에게 한참 연하의 운동선수인 전 남자친구에 대해 "내가 뭐랬니?" 같은 핀잔을 듣고 싶지 않았다.

"저도 알아요, 알아요."

그녀는 나이 차이에 대한 나의 편견을 예상한다는 듯 말했다.

바네사는 외동딸이었다. 아버지는 바네사가 어릴 때 돌아가셨는데 흑인이고, 어머니는 백인이다. 바네사는 백인만 사는 동네에서 자랐고 백인만 다니는 학교에 다녔다. 친구도 많고 즐거운 유년기를 보냈지만, 친구들과 어울리기 위해서는 더 백인다워져야 한다는 압박감을 느꼈다. 특정 옷차림과 특정 머리 모양을 하고 특정 말투를 써야 했다. 초등학교부터 고등학교를 거쳐 대학에 이르기까지, 바네사는 소속되기 위해 백인다움을 더 드러내려 했다. 반대로 흑인다움은 희석하거나 때로는 완전히 지워야 했다. 워커 카를로스 포스턴Walker S. Carlos Poston 박사는 이중 인종의 정체성 발달에 관한 이론을 내놓으며, 이중 혹은 다중 인종인 사람이 하나의 인종이나 민족 집단의 정체성을 선택해야 한다는 압박을 어떤 식으로 느끼는지 설명한다. 그 선택은 각 집단의 상대적 지위와 부모의 영향, 문화적 지식, 외모에 크게 좌우된다고 한다.[4] 바네사의 아버지는 바네사에게 흑인의 역사를 가르쳐주고 가족의 다른 구성원에게는 찾을 수 없는 바네사의 일면을 반영해준 사람이었다. 아버지가 돌아가신 후, 바네사는 자신의 흑인 유산에서 더 멀어졌다. 나중에야 자신의 삶에서 이렇게 큰 부분을 상실한 것이 어떤 의미인지 알았다.

바네사는 소속감을 얻기 위해 애썼다. 그러나 피부색부터 미혼모라는 요소, 전 남자친구와 같이 다닐 때 리그의 다른 선수들의 여자 친구나 아내와 비슷하지 않다는 점 등등 집단에 섞이지 못하게 만드는 요소가 계속 새로이 출현했다. 바네사는 자기가 운동선수 체격이라고 했다. 다른 선수들의 여자 친구와 아내는 볼륨감 있는 몸매에 옷차림과 헤어스타일과 화장이 '자기와는 다르다'고 했다. 바네사의 자기 묘사는 항상 외부인으로서의 지위를 강조했다. 현재 모두 백인인 가족이나 친구들이나 어머니와 가까운 새로운 백인 지역사회까지, 바네사는 자신의 다름에 매몰되었다.

이후 뉴욕으로 옮기면서 드디어 사람들 속에서 그녀의 모습을 발견하기 시작했다. 사람들이 그녀처럼 생기고, 그녀도 남들처럼 생긴 것이다. 마침내 신선한 공기를 마신 것 같았고, 마침내 자기 사람을 만날 수 있을 거라는 희망이 생겼다. 그러나 새로운 친구들은 여전히 그녀를 외부인으로 규정하는 듯 말했다. 흑인으로 보기에는 충분하지 않고, 심지어 '혼혈인치고 피부가 너무 하얗다'고도 했다.

바네사는 이런 말에 더 큰 고통을 느꼈다. 소속감 상처는 더 깊어졌다. 바네사는 자신의 다름이 선명하게 드러나고 그 다름을 인정받거나 존중받지 못하는 사회에서 성장했다. 무언가를 인정받지 못하면 인정받는 쪽으로 움직이게 된다.[5] 그래서 더 백인처럼 되려고 노력했다. 그러다 마침내 자신의 온전한 모습을 드러내기 시작했지만, **여전히** 온전히 적응하지 못했다.

당연하게도 누구나 사회 제도의 영향을 받는다. 사회 제도는 누구에게나 전반적인 영향을 미친다. 문제는 **어떤 방식으로** 영향을 미치느냐는 것이다. 어떤 영향은 분명히 드러나기도 하고, 어떤 영향은 미묘하게 나타난다. 어떤 영향은 항상 존재하지만, 어떤 영향은 특정 순간에만 적용된다. 잘 생각해보자. 소속감을 느끼지 못하는 상태에 대해 당신이 느끼는 두려움은 미디어와 사회에 의해 어떻게 더 커졌나? 당신은 소외감을 어떻게 느꼈나? 당신은 어떻게 배제당한다고 느꼈나? 아니면 당신이 남들과 크게 달라서 살아남을 방법을 찾아야 했나? 다음 질문에 답해보자.

- 내가 자라면서 순응을 해간 하나의 방법은 이것이다. _____

  _____

- 나는 이러했기 때문에 이것에 압박감을 느꼈다. _____

  _____

- 내가 적응해야 했던 이유는 이것이다. _____

- 지금까지도 계속되는 방식은 이것이다. _____

소속감 상처의 근원을 탐색하는 작업은 쉽지 않다. 남들과 어울리기 위해 시도한 자기만의 방식을 탐색하다 보면 어떤 감정이 올라올 수 있다. 소속감을 얻기 위해 자신의 진정성을 버려야 했던 과정을 돌아보면 마음속에 숨어 있던 어떤 감정이 되살아날 수 있다. 그 감정에서 동기를 얻자. 그렇다고 계속 그 감정에 머물 필요는 없다. 이것이 이 작업의 미덕이고, 우리는 새롭게 나아갈 길을 선택할 수 있다.

소속감 상처가 불러오는 행동 패턴

진정한 소속감을 느끼려면 집단에 순응하기보다 진정성 있게 행동해야 한다. 작가 마야 안젤루Maya Angelou는 이런 말을 했다. "어디에도, 아무 데도 속하지 않는다는 (그래서 모든 곳에 속한다는) 사실을 깨달을 때 비로소 자유로워진다." 심오한 통찰이다. 우리가 자신에게 속할 때, 자신과 평화로울 때, 비로소 모든 곳에 속하면서도 어디에도 속하지 않는다는 뜻이다. 모든 곳이 우리 안에 있다. 어느 곳도 우리 밖에 있지 않다. 우리가 진실로 자신이 되면, 누구도 우리에게서 아무것도 빼앗지 못하고 우리 스스로 비판·수치심·거부·부인의 위협에 적절하게 대처할 수 있다.

하지만 소속감 상처를 입은 채로 자신의 진정성을 수용할 수 있는 사람은 거의 없다. 인생이 그렇게 단순하다면 얼마나 좋겠는가. 오히려 다른 더 해로운 길을 선택하는 경우가 많다. 적응의 길이나 거부의 길을 걷고 나서야, 비로소 진정한 나를 발견하고 소속감을 얻을 수 있다.

적응의 길

자신의 다름을 예민하게 알아차리는 사람들은 우선 적응의 길을 택한다. 그리고 '이렇게 살면 소속될 수 있을 거야'라고 믿는다. 적응의 길은 분란을 일으키지 않고 우리가 유년기에 갈망하는 것, 즉 우리를 둘러싼 제도의 검증을 받기 위한 길이다. 규칙과 구조와 질서에는 중요한 가치가 있고, 가족의 방식을 따르는 데는 나름의 미덕이 있다. 좋은 측면에서 보자면, 적응의 길을 통해 소속감을 얻는다. 그러나 적응의 길이 필수가 되면 갈등이 생긴다. 그리고 우리는 거짓 소속감을 느낀다. '집단에 소속되기는 하지만 진정한 나를 바꾸었기에 가능한 거야.' 말하자면 소속감이 아니라 적응이다.

적응하려고 노력할 때는 현실적인 결과를 두려워하며 제도의 요구를 따른다. 적응하지 못하면 소속되지 못할까 봐 두렵기 때문이다. 남들과 다른 취급을 받거나 무시당하거나 멸시당하거나 비하당하거나 처벌받는 것이 두려울 수 있다. 개인이나 지역사회나 제도가 우리의 다름을 보고 우리를 비판할 수 있다. 순응하지 않으면 퇴출당할 수 있다.

많은 제도가 우리에게 그 안에 적응하도록 요구한다. 가족은 우리에게 가족의 일원이 되려면 완벽한 기준에 맞추라고 요구한다. 가령 특정 옷차림을 하거나 특정 이미지를 유지하거나 착한 아이가 되라고 요구한다. 의견을 나눌 때는 다른 의견을 내지 말고 감정이나 속상한 마음을 절대로 말하지 말라고 요구하기도 한다. 사회는 인정받고 검증받고 존중받고 심지어 안전하게 살려면 남들처럼 행동하라고 요구할 수 있다.

적응은 이렇게 집단에 섞인다는 의미에서 생존을 위한 길일 뿐이지, 그 자체로 목적지가 아니다. 진실로 소속되려면 먼저 치유하고 발전해야 한다.

당신은 어떤 방식으로 적응하면서 생존하는 법을 터득했는가? 이 질문을 가족의 렌즈로 볼 수도 있고, 넓게는 세상의 렌즈로 볼 수도 있다. 지금까지 적응이 당신에게 어떻게 도움이 되었는가? 여전히 당신에게 도움이 되는가, 아니면 방해가 되는가? 정답이나 오답은 없다. 자신을 솔직하게 성찰하고 관찰하면 된다.

거부의 길

거부는 의식적으로나 무의식적으로 반대하는 길을 가는 것이다. 보통은 적응의 길로 가본 **이후**에 나타난다. 거부는 진정성을 찾으려는 시도라기보다 통제나 지배나 선택의 대상이 되지 않으려는 발버둥이다. 자신의 주장을 펼치는 듯 보일 수 있지만, 사실은 자신의 진정성을 찾기 위한 시도가 아니라 불안에 따른 반응이나 반항에 가깝기 때문에, 결국 자신을 더 외부로 밀어낸다.

이를테면 주류와 다르게 옷을 입거나 행동하는 방법을 선택했을 수도 있다. 가족이 창피해할 거라고 생각하는 행동을 했을 수도 있다. 특정 종교나 그 종교의 가치관을 거부하고 신앙심이 깊은 가정에서 비신자가 되기로 선택했을 수도 있다. 어느 쪽이든 거부하면 계속 스스로 외부인이고 골칫덩어리고 소속되지 않은 사람이라고 느낀다.

앞에서 소개한 해군 집안의 자녀 칼이 기억나는가? 사실 칼이 처음 상담을 받으러 왔을 때는 통제적인 아버지 얘기를 하려고 온 것이 아니었다. 원래는 자신의 신체 이미지 문제로 나를 찾아왔다.

"전 평생 뚱뚱했어요. 한 번도 제가 매력적이라고 생각한 적이 없고, 그 누구도 제게 긍정적으로 관심을 보여준 적도 없어요. 저도 데이트를 할 수 있고 누군가가 저를 선택해줄 거라고 믿고 싶지만 그게 참 어려워요."

칼이 얼마나 고통스러운지 전해졌다. 칼은 다른 가족은 다 건강하다면서, 그런 집안에서 뚱뚱한 사람으로 사는 게 얼마나 힘든지에 대해 말했다. 그가 왜 그렇게 힘들어하는지는 이해할 수 있었지만, 그래도 어딘가 이상한 구석이 있어서 그의 군대식 오전 일과를 더 자세히 알아보기로 했다.

"고등학교 시절과 집을 떠나 대학에 들어가기 전까지, 아버지를 따라 다른 가족들과 함께 오전 일과에 참여했나요?"

"아뇨, 전 열두 살쯤부터 그만뒀어요."

"그래서 어떻게 됐나요?"

"그때부터 살이 찌기 시작했어요. 너무 많이 쪄서 훈련할 수 없었어요."

"원래부터 뚱뚱했다면서요?"

"어, 그게, 제 말은 거의 평생 뚱뚱했다는 뜻이었어요. 아버지가 집으로 돌아오기 전에는 말랐었어요."

이런 구체적인 정보가 나오자, 치료에 큰 도움이 되었다. 얼마 후 칼은 아버지의 훈련에 참여할 수 없을 만큼 살이 쪘다고 말했다. 말로는 아무리 항의해도 소용이 없었지만, 결국 체중이 늘어서 끝이 났다. 칼이 계속 살이 찌자, 아버지는 포기하고 그에게 관심을 끊었다. 군대식 훈련을 중단하기 위한 칼의 무의식적인 시도는 성공했지만, 대신 가족의 소속감을 잃었다. 그는 더 이상 원하지 않는 일을 하지 않아도 되었지만, 원하던 가족의 소속감을 잃었다. 적응의 길을 택하든 거부의 길을 택하든, 여전히 자신이 외부인인 것처럼 느끼거나 최소한 진정한 자기로 살 수 없다고 느끼는 것은 흥미로운 현상이다.

칼은 거부의 길을 택했다. 우리는 그것이 꽤 창의적인 방법이라고 인정했지만, 그 뒤로 가족에게 배척당하는 느낌은 더 커졌다. 칼은 통제적인 아버지를 따르거나 거부하는 길을 찾는다고 해서 소속감이 생기는 것은 아니라는 사실을 깨달았다. 그보다는 자신을 선택하는 길을 찾는 것이 중요했다.

결혼 및 성 치료사 데이비드 슈나크David Schnarch 박사는 진정한 차별화를 목표로 삼아야 한다고 말했다. 나를 지키면서 다른 사람과의 관계를 유지하는 능력을 기르라는 뜻이다.[6] 자신과 자신의 신념을 지키면서 반항하는 것이 아니라 차분하게 행동하라는 뜻이다. 그러면 더 이상 반항하고 거부하는 방식으로 반발할 필요가 없어진다.

거부의 길은 적응의 길보다 포착하기 어려울 수 있다. 그래도 이 길이 어떻게 우리가 진정한 우리 자신으로 살아가지 못하게 방해하는지 알아야 한다. 우리가 반항할 때는 사실 한때 견뎌낸 회피와 통제, 수치심, 편협함의 고통을 원동력으로 삼고 행동한다는 뜻이다. 이제 생각해보자.

나는 어떤 면에서 거부를 통해 살아남는 법을 배웠는가? 거부가 내게 어떤 도움이 되었는가? 현재도 도움이 되는가? 현재 나는 어떤 방식으로 거부하는가? 그리고 거부의 행동이 무엇으로부터 날 보호해주거나 차단해주었는가?

진정성의 길

진정성 있게 산다는 것은 우리의 선택이나 행동이 우리의 핵심 신념과 가치관과 진정한 자아를 거스르지 않는다는 의미다. 어떤 결과가 나와도 그 길을 선택한다는 의미다. 이 점에 관해서는 11장 '평생 실천하기'에서 자세히 다루겠지만, 여기서는 일단 소속감 상처가 있으면 진정성을 우선순위에 두기 어렵다는 점을 알아두자. 사람들은 대개 적응이나 거부의 길을 걸은 후 자신의 진정성을 존중할 기회를 얻는다.

진정성 있게 살아본 적이 없으면 그렇게 사는 것이 불편할 것이다. 진정성 있게 살기 시작하면 내가 속한 체계가 흔들릴 수 있다. 내가 진정성 있게 살면, 내게 동의하지 않거나 진정성 있게 살지 않는 다른 사람들이 나를 통제하거나 설득하거나 비난하거나 판단할 수 없고, 나에 대한 편협한 시각이 나의 선택을 좌우할 수 없게 되기 때문이다. 맞다, 그래서 자유로워진다.

내가 닐을 만났을 때 그는 진정성 있게 살지 못했다. 그는 아무도 강요하지 않는데도 마약을 하고 아무와 자고 다니면서 사람들과 어울리려 했다. 그는 소속감을 느끼고 싶어서 진정한 자기를 거슬렀다. 그러다 그런 행동이 소속감 상처와 연관이 있다는 것을 알자, 변화가 시작되었다. 그는 가족으로부터 버림받았다고 느끼면서 자기 파괴적인 선택으로 자기를 버리는 길 이외에 다른 길을 찾지 못했다. 닐은 가족 안으로 들어가고 싶었지만, 건강과 가치관을 잃고 싶지는 않았다. 소속되고 싶었지만, 그가 아닌 다른 사람이 된다면 진정한 소속감을 얻을 수 없다는 것을 알았다.

소속감 상처 치유하기

나와 상담하는 동안 닐은 진정성을 중시하기 시작했다. 밖으로 나돌며 파티를 즐기면서, 오직 자신만을 사랑하고 조용하고 가정적인 삶을 원하는 파트너를 만나려고 하자 그의 몸이 반발했다. 자기가 원한다고 말하는 그 삶을 살아야 가치관과 선택과 결과가 어긋나지 않는다. 무언가를 원한다고 말하면서 그것과 정면으로 충돌하는 행동을 한다면, 몸에서 우리의 말을 신뢰하지 못한다.

닐은 웨스트버지니아에 있는 부모님 집에 자주 가지는 않지만, 휴가라도 내서 집에 가면 이제 안에서 숨어서 지내지 않고 당당히 밖으로 나갔다. 이제는 중심이 단단히 잡혔기에 가능한 행동이었다. 그는 가족을 창피하게 만들거나 어떤 고통도 주지 않으려 했다. 단지 스스로 화해하는 데 필요한 사실에 직면하게 해주었다. 그는 자신에게 속하는 법, 본연의 자아가 되는 법을 배워나갔다.

진정한 소속감을 얻으면 오만하거나 예민하지 않고, 브레네 브라운의 말처럼 수동적이지도 않다. 진정한 소속감을 얻는 과정은 "취약해지고 불편해지지만, 나를 잃지 않고 사람들과 어울리는 법을 배우는 연습이다."[7]

바네사 역시 적응의 길을 걸으며 소속감을 얻으려 하는 거짓 서사를 버리고 진정성의 길에 들어서야 했다.

"누가 애 딸린 여자랑 사귀려고 하겠어요? 또 애 키우느라 몇 년이나 일을 쉰 저를 누가 채용하려 하겠어요?"

바네사는 이런 서사에 얽매어서 선뜻 데이트도, 구직 활동도, 이사도 하지 못하고, 심지어 사람들과 솔직한 심정을 나누지도 못했다. 무의식중에 소속되지 않으려고 안간힘을 쓰는 것이다.

내가 그녀에게 이런 측면을 비춰주자, 그녀는 바로 관심을 보였다.

"그런데 제가 왜 그럴까요?"

"뭔가에 도움이 되니까요, 아닌가요?"

그녀는 어리둥절한 표정으로 나를 보았다. 머릿속으로 '내게 도움이 되지 않는다면서 또 왜 내게 도움이 된다고 하는 거지?'라고 생각하는 게 보이는 듯하더니, 이내 알아듣는 것 같았다.

"그게 제 안의 상처받은 부분에 도움이 된다는 뜻이군요? 제 근원의 상처가 옳다고 거듭 증명하려는 듯이요? 그러면 저는 계속 그런 상태에 눌러앉아 변화를 시도할 필요가 없으니까요."

바네사는 제대로 통찰했다. 진정한 소속감을 얻으려면 **완전히** 달라져야 한다는 것을. 진정한 자신이 되어야 한다는 것을. 힘들기는 해도 간단한 작업이다. 바네사는 어디로 가고 싶은지, **자신에게** 중요한 것이 무엇인지, 무엇이 그녀에게 영감을 주고 그녀를 빛나게 해주는지 명확히 알아야 했다. 그리고 두려움이나 소속감의 결핍에 휘둘리는 삶을 멈춰야 했다. 그러려면 외부가 아니라 자기 안에서 평화를 찾아야 했다. 말하자면, 진정으로 자신을 드러내고, 자신을 끌어안고, 삶에서 원하는 것을 주장하지 못하게 막는 두려움을 다루어야 한다는 뜻이다.

삶은 바네사가 원하는 대로만 흘러가지 않았다. 그래도 거짓 서사를 입증하려고 애쓰면서 산다면, 앞으로도 삶은 그녀가 원하는 대로 흘러가지 않을 것이다. 바네사는 이제 진정성과 용기와 자기 신뢰를 위한 여지를 두어 자신을 안내해줄 빛을 찾아가는 길로 들어섰다. 진정성을 쫓기만 하면 모든 순간에, **어느 순간**에나 소속감이 주어질 것이다.

지금 당신의 삶을 돌아보면서 당신의 선택과 행동이 당신의 핵심 신념과 가치관과 진정한 자아와 일치하는 부분은 무엇이고 일치하지 않는 부분은 무엇인지 알아보자. 이제 자신에게 온화하고 솔직해져야 한다. 당신이 진정성 있게 산다면 무엇이 달라질까?

- 내가 자라면서 남들을 위해 나 자신을 거스른 한 가지는 이것이다.

- 내가 현재도 남들을 위해 나 자신을 거스르는 한 가지는 이것이다.

소속감을 얻기 위한 싸움은 결코 간단하지도 쉽지도 않다. 그래도 바네사와 칼, 닐, 트리시, 브리가 각자 근원의 이야기를 탐색하고, 소속감 상처를 찾아내서 목격하고, 애도하고, 방향 전환을 시도하는 사이, 그들을 옭아맨 낡은 행동 패턴의 힘이 서서히 풀리기 시작했다. 이상적인 이야기가 아니라 실제다. 바네사는 그녀가 원하는 것보다 더 자주 갇혀 사는 자신을 발견했다. 칼은 누군가가 그에게 매력을 느낄 거라고 생각하지 못했다. 닐은 그와 같은 삶의 방식을 원하는 상대를 찾기까지 몇 년이 더 걸렸다. 브리는 자신을 창피해하는 순간들을 겪었고, 트리시는 남들이 그녀의 뇌성마비를 부정하거나 의문을 제기할 때마다 그녀 자신을 믿지 못했다. 그래도 닐은 가식을 벗어던지고 원하지 않는 일에는 "노"라고 훨씬 편하게 말하게 되었다. 칼은 자기 이미지를 다르게 보기 시작하면서 소속감을 얻기 위해 꼭 통제당할 필요가 없는 길을 발견했다. 바네사는 자기보다 더 큰 무언가의 일부가 되기 위해 삶을 변화시키기 시작했다. 브리는 점점 더 자기 안의 비평가를 알아차리고 자신에게 연민과 호의를 베풀었다. 트리시는 자기를 더 신뢰하게 되었다. 이 연습은 끝이 없다. 계속 반복해야 한다. 꾸준히 연습하면서 마침내 이들의 치유가 시작되었다.

근원 치유 연습

이 연습에 대해 조금 더 알아보자. 소속감 상처에 공감하는 독자라면 함께 근원 치유 연습을 해보자.

편안한 자세를 취하자. 누워도 되고 의자에 앉아도 된다. 눈을 떠도 되고 감아도 된다. 우선 안전하고 사적인 공간을 마련하자. 다시 말하지만, 트라우마를 지닌 사람이라면 특히 자신을 안전하게 돌봐야 한다. 이 연습을 하는 동안 자신을 이끌어주고 지지해주며 안전한 공간을 확보해줄 누군가가 필요할 것이다.

이름 붙이기 어딘가에 소속되었는지 여부에 처음 의문이 든 순간이 생각나는가? 처음으로 외부인이라고 느낀 순간을 떠올려보자. 그날이 기억나는가? 어디에 있었는가? 누구 때문에 그런 의문이 들었는가? 세세한 부분을 모두 떠올릴 수 있는가?

목격하기 이제 자기에게 더 집중해보자. 처음으로 소속감 상처를 느낀 어린 시절의 당신을 확대해보자. 영상으로 보듯이 그 순간에 느낀 감정을 알아차리자. 표정이나 몸짓의 변화에 주목하자. 그리고 그 아이, 곧 어린 자신에게 연민을 느껴보자.

애도하기 감정이 올라오는 대로 느껴보자. 감정이 올라오도록 놔둘 수 있는가? 그 시절의 자신이 어땠는지 그려볼 수 있는가? 어디에도 속하지 못하는 상처를 견뎌야 했던 어린 자신을 보면서 마음이 아플 것이다. 그 아이에게 연민을 느껴보자. 소속되기 위해 적응하거나 반항하던 태도나 그때의 감정이 떠오를 것이다. 지금 난 어린 내게 어떻게 해주고 싶은가? 안아주고 싶은가? 그런 일을 겪어야 해서 마음이 아프다고 말해주고 싶은가? 아이를 들어 올려 안아주면서 다 괜찮을 거라고 말해주고 싶은가? 어떻게 해주고 싶은가? 그냥 느껴보자.

편안하게 느껴지는 만큼 이 단계에 머무르자. 눈을 감고 있었다면, 다시 현실로 돌아오기 전에 잠시 그대로 머물러보자. 눈을 감은 그대로 손끝과 발끝을 조금씩 움직여보자. 목 스트레칭을 할 수도 있다. 가슴이나 배에 손을 얹어도 된다. 다시 호흡에 집중하자. 눈을 뜨면 무엇이 보일 것 같은가? 자신이 어디에 있었는지 기억나는가? 이제 천천히 눈을 떠보자. 느긋하게 해보자.

다시 말하지만 필요한 만큼, 원하는 만큼 이 단계를 반복할 수 있다. 일주일간 매일 해도 된다. 아니면 한 번 하고 내년이나 5년 후에 다시 해도 된다. 당신이 정말 자랑스럽다.

방향 전환하기 이제 마무리하면서 소속감 상처가 현재의 삶에서 어떻게 나타나는지 알아차리자. 어떤 방식으로 나타나는가? 어떤 관계에서 나타나는가? 다음 문장을 완성해보자. '내가 진정성 있게 살 수 있다면, 있는 그대로의 나로 사는 것이 두렵지 않다면, 달라질 점은 _____이다.' 한 주 동안 낡은 방식을 새로운 방식으로 바꿀 기회를 알아차리자. 그냥 알아차리자. 그게 다다. 아직은 더 할 일은 없다.

언제나처럼 진심으로 해보자. 잠시 시간을 내서 당신이 보고 느끼는 모든 것을 직접 알아차려보자.

우선순위가 되고 싶다

5

아이는 부모에게 자기를 중요한 존재로 대해달라고 대놓고 요구하지 않는다. 정확히 이렇게 표현하지는 않는다. 대신 같이 놀아달라거나 같이 밖에 나가자고 조르거나 책을 읽어달라고 말한다. 부모와 연결되고 싶고 부모에게 중요한 존재로 인정받기 위한 나름의 시도다. 아이는 "엄마, 일하지 마" "TV 나빠" "전화 그만해"라고 말한다. 부모가 아이에게 집중하지 못하게 방해하는 대상은 아이에게 스트레스 요인이고, 최악의 경우에는 아이의 자기 신뢰와 세상에서 가치 있는 존재라는 인식까지 위협할수 있다. 아이가 자라는 내내 부모가 제대로 집중해주지 않으면, 아이는 나중에 자라서 자기를 가장 중요하게 여겨주는 관계를 찾아 헤맬 수 있다. 실제로 성인이 되고도 상처를 안고 사는 사람은 무의식중에 수십 년 전 가족에게 배운 생각, 곧 자기가 중요하지 않다는 생각을 증명해주는 관계를 찾아다닌다.

어릴 때 가족에게 가장 중요한 존재로 대접받지 못하면 우선순위 상처prioritization wound를 입는다. 그에 비해 가장 중요한 존재로 대접받은 아이는 가족이 자신의 욕구를 알아주고 이해해주고 존중해주는 경험을 해보았다. 그렇다고 아이가 원하는 걸 다 들어주거나 매 순간 아이에게 집중했다는 뜻은 아니다. 부모는 일정한 경계를 설정해서 "노"라고 말할 수 있고, 부모 자신의 삶을 존중하고 중요하게 여길 수 있다. 다만 부모가 항상 아이에게 채널을 맞추는 것이 핵심이다. 부모는 아이에게 경청하고 관심을 갖으며 아이의 내면과 외부 세계에서 일어나는 상황을 중요하게 다룬다. 간혹 부모가 아이를 위해 내리는 결정이 마음에 들지 않을 수도 있지만, 아이는 자기가 부모에게 중요한 존재인지에 의문을 품지 않는다.

자기가 중요한 존재인지 의심이 드는 이유는 부모가 주는 메시지 때문이다. 때로는 노골적인 메시지도 있다. 이를테면 부모가 종종 "나 좀 내버려두라"거나 "일요일이잖아! 아빠가 축구 볼 때는 건드리지 마"와 같은 말을 할 수 있다. 혹은 암묵적 메시지도 있다. 부모가 아이의 말을 귀담아듣지 않거나 항상 부부싸움을 하느라 아이가 숙제를 도와달라고 하거나 같이 영화를 보자고 조를 수 있을 만큼 곁을 내주지 않을 수 있다. 아이가 우선순위 상처를 입으면 소중한 사람들에게 자신이 중요하고 가치 있는 존재인지 의문을 품게 된다.

우선순위 상처의 근원

연인이나 부부가 상담실에 오면 나는 종종 탐정 놀이를 시작한다. 연인이나 부부는 처음 몇 시간 동안 그들의 갈등을 설명하고 세세한 부분까지 다 털어놓고 싶어 한다. 그들은 다툼에 관해 이야기하고 내게 각자의 입장을 해명하려고 안간힘을 쓴다. 내가 누구 편인지 알아보거나 내가 그들의 갈등을 얼마나 심각하다고 생각하는지 가늠하려 한다. "저희 관계에 답이 있을까요? 저희 같은 커플을 보신 적 있나요?"라고 묻기도 한다.

물론 세세하게 들어주는 것도 의미는 있다. 처음 이런 이야기를 털어놓을 때는 완전하게 다 말하는 경우가 드물다. 사실 내담자가 상담받으러 오게 된 이유는 빙산의 일각이다. 실제로 그들의 관계에서 무슨 문제가 생겼는지 정확히 파악하려면, 더 깊이 들어가서 그들의 가족에 대해 알아보고 각자의 근원의 상처를 찾아야 한다.

이사벨과 조세피나가 처음 나를 찾아왔을 때, 두 사람은 상담을 시작하는 여느 커플처럼 각자의 주장을 입증하고 빠른 해결책을 찾으려고만 했다. 그때는 둘이 함께 스페인에서 뉴욕으로 넘어온 지 2년이 지난 시점이었다. 처음에는 둘 다 대학원에 합격해서 기대에 부푼 채로 뉴욕으로 건너왔다. 친구에서 연인으로 발전하면 보통은 아름다운 관계를 이어가지만, 이사벨과 조세피나는 힘든 시기를 보내면서 자주 갈등을 빚었고 해소될 길이 보이지 않았다.

첫 시간에 둘이 함께 상담실에 들어서자, 둘 사이의 긴장이 전해졌다.

"저희가 어느 자리에 앉는지가 중요한가요?"

이사벨이 물었다. 나는 소파를 가리키며 원하는 자리에 앉으면 된다고 말했다. 이사벨이 먼저 나와 가까운 자리에 앉았다. 이어서 조세피나가 그리 멀지는 않은 자리에 앉았지만, 나와 정면에 마주 앉은 사람은 이사벨이었다. 나는 두 사람이 앉은 자리에 주목했다.

"이렇게 와주셔서 고마워요. 오늘 오신 이유를 두 분 모두에게 듣고 싶어요."

아니나 다를까, 이사벨이 먼저 말했다.

"저희가 최근에 많이 싸워요. 작년에는 정말 1년 내내 싸웠어요. 싸워도 해결되는 게 없어요. 계속 멀어지기만 하는 것 같아서 두려워요. 조세피나는 헤어지자고 하는데, 저는 그러고 싶지 않아요. 어떻게 해야 할지 모르겠어요."

"무슨 이유로 싸우게 되는지 말해줄래요?"

"음, 주로 제가 조한테 불만이 많죠. 처음 스페인에서 여기까지 올 때는 우리가 함께 모험한다는 생각에 들떴어요. 둘 다 다른 데서 살아본 적이 없어서, 마치 함께 항해를 떠나는 기분이었거든요. 첫해는 좋았어요. 같이 살면서 대학원에서 친구도 사귀고 서로 거의 뗄 수 없는 사이였는데, 이제는 조가 혼자서 하는 일이 많아졌어요. 그것도 나쁘진 않은데, 어쩐지 조는 제가 옆에 있는 걸 원하지 않는 느낌이에요. 조가 늦게까지 집에 들어오지 않으니 우리가 함께하는 시간도 적어졌고, 문자를 보내도 전보다 답이 줄어든 것 같아요."

이사벨이 잠시 말을 멈추었다. 이사벨이 말하는 동안 난 조세피나를 주시했다. 나는 늘 커플 중 한 사람이 말하는 사이 다른 사람도 보면서 그 말을 들을 때 어떤 표정이나 몸짓을 보이는지 관찰한다. 조세피나는 거리를 두고 마음을 닫은 듯 보였다. 그 자리에 있는 것조차 짜증스러워 보였다. 조세피나는 이사벨의 말을 들으며 눈을 굴리기도 하고, 이따금 짜증이 나는 듯 미세하게 고개를 가로젓기도 했다. 잠시 후 이사벨이 큰 소리로 불평을 터뜨리며 정보를 더 꺼내려 했다.

"조세피나, 조라고 불러도 될까요?"

"편하신 대로 불러도 돼요. 조는 저를 잘 아는 사람들이 부르는 이름이긴 하지만, 선생님도 곧 저를 잘 아실 테니 지금부터 그렇게 불러도 되겠죠."

다소 껄끄러운 대답이기는 하지만, 앞으로 내가 그녀를 알아가는 데 마음이 열어두었다고 알려주는 말이었다.

내가 조에게 둘 사이에 무엇이 달라졌느냐고 묻자, 조는 명확히 대답했다. 이사벨은 자기에게 가장 친한 친구였다. 뉴욕에 온 첫해에 다 좋았던 건 맞다고 했다. 하지만 얼마 안 가서 이사벨 때문에 숨이 막힐 것 같았다고 했다. 조는 친구를 새로 사귀기 시작했고 이사벨 없이 혼자 외출하곤 했다. 하지만 이사벨은 여전히 모든 것을 함께하고 싶어 했다. 조는 이사벨이 자꾸만 삶의 범위를 좁히려 한다고 느꼈다. 이사벨이 자기를 통제하는 느낌이 들자, 문제가 발생했다고 말했다. 두 사람이 말다툼을 시작했지만 해결책을 찾지는 못했다. 조는 둘만의 관계 이외의 삶을 누리고 싶은 마음에는 타협의 여지가 없다고 못 박았다. 조로서는 건강한 관계를 유지하려면 자기만의 공간이 필요했다. 조는 전에도 이처럼 서로에게 의존적인 관계를 경험한 적이 있고, 다시는 그런 관계를 만들지 않겠다고 다짐한 터였다. 조는 이사벨을 사랑하지만, 점차 마음이 닫히고 식어가는 느낌이 들었다.

이사벨도 조의 이런 심정을 처음 들은 것은 아니었다. 이사벨은 이 말을 듣고 슬퍼하면서도 한편으로는 이해하는 듯했다.

흥미진진한 모험을 함께 떠나기로 한 두 여인이 내 눈에 보였다. 비슷한 꿈을 찾아서 한 번도 가본 적 없는 나라로 흥미진진한 여행을 함께하기로 용감하게 결정한 두 사람. 흔히 중요한 전환기를 맞으면 앞으로 어떤 상황이 펼쳐질지에 대해 암묵적인 기대와 환상을 품는다.《잘난 놈 심리학No More Mr. Nice Guy!》의 저자 로버트 글로버Robert Glover 박사는 이런 암묵적인 기대를 **은밀한 기대**covert expectation라고 일컬었다.[1] 관계 안에서나 파트너와 서로 동의했다고 여기는 무언의 합의를 뜻한다. 이사벨과 조는 이런 비전과 기대가 충돌하는 위기를 겪는 것으로 보였다.

이사벨은 조의 삶에서 중요한 존재라는 느낌을 받지 못했다.

자기가 조에게 의미 있는 사람인지조차 의문이 들었다. 둘 사이에는 오랜 시간 서로만 존재한 터라, 이사벨은 이런 의문이 생기자 큰 충격을 받았다. 사랑하는 사람은 나와 같이 있고 싶어 하지 않는데, 나는 같이 있고 싶다면 가슴 아픈 일이다. 이사벨은 조가 자신을 중요한 존재로 생각하게 만들려고, 애원하고 간청하는 방법부터 아무렇지 않은 척하는 방법까지, 최후통첩을 날리는 방법부터 분통을 터트리는 방법까지, 그야말로 온갖 방법을 다 써보았다. 이사벨은 상담 중에도 조가 독립성과 자율성에 대한 욕구를 피력할 때마다 화를 냈다.

이사벨이 상담 중에 보이는 예민한 반응은 거기에 더 파고들어야 할 무언가가 있다고 알려주는 좋은 지표였다. 2장에서 보았듯이, 예민한 반응은 두려움과 불안감과 의심을 가리키는 화살표 네온사인과 같다. 이전에 중요한 사건이 있었으니, 그쪽을 더 파보아야 한다는 의미다. 그래서 우리는 문제를 일으키는 상처를 탐색하기 시작했다.

두 번째 시간에, 나는 이사벨에게 가족 안에서 중요한 존재라는 느낌을 받은 적이 있는지 물었다.

"그럼요, 우리 가족은 절 정말 사랑해요."

어딘가 석연치 않았다. 물론 상처가 나중에 생겼을 수도 있지만, 어릴 때 누군가가 이사벨을 중요한 존재의 자리에서 밀어냈을 거라는 의심이 들었다. 화살표 네온사인이 깜빡거렸다. 조에게 더 이상 중요한 존재가 아니라고 느낀 것이 이사벨로서는 처음 겪는 감정이 아니었다.

"어머니 얘기를 해볼까요? 어머니를 한 인간으로서 어떻게 생각하는지 그리고 당신에게 어떤 어머니였는지 알고 싶어요."

"좋은 엄마였어요. 엄마는 집에서 저랑 동생들을 키우셨고, 엄마랑 같이 있는 건 항상 즐거웠어요. 엄마는 장난기도 많고 저희를 정말 잘 돌봐주셨죠. 다들 엄마를 좋아했고, 엄마는 우리 가족의 활력소였어요. 그런데 언젠가부터 엄마가 슬퍼하셨어요."

"무슨 일이 있었나요?"

"제가 일곱 살 때 엄마의 언니가 자살했어요. 그때는 무슨 일인지 잘 몰랐지만, 이모가 돌아가신 뒤로 모든 것이 달라진 건 알았어요. 엄마는 우울증에 빠졌고, 아직도 우울증에서 헤어나지 못하셨어요. 그런 엄마를 보고 있으면 저도 무척 슬펐어요. 엄마는 생명이 다 빠져나간 사람 같았어요. 그렇게 활기찼던 분이 아무것도 하지 않으셨어요. 침대와 방에서 거의 나오지 않으셨죠. 아빠가 많은 걸 감당해야 했어요. 아빠는 엄마를 사랑했고, 우리 모두 엄마를 보살폈어요."

조는 이사벨을 바라보고 있었다. 전에도 들은 이야기였지만, 이번에는 진심으로 듣고 있었다.

어머니의 우울증이 이사벨의 가족에게 최우선의 문제가 되었다. 그리고 나머지 모두를 삼켰다. 물론 이사벨의 어머니가 가족에게 그렇게 해달라고 한 건 아니었지만 자연히 그렇게 되었다. 가족은 어머니가 슬퍼하는 걸 알고도 손쓸 방도가 없었다. 세상의 소금 같은 존재인 아버지도 할 수 있는 노력을 다했다. 두 가지 일을 병행하면서 집에서는 요리와 청소도 하고 아내를 극진히 돌보았다. 그러나 모든 것을 감당할 준비가 되어 있지 않았다.

나는, 스물아홉 살의 여성으로 이사벨이 뉴욕에서 살아가며 겪는 고통을 이해하는 데 이 이야기가 얼마나 중요한지 알아차렸다. 이사벨은 생후 7년 동안 기쁨과 유대감, 사랑 그리고 가족의 아기라는 중요한 존재로 대접을 받았다. 가족 체계의 중심에 있었고, 언니와 오빠와 부모에게 진정한 사랑도 받았다. 물론 내가 물었을 때 이사벨은 자기가 가족에게 중요한 존재라고 답했다. 다만 처음 몇 년 동안의 이야기였다.

이모가 돌아가신 뒤로 모든 것이 달라졌다. 이사벨은 가족의 관심을 받지 못했을 뿐 아니라 중요한 존재라는 자리에서도 밀려났다.

"아빠는 저 외에는 아무에게도 도움을 청하지 못하셨어요. 창피하기도 하고 엄마를 지켜주고 싶기도 해서, 바깥에는 엄마의 그런 모습을 보이고 싶지 않았던 것 같아요."

조와 나는 상황을 이해했다. 이 상황에는 어떤 악의적인 의도도 없었다. 가족에게 중대한 영향을 미친 사건이 생겨서 일곱 살짜리 이사벨이 부모의 의지와 무관하게 더는 부모의 삶에서 중요한 존재가 되지 못했을 뿐이었다.

이 사건은 이사벨이 우선순위 상처를 입는 데 기반이 되었다. 어머니의 정신 건강은 본인의 삶뿐만 아니라 이사벨의 아버지에게도 우선순위가 되었다. 이사벨은 아버지를 도와서 식사를 준비하고 청소도 하고 어머니도 돌보았다. 아버지는 "엄마한테 가서 기운을 북돋아줄 수 있겠니? 네가 엄마랑 같이 있으면 엄마가 참 좋아할 것 같아"라고 종종 말했다. 물론 맞는 말이었지만(어머니에게 도움이 되었지만), 이사벨은 식사를 준비하고 청소하고 어머니를 위로하는 역할까지 떠맡느라, 아이로서의 발달적·신체적·정서적·경험적 욕구를 충족할 여유가 없었다.

이사벨은 이제껏 그녀의 삶과 가족에 대해 이런 측면에서 생각해본 적이 없었다. 무엇보다도 조와의 관계에서 느끼는 급작스러운 변화가 과거에 가족에게서 경험했던 변화와 상당히 유사하다는 점을 알아차렸다. 이사벨은 자신이 가장 중요한 존재이던 분위기에서 지내다가, 상황이 급변하여 더는 아무도 그녀의 욕구를 생각해주지 않는 상황에 처한 것이다.

이쯤 해서 조가 조금 부드러워지는 게 보였다. 조는 팔짱을 끼고 어깨를 내렸다. 그렇다고 통제당하고 싶지 않은 마음이 달라지는 것은 아니지만, 이제 조는 이사벨을 새로운 관점으로, 더 폭넓고 선명한 시각으로 보게 되었다.

이사벨은 그전까지 자신이 가족에게 중요한 존재가 아니라고 느꼈다는 사실을 인지하지 못했다. 그러나 이사벨이 들려준 이야기는 한때 그녀가 누리던 화목한 가족의 삶에 비하면 부당하게 느껴졌다. 그녀는 부모가 남은 힘을 짜내며 견디고 있느라 여유가 없는 것을 알았다. 모든 것이 변하기 이전의 삶으로 돌아가고 싶었다. 조에게 자주 들려주던 가족의 이야기는 그녀가 기억하고 싶고 남들에게 들려주고 싶은 가족의 모습이었다. 어머니의 우울증이 발병한 이후의 삶에 대해 말하면 고통스러워서, 그 시절의 가족에 대해서는 침묵하고 그때의 경험이 그녀의 삶에서 지속적으로 미치는 영향을 이해하지 않으려 한 것이다.

이사벨은 자신의 우선순위 상처를 알아차리는 작업을 그다지 반기지 않았다. 어쨌든 과거를 행복하지 않은 이야기로 재구성해야 했기 때문이다. 하지만 치유되지 않은 근원의 상처가 어떻게 그녀와 조를 갈라놓는 데 일조하는지 알아보려면 반드시 거쳐야 할 과정이었다.

나는 우선순위 상처를 안고 사는 사람을 수없이 만났다. 그들의 이야기에는 언제나 자녀보다 자신을 앞세우는 부모가 존재했다. 그리고 치유되지 않은 상처로 인해 자녀를 제대로 돌보지 않고 자녀를 중요한 존재로 봐주지 못하는 보호자들이 존재했다.

지금 가족의 근원 이야기에 중점을 두기는 하지만, 사실 우선순위 상처는 살면서 나중에 생길 수도 있고 원가족이 아닌 외부의 관계에서 생길 수도 있다. 처음 중요한 존재라는 자리에서 밀렸다고 느끼면서 생긴 상처가 가족이 아닌 이전에 만나던 연인이나 의미 있는 친구 관계에서 생겼을 수도 있다. 함께 여러 가능성을 열어두고 이 문제를 탐색해보자.

다른 데 정신이 팔린 가족

부모나 가족이 다른 일로 정신이 팔리면 아이에게 온전히 집중하지 못한다. 현실적인 문제(부모의 직장 문제) 때문이거나 가족의 모든 여력을 삼키는 문제(알코올 중독이나 약물 남용, 도박, 정신적·신체적 건강 문제) 때문일 수도 있다. 아니면 오랫동안 지속된 부부 간의 갈등으로 인해 부모의 감정이 자주 격해지는 것처럼, 일정 기간에 걸친 소모적인 상황 때문일 수도 있다.

안드레이가 우선순위 상처를 입은 이유는 생계를 위해 두 가지 일을 해야 했던 싱글맘의 자녀였기 때문이다. 안드레이가 어머니에 대해 말할 때는 늘 다정하고 사랑이 넘쳐서 어머니를 얼마나 사랑하고 존경하는지 알 수 있었다. 하지만 어렸을 때는 어머니와 같이 있고 싶어도 그럴 수 없었다. 어머니는 가족의 생계를 위해 주 6일간 2교대로 일했고, 안드레이는 일요일에 교회에 갔다가 저녁 근무가 시작되기 전에 같이 점심을 먹는 동안에만 어머니를 제대로 볼 수 있었다.

안드레이는 그를 위해 희생하는 어머니에게 진심으로 고마워했고, 때로는 그렇게 2교대로 일하는 것이 그를 가장 중요하게 여기는 어머니의 방식이라고 이해했다. 그래도 어머니와 같이 있고 싶은 마음은 달라지지 않았다. 어머니가 아들의 더 나은 미래를 위해 최선을 다한 것은 사실이지만 안드레이의 상처는 그대로 남았다.

물론 근원의 상처는 개인이나 가족이 좋은 의도로 대해도 생길 수 있다. 보통 악의적이거나 무모한 행동에서 상처를 입는다고 생각하지만, 현실에서는 나쁜 의두가 들어 있지 않은 무수한 방식으로 상처를 입을 수 있다.

카이트의 어머니도 삶의 난관에 부딪혔다. 카이트의 부모는 결혼식을 올리지 않고 살았고, 카이트가 네 살일 때 아버지가 더 마음에 맞는 사람을 찾았다고 통보했다. 어머니는 아버지에게 거절당하면서 심한 충격을 받았고, 그 뒤로는 새로운 이성과 데이트하면서 사랑을 찾아 헤맸다. 어떤 때는 이틀에 한 번꼴로 밤에 데이트하러 나갔다.

"엄마는 데이트하고 집에 돌아와서 상대에 대해 시시콜콜 말했어요. 엄마는 그렇게 데이트하고 다니면서도 저에 관해서는 무얼 물어본 적이 없어요. 엄마는 오로지 남자를 만나는 데만 빠져 있었어요."

카이트는 어머니를 사랑하면서도 어머니에게 관심을 받지 못해서 고통스러웠다. 어머니의 기분을 상하게 하고 싶지 않았지만, 어머니와 '여자친구 사이처럼 대화'하는 데는 관심이 없었다. 카이트는 어머니가 그녀의 삶에 지속적으로 관심을 가져주기를 원했고, 어머니에게 중요한 존재라는 느낌을 받고 싶었으며, 남자들이 그들 모녀의 삶에 들락거리는 사이 우선순위에서

맨 아래로 떨어지고 싶지 않았다. 카이트는 중요한 존재로 남기를 갈망했지만, 어머니가 연애에 빠져 살면서 딸에게는 관심을 주지 않았다.

늘 산만하고 다른 데 정신이 팔린 가족은 아이에게 지속적으로 영향을 미친다. 자신이 중요한 존재인지, 어른들이 다른 데 정신이 팔리지 않고 자신을 중요하게 생각해주는지 의문을 품고서 성장한다면 고통스러울 것이다. 이런 경험은 성인이 된 이후의 관계에도 뚜렷하거나 은밀하게 영향을 미칠 수 있다.

해결되지 못한 부모의 상처

아이가 성장하는 동안 주변의 어른들도 저마다의 상처를 안고 살아간다. 지금까지도 인정받지 못하고 해결되지 않은 상처를 안고 살아갈 수 있다. 이런 상처는 아이에게 대물림되기 쉽다. 이런 어른들은 그들 자신이 어릴 때 중요한 존재로 대접받지 못해서 어른이 되고도 자신을 최우선에 두었을 수 있다. 부모가 자녀보다 자신의 필요와 욕구와 욕망을 우선에 둔다면, 어렸을 때 그들의 필요와 욕구와 욕망이 무시되었기 때문일 수 있다. 부모의 해결되지 않은 상처가 대물림되는 방식은 무수히 많다. 이렇게 보면 부모를 이해할 여지가 생기지만, 그렇다고 아이가 우선시되지 않았다고 느낀 사실은 달라지지 않는다. 부모의 치유되지 않은 상처를 어루만지고 헤쳐 나가는 것이 아이의 책임이 아니지만, 불행히도 이런 사례가 많다.

세라는 어렸을 때 사진에 빠져 살았다. 사진에 관해 알아야 할 모든 것을 배우고 싶었다. 열한 번째 생일 선물로 카메라를 사달라고 졸라서 최고 중의 최고의 카메라를 받았다. 하지만 선물을 받고 2년쯤 지나서, 부모는 그녀를 앉혀놓고 앞으로는 사진에 빠져 살지 말라고 했다.

"부모님은 사진이 저한테 '급이 떨어지는' 일이라면서 '적합한' 대학에 진학하기 위한 공부에 힘써야 한다고 하셨어요."

세라의 부모는 부유했다. 세라는 맨해튼의 어퍼이스트사이드에서 자랐고, 부모는 딸을 위해 교육적으로나 직업적으로나 구체적인 계획을 세워놓았다. 부모는 세라에게 사진은 돈벌이가 되지 않으니(어차피 취미일 뿐이니) 미래를 진지하게 고민하라고 요구했다. 세라는 이 말에 충격을 받았다. 수십 년이 지난 지금도 이 이야기를 하면서 그녀는 고개를 절레절레 흔들었고, 그녀의 얼굴에 마음의 상처가 고스란히 드러났다.

세라의 부모는 세라가 꿈을 이루도록 충분히 지원해줄 수 있었다. 하지만 딸이 정해진 진로를 택하지 않으면 주변에서 모욕을 당할 것 같으니 딸의 꿈을 인정하지 않았다.

"부모님은 제가 의사가 되기를 원하셨어요. 친구분들이 모두 모이는 연말 파티에 가기 전에 부모님이 제게 사진을 하고 싶다는 꿈에 대해서는 말하지 말라고 당부한 일이 기억나요. 엄마는 대놓고 '오늘 밤 우리를 창피하게 하지 말아달라'고 요구하셨어요. 부모님은 어떻게 하면 제가 이 세상에서 빛날지보다 남들이 자신들을 어떻게 볼지에 더 신경을 쓰셨어요."

이 말에서 그들의 불안과 두려움, 즉 **그들의 소속감 상처**가 드러났고, 그들이 의도한 건 아니지만 그들의 행동은 세라의 욕구보다 그들 자신의 욕구를 중시해서 나온 것이었다.

나는 세라의 이야기를 들으며 마음이 아팠다. 세라는 결국 의사로 성공했다. 의사라는 직업을 싫어했지만, 더 싫은 것은 그녀의 비참한 상태였다. 세라가 날 찾아온 건, 같은 남자친구와 네 번째로 헤어진 직후였다. 두 사람은 서로 사랑해서 계속 다시 만나기를 반복했지만, 그녀가 말하는 계약 파기 요인이 끝내 해소되지 않았다. 남자친구는 아이를 원했고, 세라는 아이를 가질 수도 있고 안 가질 수도 있는 상태였다.

나는 세라와 이 문제를 더 깊이 파고들면서 그녀가 진심에서는 아이를 원한다는 것을 알았다. 하지만 남자친구가 그녀의 바람을 중요하게 생각해줄지, 그러니까 그녀의 부모가 해주지 못한 것을 해줄지 무의식중에 시험하고 있었다. 해결할 문제가 많았지만, 이런 무의식적 욕망을 자각하자 많은 것이 열렸다. 사랑하는 사람들의 마음속에 그녀가 가장 중요한 존재가 아니었다고 느낀 우선순위 상처가 지금까지도 그녀의 삶에 큰 영향을 미치고 있었다.

당신의 가족에게도 당신의 우선순위 상처를 유발하고 아직 해결되지 않은 문제가 있었을 수 있다. 문제에 변명거리를 찾아주자는 것이 아니다. 가족의 치유되지 않은 고통으로 인해 당신이 가족 안에서 중요한 존재가 되지 못했는지 알아보자.

근원의 상처를 알아차리는 것은 현재의 문제 행동을 변명하자는 것이 아니다. 어차피 예민한 반응은 누그러지지 않으니 그저 이해하자는 것이다. 근원의 상처를 알아차리는 작업은 끝이 아니다. 새로운 출발점이자 치유로 나아가기 위한 촉매제다.

우선순위 상처가 불러오는 행동 패턴

아이는 중요한 존재가 되기 위해 부단히 노력하면서, 보호자의 우선순위에 들려면 어떤 사람이 되고 어떻게 행동해야 하는지 알아내려 한다. 그러다 이런 노력이 실패하면 결국 포기하고 우선순위에서 밀려난 처지를 수용한다. 아이들이 이런 식으로 타협해야 한다고 생각하면 마음이 아프다. 어린 시절의 이런 대처 양식이 성인이 되어서도 계속 남아 있을 수 있다.

반복의 길

앞서 보았듯이, 우리는 상처에 대처하기 위해 무의식중에 성인의 관계에서도 어린 시절의 상처를 답습한다. 안드레이와 카이트도 그랬다.

심리학에는 **정신 병리의 세대 전이** 현상에 관한 이론이 있다. (전문용어를 최소로 줄이겠다고 약속한다.) 행동과 성격과 특질이 유전적으로나 비유전적으로 세대에서 세대로 전이된다는 개념이다.[2] 한마디로 우리는 앞 세대로부터 많은 것을 물려받는다. 그리고 당연하게도 어릴 때 자라면서 보거나 경험한 것을 반복하며 살아간다.

누군가가 당신이나 지인에 대해 "넌 꼭 엄마(혹은 아빠) 닮았어"라고 하는 말을 들어본 적이 있는가? 당신도 누군가에게 이런 말을 했을 수 있다. 반복의 길은 직접적이고 명백하다. 우리는 앞선 세대의 행동과 성격과 특질을 되풀이한다. 우리가 알아차리지 못하는 사이 일어나는 현상이다. 가령 화를 잘 내고 예민하게 반응하는 부모 밑에서 자라면, 수십 년 뒤에 똑같이 화를 잘 내고 예민하게 반응하는 자신을 발견할 수 있다. 아무리 애써도 거스르지 못할 수 있다. 가령 학대하는 가정에서 자라서 자기는 절대로 자녀를 학대하지 않겠다고 맹세하지만, 결국 같은 길을 걸을 수도 있다. 안드레이와 카이트는 성인의 관계에서 우선순위 상처가 건드려지자 둘 다 반복의 길을 걸었다. 한 사람은 무의식적으로, 다른 한 사람은 의식적으로 같은 길을 걸었다.

안드레이는 어머니가 자신을 위해 모든 것을 희생했다고 생각했지만, 어머니의 2교대 근무로 우선순위 상처를 입었다. 그는 퇴근 후 비디오게임만 하는 자신의 모습에 질려서 아내가 그를 멀리한다고 말했다. 그는 긴장을 풀기 위해 그러는 거라고 했다. 그러나 상담 중에 안드레이는 비디오게임이 그에게 두 번째 교대 근무라는 것을 깨달았다. 그는 하룻밤에 여섯 시간 넘게 게임을 했다. 말하자면 안드레이는 다른 데 몰두하는 배우자를 만나는 대신, 그 자신이 다른 데 몰두하는 쪽이 되었고, 결국에는 아내를 어린 시절 그의 처지로 내모는 우선순위 상처를 답습했다. 그는 이런 식으로 상처를 계속 유지했을 뿐만 아니라 아내에게 우선순위에서 밀려난 느낌을 안겨주었다. 때로 우리는 중요한 존재가 될 수 없다고 판단할 때 스스로 우선순위에 머물지 못하게 만드는 환경을 조성한다.

처음 안드레이는 자기가 우선순위 상처를 되풀이하는 줄 몰랐지만, 카이트는 자신의 행동 패턴을 바로 알아차렸다. 카이트는 관계에서 산만하다는 사실을 바로 인정하며 밤마다 몇 시간씩 인스타그램을 보면서 시간을 보낸다고 털어놓았다. 그래서 연인과 보내는 시간이 줄어들고 친밀감도 영향을 받았다고 했다.

"알아요. 엄마가 저한테 한 것처럼 저도 그러고 있네요."

카이트가 덤덤히 말했다. 그녀는 알면서도 같은 행동을 보였다. 이렇게 안다고 해서 달라지는 것은 없지만, 적어도 어떤 상황인지 함께 대화를 나눌 수는 있었다.

카이트는 중요한 존재에서 밀려났다고 느낀 경험에 대해 어머니와 직접 대화를 나눠본 적이 없었다. 어머니가 카이트에게 집중하지 않은 점을 인정하고 책임을 지겠다고 말한 적도 없다. (카이트는 그 말을 꼭 들어야 했다.) 대신 카이트는 무의식중에 같은 행동을 반복하면서 전에 사귀던 사람들을 어린 시절 그녀의 처지로 내몰았다. 자신의 연인들도 오래전에 그녀가 겪은 상황을 경험할 수 있다면, 인정받고 이해받고 검증받은 느낌이 들 것 같았다. 우리가 함께 이런 심리를 확인하자, 카이트는 이런 패턴이 현재 관계에 얼마나 해로운지 깨달았다. 카이트는 사실 연인들을 중요한 지위에서 밀어내고 싶지 않았고, 단지 누군가가 그녀의 말에 귀를 기울여주고 그녀를 이해해주기를 바랐다. 그리고 그러기 위해 더 좋은 방법이 있다는 것도 알았다.

다행히 카이트의 어머니는 잘 수용해주었다. 상담하는 동안 카이트는 용기를 내서 어머니에게 직접 말했다. 어머니는 카이트의 경험을 들어주고, 자신의 책임을 인정하며, 온전히 그녀에게 집중해주지 못했다면서 카이트에게 진심으로 사과했다. 드디어 과거의 어린 소녀가 목격된 것이다. 카이트에게는 이 사실이 엄청난 치유의 힘이 되었다. 그러나 더 치유되려면 그녀 자신도 책임을 인정하고 연인에게 고통을 전가한 점에 대해 사과하며 연인과의 관계를 최우선에 두는 방향으로 변화해야 했다.

반복의 길은 명백히 보이는 것 같아도 사실 간과하기 쉽다. 이미 오래전에 어떤 행동을 하지 않겠다고 맹세한 사람도 있을 것이다. 하지만 그런 행동을 다시 하면서도 자각하지 못하는 사람을 무수히 보았다. 반복의 길은 뻔히 눈에 보일 수도 있지만, 일상의 지극히 평범한 장면 속에 숨어 있을 수 있다. 당신이 눈을 크게 뜨면 무엇이 보일까?

반대의 길

세대에서 세대로 대물림되는 행동 패턴 중에 반복의 길과는 정반대로 보이는 길도 있다. 우리가 보고 경험한 것과 정반대로 행동하는 것이다. 어릴 때 진심으로 혐오한 것이 있다면, 자연히 그와는 다른 길을 가고 싶을 수 있다. 고통스럽거나 실망스럽거나 혐오하는 행동을 목격하면, 자연히 자기를 보호하기 위해 정반대의 길로 가고 싶은 것이다. 가령 어릴 때 술이 어머니의 삶을 망치는 것을 목격하고 술은 입에도 대지 않기로 결심할 수도 있다. 또 어릴 때 부부싸움을 자주 하는 집에서 자라서, 이제는 무슨 일이 있어도 갈등만은 피하려고 할 수도 있다. 또 부모가 과소비하고 큰 빚을 짊어진 집에서 자라서, 이제는 검소한 습관을 들였을 수도 있다. 이전 세대 사람들과 반대의 길을 택하는 방법은 무수히 많다. 그리고 얼핏 더 건강한 길처럼 보일 수도 있다. 술을 마시지 않기로 한 사람이나 갈등을 피하려는 사람이나 돈을 쓰기보다 저축하는 사람에게 누가 뭐라고 할 수 있겠는가? 모두 건강한 결정으로 보일 수 있다. 하지만 치유되지 않은 상처로 반대의 길을 택한다면, 어차피 두려움에 이끌려 살면서 두려움이 대신 결정하게 허용하는 것이다. 그리고 이사벨과 조의 이야기에서 보듯이, 반대의 길도 온갖 문제를 일으킬 수 있다.

이사벨이 조에게 한 수많은 요구는 여러 면에서 중요한 존재라는 지위에서 밀려나는 것과 반대의 길이었다. 이사벨은 어른이 되고도 어릴 때와 같은 대접을 받고 싶지 않았다. 그녀는 남들에게, 특히 조에게 자기를 중요한 존재로 대해달라고 요구했다. '내가 중요한 존재가 되려면 사람들이 나를 중요한 존재로 대하게 만들면 돼'라고 생각한 것이다. 이사벨은 조에게 자기를 최우선으로 선택하라고 압박했다. 그러나 이 전략은 역효과만 낳았다. 이사벨이 강하게 밀어붙일수록 조는 점점 더 멀어졌다. 그러다 이사벨이 자신의 우선순위 상처를 알아차리고 반대의 길을 선택한 사실을 깨닫자, 자신의 행동을 새로운 관점으로 보기 시작했다.

이사벨은 조의 행동을 이기적이라고 보았고, 그래서 그녀의 우선순위 상처가 건드려졌다. 물론 자율성을 누리고 싶은 욕구는 이기적인 것이 아니다. 연인과 분리된 일상을 누리고 싶은 욕구는 문제가 되지 않는다. 사실 충만한 관계는 서로의 꿈을 지지해주고 연인이나 배우자로서의 의미를 함께 나누면서 자율성과 유대감 사이에서 적절히 균형을 잡는다.[3] 이사벨과 별개로 자신의 친구들과 시간을 보내고 싶어 하는 조의 욕구는 그 자체로 나쁘거나 잘못된 것이 아니었다. 이사벨 없이 이런저런 모임에 나가고 싶다고 해서 이사벨을 중요한 존재로 생각하지 않는다는 뜻은 아니었다.

다만 문제를 해결하지 않은 채 오래 방치한 탓에 조의 행동이 이기적으로 보인 것이다. 그래서 이사벨은 조에게 화를 내고 욕을 하고 정해진 시간에 귀가하지 않을 거면 아예 들어오지 말라는 문자까지 보냈다. 조는 이사벨이 점점 더 화를 내며 관심을 요구하는 데 질려서, 오히려 이사벨에 대한 배려와 관심을 줄였다. 이사벨이 혼자 집에서 울면서 잠들 줄 알면서도 혼자만의 즐거움을 좇기 시작했다. 가혹하게 들릴지 몰라도, 조의 성격이 나빠서가 아니었다. 그보다는 두 사람이 관계 안에 문제가 누적되는데도 제대로 소통하지 않아서였다. 시간이 흐르는 사이 서로를 향한 분노가 커졌다. 그래서 이사벨이 어린 시절의 행동 패턴을 거스르며 통제권을 장악하려고 발버둥 쳤지만, 두 사람은 결국 이사벨이 그토록 벗어나려던 상황을 재현하기 시작했다.

우리는 위협을 느끼면 고통을 일으킨 경험을 반복하지 않으려고 최선을 다한다. '우리의 관계가 달라지면 나는 너에게 중요한 존재가 될 수 없어.' 이 생각이 조와의 관계에서 가장 먼저 떠올랐을 것이다. 이사벨은 처음에는 통제할 의도가 없었지만, 결국에는 통제하고 있었다. 조가 친구들과 어울리고 그녀와 떨어져서 시간을 보내지 못하게 하려고 애쓴 것은 자신의 안전을 보장하려는 시도지만 심각한 역효과를 낳았다.

이사벨은 스스로 근원 치유 연습을 거치지 않으면, 상처가 저절로 치유되지 않는다는 것을 몰랐다. 조에게만 의지해서 상처를 치유할 수는 없었다. 만약 조가 이사벨의 요구를 순순히 받아주었다면, 당분간은 이사벨의 상처가 치유되는 듯해도 상처는 계속 다시 건드려지고 조는 더 큰 분노에 사로잡힐 터였다. 조는 이사벨을 기쁘게 해주고 안심시켜주기 위해 자율성과 상호의존성에 대한 정당한 욕구를 희생해야 할 것이다. 어차피 이런 방법은 통하지 않는다. 이 점을 입증하는 연구도 있다. 요즘은 과거 어느 때보다도 결혼과 연애의 근본 목적이 자율성과 개인적 성장의 욕구를 채워주도록 서로 도와주는 데 있다.[4]

당신도 가족 안에서 중요한 존재로 남기 위해 부단히 노력했을 것이다. 진정성을 희생하며 노력을 보상받았을 수도 있고, 아니면 실패하고 다 포기했을 수도 있다. 어릴 때 터득한 대처법이 지금의 대처법과 같을 수도 있다. 또 다른 누군가를 중요한 존재에서 밀어내는 식으로 과거의 패턴을 재현했을 수도 있고, 다시는 어릴 때의 경험을 하지 않기 위해 반대의 길을 택했을 수도 있다. 하지만 아무리 노력해도 중요한 존재로 인정받는다는 느낌이 들지 않았을 수 있다. 실제로 상처가 치유되는 것이 아니기 때문이다. 오히려 상처를 소금으로 문지르는 격이다.

우선순위 상처 치유하기

앞에서 이미 근원 치유 연습을 해봤을 수도 있지만, 나와의 상담에서 다른 누군가(여기서는 이사벨)가 이 연습을 해나가는 과정을 읽고 그 효과를 확인하길 바란다. 다른 사람의 경험을 목격해주는 것도 의미 있는 경험이다. 우선 사례를 읽으면서 무엇이 떠오르는지에 포착하자. 이사벨에 대해, 그녀가 이 연습을 진행하는 과정에 대해 어떤 생각이 떠오르는가? 어떤 감정이 드는가? 그래서 무엇을 깨달았는가? 어떻게 판단했는가? 다른 사람의 치유 과정을 가까이서 지켜보면서 무엇을 느꼈는가?

이사벨은 우선순위 상처를 치유하고 싶은 마음을 알아차렸다. 그 뒤로 우리의 상담이 깊어졌다. 이사벨은 눈을 감고 일곱 살짜리 자신을 떠올리며 그 아이를 목격해주었다. 온갖 방해 요인을 제쳐두고 어린 자신을 있는 그대로 존중할 수 있었다. 오랜 세월 자신의 경험을 축소하거나 합리화하거나 없던 일로 만든 이사벨이 자신의 경험을 되찾은 것은 매우 놀라운 일이었다. 이처럼 **목격**하면 그야말로 인생의 변화가 시작된다.

이날 이사벨이 20년도 더 전의 자아를 지켜본 느낌이 어땠는지 소감을 말하는 동안, 조와 나는 그녀를 목격해주었다. 나는 내담자들에게 이 연습을 소개하면서 어린 자신에게 의자를 가까이 끌어당겨 앉는 장면을 상상하되, 세세한 부분이 다 보일 만큼 가까우면서도 물리적 경계를 넘지 않을 만큼 떨어져 앉으라고 주문한다.

마음속으로 이 장면을 그려볼 수 있는가? 당신의 집인가? 당신이 자주 앉던 계단 위인가? 당신의 방인가? 물론 이사벨의 경우처럼 한 가지 사건만 있는 것은 아니다. 부모에게 지속적으로 중요한 존재로 인정받지 못했다면(부모가 항상 일하느라 바쁘거나 밤마다 술을 마셨다면), 한 가지나 여러 가지의 이미지를 떠올려 목격하고 관찰하고 조정할 수 있다.

"이사벨, 여기서 제가 잠깐 안내해도 될까요?"

"그럼요."

이사벨이 바로 답했다. 우리 셋 다 눈을 감고 숨을 들이마시며 그 방으로 가보려 했다.

"꼬마 이사벨에게 집중하면서 그 아이에 대해 말해줄 수 있어요? 아이가 지금 뭘 입고 있어요? 어떤 모습이에요?"

"갈색 머리카락을 양 갈래로 길게 땋았어요. 제가 땋은 머리를 좋아했네요. 티셔츠를 입고 보라색 반바지를 입고 운동화를 신었어요."

"얼굴도 보여요? 뭐가 눈에 띄어요?"

"웃고는 있는데 미소 너머로 슬픔이 보여요."

"당신이 옆에 앉은 걸 아이도 볼 수 있나요? 당신이 같이 있는 것을 아이에게 알려줄 수 있을까요?"

"그럼요."

이사벨이 잠시 말을 끊었다가 어린 자신에게 말을 건넸다.

"안녕."

그러고는 울음을 터뜨렸다. 이제부터는 내가 이끌어줄 필요가 없었다. 이사벨이 말을 이었다.

"안녕, 꼬마 아가씨. 그렇게 순식간에 네 삶이 완전히 달라져서 참 마음이 아파. 네 삶은 특별했는데, 네가 좋아하는 사람들을 그렇게 빨리 잃어서 정말 안타까워. 그분들이 그곳에 있었어도 너에게는 없는 것과 같았지. 알아. 네가 중요한 존재의 자리에서 밀려나서 정말 속상해. 우울증이 집을 가득 채우고 너랑 아빠가 책임지지 않아도 되었을 일들을 책임져야 해서 안타까워. 정말 마음이 아파. 사람들이 널 중요하게 생각해주길 바랐지. 그렇지만 지금 같은 방식으로는 네가 필요한 걸 얻을 수 없어. 이걸 더 일찍 깨닫지 못해서 안타까워. 내가 너를, 우리 둘을 더 좋은 길로 이끌어주지 못해서 미안해. 앞으로는 그렇게 할게.”

이사벨은 숨을 들이마셨다. 나는 계속 눈을 감고 있다가 조와 이사벨이 어떤지 보려고 살짝 눈을 떴다.

조가 이사벨의 손을 잡고 있고, 이사벨의 얼굴에 눈물 자국이 보였다. 조는 이사벨에게 더 가까이 가서 앉았고, 이사벨이 조의 어깨에 머리를 기댔다. 이사벨은 완전히 달라졌다. 일곱 살의 자신에게 깊이 들어가 있었다. 그 순간 이사벨은 스스로 중요한 존재가 되었다. 안전한 환경에서 자신의 상처에 이름을 붙이고, 어린 자기가 그 상처에 어떻게 적응하는지 목격했으며, 그런 다음 상처와 단절하고 스스로 중요한 존재가 되기 시작했다. 게다가 조와 내가 옆에 있으니, 다른 사람들이 어른 이사벨과 어린 이사벨을 모두 목격하는 경험도 할 수 있었다. 이사벨은 이 연습을 우리의 상담 시간에 여러 번 해보고 집에서도 혼자 해보았다.

그리고 이사벨은 애도하는 법도 배웠다. 사랑을 느끼는 법도 배우기 시작했다. 작가 잰디 넬슨Jandy Nelson은 슬픔과 사랑은 결합되어 있다고 말한다. 둘 중 하나가 없다면, 다른 하나도 경험하지 못한다.[5] 슬픔에 계속 저항한다면, 나를 사랑하는 마음에도 저항한다는 뜻이다. 이사벨은 일부러 슬픔을 느낄 공간을 만드는 동시에 자기를 사랑할 공간도 만들었다. 물론 꼭 슬퍼해야 한다고 강요하는 것이 아니다. 슬퍼하지 않기로 선택할 수도 있다. 사실 이것도 건강한 대처법이다. 하지만 더는 감정을 무시하지 못하는 순간이 온다. 슬픔이 분명하고도 미묘하게 끊임없이 문을 두드릴 것이다. 우리를 괴롭히려는 게 아니라 안도하고 싶어서다.

이사벨에게 이 연습은 뭔가를 극복하는 과정이 아니라 다르게 관계 맺는 과정이었다. 이미 일어난 일은 바꿀 수 없었지만, 그 일이 그녀의 발목을 붙잡는 패턴을 바꿀 수는 있었고, 이것은 이사벨의 어머니가 끝내 찾지 못한 길이었다. 슬픔과 함께 머무는 법을 배운다면, 과거와 비슷한 상황이 벌어질 때마다 과거에 경험한 상처와 해악을 다시 떠올리지 않을 수 있다.

이사벨이 자꾸만 조에게 그녀를 위로하고 중요한 존재로 대해달라고 요구하는 행동은 친구가 없는 낯선 도시에서의 외로움과 그녀가 연인에게 충분히 중요한 존재가 아니라는 생각에서 오는 슬픔을 회피하기 위한 무의식적 자구책이었다. 그러나 알고 보면 이사벨은 어릴 때 부모가 각자의 상처에 빠져서 어린 이사벨에게 어머니를 위로할 책임을 떠넘기고 스스로 적응하라고 요구했을 때 겪은 상황을 무의식중에 재현하고 있었다. 이 놀라운 통찰은 이사벨이 기꺼이 그 순간으로 돌아가보았기 때문에 가능한 것이었다.

조가 이사벨의 우선순위 요구를 순순히 따라주었다면, 현실적으로 이사벨에게 도움이 되지 않았을 것이다. 물론 조가 현재 상황에 대응하는 방식도 그리 건강하다고는 할 수 없었고, 역시나 방향 전환 단계에서 함께 해결할 문제였다.

앞서 보았듯, 방향 전환은 자동차 바퀴와 도로가 만나는 접점이다. 한마디로 통찰을 행동에 옮기는 지점이다. 그리고 상황이 달라지지 않아도 다르게 대응할 방법을 선택할 기회이기도 하다. 방향 전환은 상처를 발생시키는 계기와 그에 대한 반응 사이의 공간에서 일어난다. 여기서 평소의 행동 패턴을 바꿀 순간이 생긴다. 무의식적 패턴으로 행동하는 것이 아니라 스스로 통찰하고 그에 따라 행동하는 것이다. 물론 말처럼 쉽지 않고, 평생의 습관으로 들여야 한다.

이사벨은 우선순위 상처가 건드려지는 순간을 알아차리고, 잠시 멈추어 그 상처에 이름을 붙이고 목격하며 애도하면서 그 다음에 어떤 상황이 펼쳐질지 선명하게 이해할 수 있었다. 방향을 전환하려면 우선 나를 명확히 알고 연인이나 배우자에게도 나를 명확히 표현해야 한다. 이사벨은 조를 비난하지 않으면서 자신의 정서적 욕구를 표현해야 했다. 자세한 내용은 8장 '갈등'에서 설명하겠지만, 여기서는 일단 비판과 불평에서 정서적 욕구의 표출로 초점을 옮기면 두 사람이 함께 방향을 전환해서 새로운 결과에 이를 수 있다는 사실을 이해하자.

내가 둘이 함께 방향을 전환해야 한다고 말하자, 조가 이렇게 말했다.

"그럼 어떻게 해야 하나요? 저 혼자서 친구들을 만나고 싶으면 어떻게 하죠? 이사벨이 우선순위에서 밀려났다고 생각하지 않았으면 좋겠어요. 이사벨에게 상처 주고 싶은 생각은 없지만, 저만의 공간을 갖고 싶고 이사벨도 그러면 좋겠어요."

조는 이미 잘하고 있었다. 아직 알아차리지 못했을 뿐이다. 이사벨이 우선순위에서 밀려났다고 생각하지 않으면 좋겠다고 말한 것부터 이미 첫걸음을 잘 내디딘 것이다. 조는 이사벨이 어떤 상처를 안고 사는지 알고 일부러 상처를 주려는 게 아니라는 점을 명확히 밝혔다. 그동안 이사벨에게 우선순위에서 밀려난 느낌을 주는 행동을 해서 마음에 걸리는 것도 알아차렸다.

우리는 계속 이 연습을 이어가기로 했다. 조가 이사벨에게 자기만의 계획을 알리면서도 이사벨이 계속 중요한 존재라는 확신을 주는 연습부터 시작해서, 조가 혼자 이런저런 일을 해보고 싶어 한다고 해서 이사벨을 무시하는 게 아니라는 점을 이사벨이 스스로 알아차리는 연습까지 해보기로 했다. 그리고 나는 두 사람이 훌륭하게 성장하는 모습을 지켜보았다.

이사벨은 방향 전환을 위해 조의 독립적인 행동으로 상처가 건드려질 때마다 스스로 위로하는 법을 찾아보기로 했다. 나는 이사벨에게 기존의 행동을 새로운 행동으로 바꾸라고 제안했다. 조에게 분노의 문자를 보내기보다는 혼자 책을 읽거나 친구에게 전화하거나 산책하러 나갈 수도 있다. 스스로 마음을 진정시키고 기존의 행동을 새로운 행동으로 바꾸면서 조에게 위로해달라고 요구하지 않고 스스로 위로할 방법을 찾으라고 했다.

우리는 매주 만나서 두 사람에게 익숙한 상황이 생기려는 순간을 알아차리고, 그 상황을 목격하고 애도하는 법을 연습했으며, 두 사람 모두 방향 전환을 위한 공간을 마련하고 무슨 생각이 드는지 함께 나누려고 노력했다. 가장 바람직한 방법은 마음속에 떠오르는 생각을 상대에게 설명해주는 것이다. 이사벨이 방향 전환할 공간을 찾는다면, 조에게 "네가 친구를 만나는 게 중요한 건 알지만, 내 마음속에서 내가 더 이상 네게 중요한 존재가 아니라는 이야기가 들려"라고 솔직하게 털어놓을 수 있다.

이것은 1970년대와 1980년대에 마이클 화이트Michael White와 데이비드 엡스턴David Epston이 주축이 되어 개발한 **내러티브 테라피**Narrative Therapy의 한 장면이기도 하다. 한 사람이 자기에 관한 내러티브를 만들면서 자기에게 도움이 되는 정체성을 만들어 나가는 과정에 주목하는 치료법이다.[6] 이사벨은 자신이 중요한 존재가 아니라고 말하는 마음속의 부정적인 내러티브를 우리에게 명확히 설명하면서 조에게 그 이야기를 깨뜨릴 여지를 주었다. 그러자 조는 이렇게 반응했다.

"그 이야기를 들려줘서 고마워. 그런데 사실이 아니야. 분명히 넌 내게 중요한 존재야. 나는 널 사랑해. 당장 내일도 너와 시간을 보내고 싶어. 앞으로 휴대전화를 꼭 가지고 다니면서 내내 확인할게."

지나치게 이상적인 반응으로 보일 수 있다. '아니 누가 저렇게까지 말해?!'라고 생각하며 눈을 굴릴 수도 있다. 무슨 말인지 안다. 하지만 조와 이사벨이 이렇게 방향 전환을 시도할 수 있었던 이유는 정말 열심히 노력하면서 여기까지 왔기 때문이다. 두 사람도 분명 지금 당신이 서 있는 그 자리에서 시작했다.

물론 누구나 마음속으로 상대가 어떻게 느끼고 생각하고 반응할지에 대한 끝없는 이야기를 만든다. 원래 내러티브 테라피에서 시작되었지만, 브레네 브라운이 《라이징 스트롱Rising Strong》에 써서 유명해진 중요한 표현이 있다. 그것은 바로 '내가 내게 들려주는 이야기The story I'm telling myself is …'다.[7] 이렇게 표현하면 스스로에게 명확히 말할 수 있을 뿐만 아니라, 혼자서 조용히 반추하며 불확실하게 추측하는 대신 이사벨처럼 상대에게 자신의 이야기를 들려주고 확인하면서 함께 대화를 시작할 수 있다. 당신도 한번 시도해보고 어떤 효과가 있는지 알아보기를 바란다.

당신의 치유 연습과 이사벨의 치유 연습 사이에는 많은 차이가 있겠지만, 한 가지 중요한 차이는 이 연습을 꼭 누군가와 함께하지 못할 수 있다는 점이다. 조 같은 사람이 옆에서 함께 목격해주지 못할 수도 있다. 하지만 이렇게 내밀한 공간에 초대하고 싶은 연인이나 가족이나 친구가 있다면, 특별한 치유가 일어날 것이다.

꼭 그래야 하는 것은 아니지만, 특히 근원의 상처로 인해 현재의 관계에서도 상처받는 경우라면 큰 도움이 될 것이다. 근원의 관계에서 받은 상처는 자꾸만 우리에게 어린 시절의 메시지를 반증하려면 다른 누군가가 필요하다고 말한다. 당신도 다른 많은 사람처럼 당신의 중요성이나 가치의 증거가 남의 손에, 곧 당신의 내면이 아니라 외부에 있다고 생각할 수 있다. '나는 누군가가 내게 중요한 존재라고 인정해줄 때 비로소 중요한 존재가 된다. 그리고 누군가가 내 가치를 인정해줄 때 비로소 가치 있는 사람이 된다. 그리고 집단과 어울릴 때 소속감을 느낀다.' 이렇게 생각하는 이유도 이해가 간다. 누구에게나 어느 정도는 치유에 도움이 되는 관계가 필요하다. 나 역시, 관계에서 상처를 입은 경우라면 그 상처를 치유하는 데 관계가 필요하다고 믿는다. 하지만 이 치유 연습은 관계적인 동시에 개인적이다. 자신의 가치와 중요성과 소속감을 스스로 인식하고 마음의 평화를 구하려는 노력을 아직 시작하지 않았더라도, 그 방향으로 나아가야 한다.

근원 치유 연습

이제 원한다면 직접 연습해보자. 이 연습을 하는 동안에는 항상 자신을 잘 보살펴야 한다. 필요하면 잠시 중단해도 된다. 무리해서 끝까지 해내야 하는 건 아니다.

이름 붙이기 우선순위 상처를 인지하거나 확인한다고 해서 가족에게 받은 사랑을 배신하거나 깎아내리는 것은 아니다.

내가 가족 안에서 중요한 존재인지 처음으로 의문을 품은 때는 언제 인가? 상대가 가족 중 누구일 수도 있고, 가족 전체일 수도 있다. 누구로 인해 그런 의문을 갖게 되었는가? 그때 난 어디에 있었는가? 무엇을 하고 있었는가? 혹은 그 사람이 어떤 행동을 하거나 무슨 말을 해주기를 바랐는가? 나보다 무엇이 혹은 누가 더 중요했는가? 가급적 구체적으로 떠올려보자.

목격하기 어린 자신을 가까이서 지켜보면서 처음 혹은 이후로도 몇 번에 걸쳐 우선순위에서 밀려난 느낌을 받는 장면을 목격해보자. 의자를 가까이 끌어가서 어린 나의 얼굴과 표정과 몸짓을 자세히 관찰하자. 그리고 어린 나에게 연민을 느껴보자.

애도하기 이제 감정이 올라올 수 있다. 감정이 올라오게 놔둘 수 있는가? 당시의 내가 어땠는지 그려볼 수 있는가? 우선순위 상처를 견뎌내야 했던 어린 나를 보면서 마음이 아플 수도 있다. 어린 나에게 연민을 느껴보자. 그리고 지금이라면 어린 나에게 어떻게 해주고 싶은가? 아이를 안아주고 싶은가? 그런 일을 겪게 해서 마음이 아프다고 말해주고 싶은가? 아이를 들어 올려 안아주면서 다 괜찮을 거라고 말해주고 싶은가? 아이에게 어떻게 해주고 싶은가? 그냥 알아차려보자.

이제 중요한 존재가 되기 위해 스스로 어떻게 애써왔는지 알 것이다. 관심을 끌려고 시도했는가, 아니면 아예 포기했는가? 스스로에게서 더 멀어지는 방식으로 대처하던 어린 나를 위해 애도할 수 있는가?

편안하게 느껴지는 만큼 이 단계에 머물러보자. 눈을 감고 있었다면, 다시 현실로 돌아오기 전에 잠시 그대로 감고 있자. 눈을 감은 채로 손끝과 발끝을 조금씩 움직여보자. 목 스트레칭을 해도 된다. 가슴이나 배에 손을 얹어도 된다. 다시 호흡에 집중해도 된다. 눈을 뜨면 무엇이 보일지 생각해보자. 자신이 어디에 있는지 생각나는가? 이제 천천히 눈을 떠보자. 천천히 해보자.

다시 말하지만, 필요한 만큼, 원하는 만큼 이 단계를 반복해도 된다. 일주일 동안 매일 해도 된다. 아니면 한 번 하고 내년이나 5년 후에 다시 해도 된다. 당신이 정말 자랑스럽다.

방향 전환하기 이제 정리하면서 잠시 시간을 내서 우선순위 상처가 현재 어떻게 나타나는지 알아차리자. 어떤 방식으로 나타나는가? 어떤 관계에서 나타나는가? 다음 문장을 완성해볼 수 있는가? '내가 나에게 우선순위를 둔다면, 지금 당장 내 인생에 바꾸고 싶은 것은 _____ 이다.' '내가 나에게 우선순위를 둔다면, 다른 사람에게 알려줄 한 가지는 _____ 이다.' 이번 한 주 동안, 자신에게 우선순위에 둘 기회를 찾아보고 실천해보자. 당신은 해낼 것이다.

신뢰하고 싶다

6

누군가를 신뢰한 순간부터 신뢰를 보낸 나는 상처받기 쉬운 처지에 놓인다. 누군가를 신뢰하기로 한다면, 바로 상대를 믿고 의지하며 그 사람이 말과 약속을 지킬 거라고 믿어주기로 선택하는 것이다. 우리가 처음 신뢰할 수 있는 사람은 거의 언제나 가족이다. 가족은 무슨 말을 하고 어떤 선택을 내리며 그 선택을 어떻게 유지하고 사람들에게 무엇을 기대할 수 있을지를 보여주면서 우리에게 신뢰를 가르친다.

이 책의 앞부분에서 소개한 나타샤는 아버지가 어머니가 아닌 다른 여자와 주고받은 외도 이메일을 우연히 발견했다. 나타샤는 보지 말았어야 할 장면을 보고 큰 충격에 빠졌다. 그 이메일은 어머니에 대한 배신이자, 부모 사이의 신뢰와 계약 관계가 깨졌다는 확실한 증거였다. 그로 인해 나타샤의 신뢰도 깨졌다.

나타샤는 배신을 목격하고, 불행히도 그 배신에 **연루**되어 수년
간 아버지의 비밀을 지켜주느라 어머니의 삶에 영향을 미칠 만
한 정보를 숨겨야 했다.

　나타샤는 이 이야기를 나 이외에 아무에게도 털어놓지 않았
다. 그녀와 아버지만 아는 비밀이었다. 그러나 혼자 짊어지기에
는 버거운 짐이었다. 이처럼 신뢰가 깨지자, 나타샤는 아버지뿐
만 아니라 그녀가 만나는 모든 사람, 특히 사귀는 남자들을 믿지
못했다. 그리고 사람들의 선함을 믿지 못했다. 사람들이 정직하
고 명예로우며 약속을 잘 지키고 진실할 거라는 믿음을 갖기 어
려웠다. 그리고 언젠가 무슨 일이 터질 날을 기다리며 신뢰가 또
다시 깨질 거라고 예상했다.

　남을 믿지 못하거나 믿지 않기로 했다면, 스스로 신뢰 상처가
있는지 점검할 필요가 있다. 신뢰는 일관성 부재와 거짓말, 배
신, 유기를 통해 깨질 수 있다. 알다시피 한 번 신뢰를 잃으면 신
뢰를 회복하는 것이 거의 불가능해 보일 수 있다.

신뢰 상처의 근원

부모 중 한 사람이 남을 무턱대고 신뢰하다가 번번이 배신당하
는 모습을 본 적이 있는가? 부모가 신뢰 상처trust wound를 입어
서 당신에게도 늘 뒤를 조심하라거나 남자(혹은 여자)는 절대 믿

지 말라고 말하거나, 그 밖에 강렬한 일반화의 메시지를 주면서 당신의 뇌리에 박히게 만든 적이 있는가? 당신이 의심 없이 믿었다가 한순간에 믿음이 깨진 적이 있는가? 부모에게 버림받았거나 믿었던 사람이 당신이나 당신이 사랑하는 사람에게 거짓말을 하거나 사기를 친 적이 있는가? 신뢰가 깨지면 마음의 문이 닫힌다. 벽이 높아지고 일상의 대화와 관계에 의심과 회의와 의혹이 도사릴 수 있다.

내가 관찰한 바에 의하면, 사람들은 과거에 배신당한 경험 때문에 현재도 사람들을 신뢰하지 못하는 걸 원하지 **않는다**. 과거에 이중성이나 거짓말로 배신당했다는 이유로 사람들이 정직하고 솔직하며 믿을 수 있다는 데 의심을 품고 싶어 하지 **않는다**. 사람들은 관계에서 기만의 증거를 찾고 싶어 하지 **않는다**. 사실 불신을 피하면서 사는 것은 지치는 일이다.

신뢰 상처를 입은 내담자들은 주로 "어떻게 하면 사람들을 신뢰하는 법을 배울 수 있을까요? 과거는 과거대로 두고 새롭게 출발할 방법이 없을까요?"라고 묻는다. 사실 신뢰를 회복하는 여정은 길고도 험난하다. 어린 시절의 거짓과 배신과 유기의 경험이 현재의 연애 관계와 친구 사이로 이어진다면, 남을 믿지 못해서 상처가 더 깊어질 수 있다.

그렇다고 방법이 없는 것은 아니다. 앞으로 나아갈 길이 있고, 그 길은 신뢰 상처를 파악하는 단계부터 시작된다.

배신

트로이와 마크가 상담실을 찾아왔을 때, 트로이는 전날 밤 파티에서 일어난 일로 무척 흥분한 상태였다. 그는 방금 일어난 일인 양 상당히 격앙된 상태로 상담실에 들어섰다.

"트로이, 잠깐만요. 무슨 일이에요?"

나는 일단 그를 진정시키려 했다.

"쟤가 또 그랬어요. 절대로 제 편을 들지 않아요. 저 말고 모두의 편에 서죠. 이제 지긋지긋해요. 마크, 내 편을 들어줄 수 없다면, 왜 날 만나는 거야?"

트로이는 화가 나 있었다.

"항상 네 말이 맞는 건 아니잖아, 트로이."

"그렇다고 내가 매번 틀린 것도 아니잖아."

이 얘기를 들은 건 이번이 처음이 아니었다. 트로이는 마크가 자기 편을 들어주지 않는다고 자주 불만을 토로했다. 그는 연인이라면 늘 지지하고 지켜주어야 한다고 믿었고, 마크가 그렇게 해주지 않을 뿐만 아니라 오히려 다른 사람 편을 들어서 배신감을 느꼈다. 마크는 '나쁜 행동'에 상을 주고 싶지 않아서 무작정 트로이 편만 들어줄 수 없다고 했다.

"선생님은 연인이 남들에게 부끄러운 태도로 말하는데도 그저 연인이라는 이유만으로 편을 들어주시나요? 아니면 연인의 주장이 사실이 아닌데도 맞다고 해주시나요? 저 친구가 편을 들어주기를 원하는 마음은 알아도, 솔직히 동의하지 않으면서 응

원해줄 수는 없어요. 적정선이 어디일까요?"

마크의 말도 일리가 있었다. 그 선은 어디일까? 하지만 이 질문의 답을 알아보기 전에 여기에 상처가 작용한다는 점을 이해해야 했다. 트로이는 배신감을 느꼈고 마크가 그를 지켜줄 거라고 신뢰하지 못했다. 트로이의 반응을 보면 배신감을 느낀 게 이번이 처음은 아닌 것을 알 수 있었다.

우리는 함께 트로이의 원가족에 관해 알아보다가, 트로이가 일곱 살일 때 부모가 이혼하고 몇 년 후 어머니가 재혼한 사실을 알게 되었다. 양부에게는 트로이 또래의 아들이 둘 있었다.

"말썽을 일으키는 주인공은 저여야 했어요. 매번이요. 다른 애들이 무슨 짓을 하든 항상 제 잘못이었어요. 엄마는 아무것도 하지 않았어요. 새아버지가 매번 친아들들 편만 드는데도 엄마는 그냥 구경만 했어요. 걔네가 저한테 불을 붙였어도 제 잘못이라고 했을 거예요. 걔네가 정말 싫었어요."

트로이는 자기 편을 들어주는 사람이 없는 채로 자랐다. 그는 양부가 어떻게 자식들이 그런 말도 안 되는 행동을 해도 모른 척할 수 있었는지 이해할 수 없었다. 설상가상으로 유일한 혈육인 어머니는 그의 편을 들어주지 않았고, 트로이는 어머니가 그의 편에서 그를 지켜주지 않아서 배신감을 느꼈다. 그리고 어른들이 옳은 일을 할 거라고 믿지 못했다.

"걔들이 그 사람 자식이고 자기 자식한테 더 잘해주는 건 알겠는데, 어떻게 걔들이 하는 짓은 다 눈감아주고 모든 책임을 저한테만 돌릴 수 있나요?"

배신은 관계 안에서 누구 하나가 건강하고 행복한 관계에 필수 요건인 명시적이거나 암묵적인 합의를 깨뜨릴 때 발생한다. 배신은 바람을 피우거나 유기하는 것처럼 관계의 약속을 의도적으로 깨뜨릴 때 발생할 수 있다. 하지만 무언가(안전이나 보호나 우선순위)가 있이야 하거나 기대하는데, 그것이 주어지지 않을 때도 배신감을 느낄 수 있다. 역시나 신뢰를 깨뜨리는 행위이기 때문이다.

배신은 상대가 알아야 할 중요한 정보를 숨길 때도 발생할 수 있다. 가령 해고당했거나 다른 가족이 생겼거나 자녀의 대학 학자금으로 도박했거나 배우자 몰래 큰 물건을 구매하는 경우다.

이런 일은 관계에서 자주 일어난다. 기만과 배신은 생각보다 훨씬 영향이 크다. 내 내담자 중에는 큰 물건을 구매하고 배우자한테 들키기 전에 상자나 쇼핑백을 버리는 사람도 있고, 배우자에게 알리지 않고 원가족에게 큰돈을 보내는 사람도 있다. 여기에는 '굳이 갈등을 일으킬 필요가 없다'라거나 '내 돈이니 내 마음대로 쓸 수 있다'는 식의 다양한 이유가 붙는다. 하지만 이유가 무엇이든 배신감이나 관계의 균열은 달라지지 않는다.

배신당한 경험으로 신뢰 상처가 생기면 신뢰가 사라지고 '나는 당신을 믿을 수 없다(혹은 믿지 않는다)'는 생각만 거듭 떠오른다.

배신은 가족 안에서 다양한 형태로 나타날 수 있다. 당신에게도 그런 일이 있었는가? 결국 신뢰가 깨졌는가? 누구에 대한 신뢰를 잃었는가? 그 사건이 어떤 식으로 당신에게 다른 사람을 믿어서는 안 된다고 가르쳤는가?

- 나는 이런 일로 배신감을 느꼈다. _____
- 나는 이러한 배신을 경험했다. _____
- 그 경험이 나의 신뢰하는 능력에 영향을 미친 이유는 이렇다. _____

_____

- 난 현재 나를 보호하기 위해 이런 방법을 시도하고 있다. _____

_____

사랑하는 사람에게 배신당하면 세상 모든 것을 의심하게 될 수 있다. 한때의 모든 확신과 기억이 이제는 의심으로 대체된다. 한때는 신뢰로 가득한 삶이 이제는 신뢰를 상실한 삶이 된다. 그러나 신뢰 상처를 알아차리고 신뢰를 되찾기 위해 노력하는 것은 용기 있는 행동이다. 그러면 당신도 당신의 마음도 누그러질 것이다.

기만

내가 안젤리카를 처음 만났을 때 그녀는 스스로 연인을 더 신뢰하려고 애써야 한다고 말했다. 그녀는 연인의 휴대전화를 훔쳐보다가 여러 번 걸렸고, 상대는 당연히 화를 냈다. 안젤리카는 멈춰야 하는 것을 알았다.

"제가 계속 그이의 경계를 넘는 거 알아요. 그이가 제게 믿지 못할 거리를 준 적이 없는데도 그이를 믿는 게 너무 힘들어요."

안젤리카는 이렇게 신뢰 상처를 드러냈다. 그녀는 휴대전화로 위치를 추적할 수 있는 '나의 찾기' 앱으로 연인을 추적하며 그가 간다고 한 곳에 있는지 끊임없이 확인했다. 연인의 인스타그램 DM을 살펴보고 문자와 이메일을 확인해서, 그녀가 모르는 사람과 대화를 나누었는지 확인했다. 모르는 이름이나 번호가 보이면 그 사람이 누군지, 어떻게 아는 사람인지 꼬치꼬치 캐물었다. 안젤리카는 연인에게 속지 않으려고 엄청나게 노력했다.

나는 안젤리카의 이런 행동 배경에는 근원의 이야기가 있을 거라고 보았다. 그러다 안젤리카가 내게, 스물한 살 때 이모가 알고 보니 친어머니고 평생 엄마라고 부르던 사람이 이모였다는 사실을 알게 되었다고 털어놓았다. 맙소사!

안젤리카는 그때 대학을 졸업했고, 스무 명 넘는 가족이 졸업식에 와서 축하해주었다. 졸업식이 끝나고 화장실에 들어가 있다가 우연히 어머니와 이모의 대화를 듣게 되었다. 이모가 이렇게 말했다.

"안젤리카를 잘 키워줘서 정말 고마워. 그때 날 도와줘서 고마워. 그때 난 엄마가 될 준비가 되지 않았어. 안젤리카에게 언니가 있어서 참 다행이야. 나한테도 그렇고."

안젤리카는 화장실 안에서 얼어붙었다. '방금 내가 무슨 말을

들은 거지? 이모가 무슨 소릴 하는 거야? 이게 다 무슨 소리야?'
이모의 말을 똑똑히 들었지만, 그 말이 머릿속에서 처리되지 않
았다. 화장실에 다른 사람은 없었다. 안젤리카는 변기 물을 내리
고 나갔다. 영화의 한 장면 같았다. 안젤리카는 **이런 식으로** 평생
속고 살았다는 사실을 알았다.

가족이 안젤리카에게 출생의 비밀을 숨긴 건 그게 옳은 결정
이라고 판단해서였지만, 그래도 안젤리카는 속은 기분이었다.
어쨌든 그동안 거짓의 삶을 살아왔고, 그보다 더 나쁜 건 안젤
리카를 빼고 모두가 알고 있었다는 사실이다. 안젤리카는 이렇
게 비밀을 알게 되면서 이후로는 세상 모든 것에 의문을 품게 되
었다. '당신은 지금 내게 진실을 말하는 걸까? 거짓을 말하는 걸
까?' 이런 식의 의문이 계속 이어졌다.

이제 안젤리카가 왜 모든 것을 직접 확인해야 했는지, 그녀의
표현대로 왜 '두 눈으로 직접 봐야' 했는지 이해할 수 있었다. 그
런데 안젤리카에게는 남을 믿지 못하는 것만 문제가 아니었다.
어떤 식으로든 속거나 배신당하거나 잘못된 길로 안내받은 경
험이 있는 사람은 자기에 대한 신뢰마저 잃기 쉽다. '내가 어떻
게 이걸 몰랐지? 어떻게 이걸 못 봤지? 어떻게 이렇게 자명한 사
실을 몰랐지? 앞으로도 내가 바로 앞에서 벌어지는 일조차 제대
로 보는 거라고 믿을 수 있을까?'

어린 시절에 기만을 직접 경험하거나 관찰한 적이 있는가?
꼭 직접 기만당해야만 영향을 받는 것은 아니다. 한쪽 부모가 다

른 부모를 속이는 것을 보거나 부모가 형제자매 중 누군가를 속이는 것을 보고도 영향을 받을 수 있다.

- 날 기만한 사람은 이 사람이다.
- 그 경험이 내게 미친 영향은 이러했다.
- 그 경험이 현재 내게 미치는 영향은 이러하다.

유기

"제 짝을 만난 것 같아요. 진짜 운명 같아요."

전날 밤 데이트를 하고 온 마흐무드가 들뜬 목소리로 데이트 얘기를 자세히 들려주었다. 하지만 나는 마흐무드에게 축하해주고 싶으면서도 어쩐지 조심스러웠다. 지난 두 달 동안에만도 여러 여자와 데이트하고 매번 똑같은 말을 했기 때문이다. 그는 데이트하러 나가서 상대에게 반하고 상담실에 와서 제 짝을 찾았다고 말하고, 다시 다음 주에 와서는 다 끝났다고 말하곤 했다. 이런 주기가 몇 번이고 반복되었고, 오늘도 그중 하나였다.

정확히 어떤 상황인지 알아보려면 더 자세히 들여다봐야 했다. 마흐무드가 여덟 살일 때 아버지는 가족에게 사업차 고향 이집트로 돌아간다고 통보했다. 아버지는 보통 한 달에 한 번 출장을 다녀왔지만, 이번에는 돌아오지 않았다. 2주쯤 지나서 마흐무드와 여동생들은 어머니에게 아버지가 언제 돌아오는지 물었다. 어머니는 지난 몇 달간 예상보다 일이 오래 걸리나 보다고 해놓고, 결국에는 아버지가 돌아오지 않을 거라고 말했다. 아버지가 이집트에 정착하기로 했다고 했다.

정확한 이유는 모른 채 추측만 무성했다. 가족은 모두 버림받은 느낌에 시달렸다. 하나 있는 아들이던 마흐무드는 아버지와 친한 사이라 상심이 더 컸다. 그는 원래 아버지처럼 되고 싶었다. 그런 아버지가 떠난 것이다. '아빠가 왜 떠났을까? 우리를 사랑하지 않으셨나? 내가 뭘 잘못했나?' 마흐무드는 어떻게 된 상황인지 이해하지 못했다.

아동 유기는 부모나 보호자가 아동의 전반적인 안녕을 고려하지 않고 의도적으로 부모의 의무를 방기하거나 포기할 때 나타나는 일종의 배신 행위다. 마흐무드의 아버지가 떠난 경우처럼 신체적 유기도 있고, 부모가 자녀에게 정서적으로 도움을 주지 못하는 경우처럼 정서적 유기도 있다.

당신은 자라면서 버림받은 경험이 있는가? 누구에게 버림받았나? 그 경험이 당신에게 어떤 영향을 미쳤나? 그리고 어떤 식으로 그 경험에서 다른 사람을 믿지 말라고 배웠는가?

- 나는 이 사람에게 버림받았다. _____
- 그 경험을 통해 이렇게 믿게 되었다. _____
- 지금 나는 나를 보호하기 위해 이런 노력을 하고 있다. _____

_____

- 하지만 지금 나는 이런 점을 깨달았다. _____

신뢰 상처가 불러오는 행동 패턴

가족을 신뢰할 수 없다고 느낀 사람이라면 의식적으로든 무의식적으로든 배신과 기만, 거짓말, 유기로부터 자기를 보호하기 위한 길을 걸어왔을 수 있다. 어떻게 해서든 스스로 안정감과 확신을 얻으려 했을 것이다. 가령 자신이나 다른 사람을 위해 주위를 경계하는 것부터 다른 사람을 시험하거나 마음의 문을 닫고 취약한 모습을 보이지 않거나 아니면 사람들과 최대한 빨리 친해져서 확신과 친밀감과 헌신을 느끼려 했을 것이다. 하지만 이렇게 신뢰 상처에 대처하면, 신뢰를 회복하는 데 아무런 도움이 되지 않는다. 오히려 불신만 계속될 뿐이다.

마음의 문 닫기

기만당하거나 배신당하거나 거짓말에 속거나 버림받은 경우라면, 사람들에게 마음의 문을 닫는 것이 유일한 선택지로 느껴질 수 있다. 마음의 문을 닫는 것은 자기를 보호하는 방법이다. '사람들이 내게 가까이 다가오지 못하면 나는 상처받지 않을 거야.' 사람들과 삶의 세세한 부분을 나누지 않거나 친구들과 진정한 친밀감을 쌓지 않거나 새로운 사람과 데이트하지 않거나 그 밖에도 여러 방식으로 나에 대한 접근을 제한할 수 있다.

이별해본 적이 있다면, "다시는 연애하지 않을 거야"라고 말해봤을 것이다. 관계를 끝내는 것이 고통스럽고 배신당했다고 느끼고 이런 경험에 취약한 채로 머물고 싶지 않아서다. 다시는 그런 고통을 겪고 싶지 않은 것이다.

하지만 관계가 끝날 때만 이러는 것은 아니다. 가족 중 누군가가 신뢰를 저버리는 행동을 하고 신뢰를 회복하기 위해 아무런 노력도 하지 않았다면, 마음의 문을 닫는 것이 유일한 선택지로 느껴졌을 수 있다.

이런 대처 전략은 우리가 두려워하는 것으로부터 우리를 보호해줄 수 있다. 그러나 마음의 문을 닫고 살면 원하는 것을 이룰 수는 있어도, 관계 안에서 소통과 친밀감과 깊이를 경험하지 못한다. 마음의 문을 닫으면 다시는 실망하지 않을 수는 있지만, 사람들과 관계를 쌓고 신뢰를 회복하고 새로운 이야기를 만들어 나가는 경험은 해볼 수 없다.

당신은 신뢰 상처에 대처하기 위해 어떤 식으로 마음의 문을 닫았는가? 그것이 어떤 식으로 도움이 되었는가? 과거에는 어떤 식으로 자신을 보호했는가? 그러나 이런 대처 전략이 현재 당신의 삶에서 무엇을 차단하는가?

과도하게 경계하기

졸업식에서 가족 모두가 자기를 속인 사실을 알자, 안젤리카의 마음속에 연쇄 반응이 일어났다. 이후 안젤리카는 연인들을 만날 때마다 이메일과 문자와 DM을 샅샅이 뒤지며 또다시 속아넘어갈까 봐 예민하게 경계했다.

과도하게 경계하는 사람들은 주변 환경과 관계와 주변 상황을 예의 주시하면서 거짓말과 기만, 배신의 징후를 찾아내려 한다. 자기 보호의 한 형태다. '검열해서 아무것도 놓치지 않으면 상처받을 일도 없을 거야'라고 믿는 것이다. 하지만 감당할 게 많은 대처 전략이다. 평생 경계를 늦추지 않고 기만당하거나 배신당할 상황을 끊임없이 찾아 헤매는 느낌이 들 수 있다. 아무도 나를 돌보지 않고 누구도 믿을 수 없다고 생각하면, 나에게 그렇게 해줄 사람이 누가 남을까?

나는 부모님이 이혼할 때 극도의 경계 상태가 되었다. 어머니와 아버지에게 각기 다른 이야기를 들었고, 둘 다 사실일 수는 없었다. 나는 뭔가가 잘못된 것을 알았기에 부모님이 말할 때 주의 깊게 들으면서 거짓말을 하거나 뭔가를 숨기는지 알아내려 했다. 어머니나 아버지가 통화할 때는 집에 있는 다른 전화기를 몰래 들어서 통화를 엿듣고 진실을 알아내려 했다. 덕분에 사람들을 읽어내는 능력이 길러졌고 지금은 그 능력을 십분 활용하지만, 지나친 경계심으로 내가 원하던 기쁨과 소통, 자유와 여유를 잃었다. 이런 부적응적 대처 전략은 성인이 된 이후에도 영향을 미친다. 나도 그랬다. 나는 일상에서 세세한 부분을 추적하거나 배우자가 어느 지점에서 잘못했는지 따지곤 했다. 나의 남편 코너는 장난삼아 나에게 '지적질 대장'이라는 별명을 지어주었다. 내가 세세한 부분까지 빠뜨리지 않고 반드시 지적했기 때문이다. 지금은 웃으면서 말하지만, 전에는 이것이 우리 부부에게 단절과 갈등의 원인이었다.

그동안 당신은 신뢰 상처에 대처하기 위해 어떤 식으로 경계 수위를 높였는가? 지금도 그렇게 하고 있는가? 그런 방식이 자신에게 어떻게 도움이 되었는가? 반면에 현재의 당신에게 어떤 부정적인 영향을 미치는가?

시험하기와 방해하기

흔히 신뢰하지 못할 때 주변 사람들을 시험하고 싶은 충동을 느낀다. 상대에게 무엇을 기대하는지 말하지 않는 식으로 상대를 시험할 수 있다. 아니면 상대를 밀어내거나, 상대가 나를 쫓아오며 그에게 내가 얼마나 중요한 존재인지 보여주도록 시험할 수도 있다. 아니면 상대의 경계를 넘거나 터무니없는 일을 요구해서 상대가 나에게 얼마나 헌신적인지 시험할 수도 있다.

트로이는 사람들을 믿을 수 있을지 확신하지 못한 채 시험하려 했다. 그는 누군가가 자기 편을 들어주고 자신을 지지해주기를 원했다. 때로는 그가 잘못인 걸 알면서도 양부가 의붓형제들에게 해준 것처럼 그리고 어머니가 그에게 그렇게 해주기를 바란 것처럼, 마크가 무조건 그의 편을 들어주기를 바랐다. 자기가 황당한 짓을 해도 연인에게 계속 지지받는 경험을 해보고 싶었다.

"그냥 어떤 느낌인지 알고 싶었어요."

트로이가 마크에게 신뢰 상처와 배신에 얽힌 사연을 밝히자,

둘의 관계에 변화가 생겼다. 우리가 상담실에서 함께 이 상처를 치유하는 시간을 가졌기에 트로이는 이제 이전만큼 마크를 시험할 필요가 없었다. 트로이가 황당한 짓을 해서 마크를 평가하는 대신 의도적으로 대화를 나누고 정서적 취약성을 드러내는 식으로 신뢰를 쌓아갔다. 둘 사이에 신뢰가 쌓일수록 트로이가 사회적 상황에서 과도하게 행동하는 횟수도 줄었다.

당신은 어떤 방식으로 사람들을 시험했는가? 시험을 통해 증명하려던 것이 무엇이었나? 이런 행동은 현재 자신의 관계를 어떤 식으로 해치고 있는가?

이런 식의 시험은 방해 행위가 될 수 있다. 나타샤는 아버지의 불륜을 알기 전에는 잘 믿는 아이였다. 그리고 아버지를 전적으로 신뢰했다. 그러다 그 이메일을 발견하면서 모든 것이 달라졌다. 하룻밤 사이에 나타샤는 가장 가까운 사람, 자신이 가장 사랑하는 사람이 상상할 수도 없는 배신 행위를 할 수 있다는 것을 알게 되었다.

그래서 나타샤는 현재 사귀고 있고 결혼까지 생각하는 클라이드는 물론, 이전에 만난 모든 연인을 온전히 신뢰하지 못했다. 클라이드가 미덥지 않은 행동을 한 적이 없는데도, 나타샤는 **숨겨진** 무언가를 발견할 날을 기다렸다. 이런 불신이 그들의 관계를 방해하기 시작했다.

나타샤는 이전의 모든 관계에서 그랬듯이, 자기를 보호하기 위해 먼저 관계를 끝낼 방법부터 생각했다. '네가 날 배신하기 전에 내가 먼저 끝내면 난 상처받지 않을 거야.' 나타샤는 클라이드를 시험하기보다는 관계를 방해했을 것이다. 나타샤는 오래전부터 사람들을 밀어낼 방법을, 또다시 상처받기 전에 먼저 관계를 끝낼 방법을 찾고 있었다.

그러나 방해하고 회피하면서 더 상처받았다. 특히 이번에는 결혼하고 싶은 남자가 눈앞에 있었다. 다정하고 배려심 많고 사려 깊은 남자였다. 그리고 그 남자는 그녀가 현재 느끼는 갈등과 오랫동안 짊어진 무거운 짐을 전혀 몰랐다.

상대를 신뢰하지 못할 때 자신을 보호하기 위해 방해 행위를 한 적이 있는가? 이 방법이 현재 자신의 삶에서 무엇을 가로막고 있는가?

불안 애착

신뢰 상처가 있는 사람은 다시는 상처받지 않기 위해 성인이 되어서도 마음의 문을 닫고 고립된다. 반대로 마흐무드 같은 사람들은 공허감을 메우려고 모르는 사람과도 짧은 시간에 애착을 형성한다.

애착 이론을 잘 아는 사람도 있을 것이다. 애착 이론은 1952년에 영국의 정신분석학자 존 볼비John Bowlby가 처음 소개하고, 이후 발달 심리학자 메리 에인스워스Mary Ainsworth가 유명한 **낯선 상황 연구**Strange Situation Study를 통해 발전시킨 이론이다.[1] 낯선 상황 실험에서는 엄마가 방에서 나갔다가 돌아올 때 아기의 반응을 관찰해서 다양한 애착 유형을 찾았다. 안정 애착을 형성한 아기는 엄마가 다시 방으로 돌아오면 엄마와 다시 연결되고 가까워지고 소통하기를 원했다. 하지만 불안정 애착을 형성한 아기는 엄마가 돌아오면 화를 내고 고통스러워하며 엄마를 피해 버렸다. 낯선 상황 연구는 이후 안정 애착과 불안정 애착을 측정하는 도구가 되었고,[2] 현재도 유아기와 성인기의 애착을 이해하는 기준으로 쓰인다.

연구에서는 유아기에 안정 애착을 형성하면 성인이 되고도 안정 애착을 형성하는 경향이 있고, 유아기에 불안정 애착을 형성한 사람은 성인이 되고도 불안정 애착을 형성하는 경향이 있는 것으로 나타났다. 마흐무드의 경우, 아버지가 떠났을 때 안전한 기반이 무너졌다. 결과적으로 마흐무드는 불안에 시달리며 관계에서 안정감을 찾으려 하다가 너무 빠르게 관계를 형성하며 데이트 상대와 곧장 '즉석 연인'이 된 것처럼 행동했다. 이 대처 전략은 상대와 순식간에 가까워지며 신뢰가 깨질 틈을 주지 않는 식으로 자기를 보호하기 위한 시도다. '이 관계를 계속 유지할 수 있다면 다시는 뒤에 남겨지지 않겠지'라고 생각하는 것이다.

마흐무드는 워낙 호감 가는 남자라 새로운 여자를 만나서 처음 몇 번의 데이트는 잘 풀어갔다. 놀랄 만큼 술술 풀렸다. 그러다 마흐무드가 너무 빠르게 밀어붙이기 시작했다. 상대 여자와 함께 살아갈 인생과 동거, 약혼, 결혼, 함께 낳을 아이까지 언급하기 시작한 것이다. 처음에는 장난스럽고 유쾌했지만, 그가 계속 과도하게 밀어붙이자 여자가 다음번 데이트를 거절하거나 아예 연락을 차단했다. 그리고 이런 상황이 반복되었다. 그는 내게 후회하듯 말했다.

"제가 이러면 사람들이 도망가는 줄 알지만 멈출 수가 없어요."

그는 이런 행동이 사람들을 당혹스럽게 하는 것을 인지하고 있었다. 하지만 왜 자꾸만 이렇게 행동하는지, 앞으로 어떻게 행동을 바꿀 수 있는지는 몰랐다.

"당신은 버려지지 않는 식으로 자신을 보호하려고 하지만, 그럴수록 **더** 버려지는 것 같아요."

"아… 그런 식으로 생각해본 적은 없어요. 생각할 시간이 필요해요."

다시 버려지지 않기 위해 관계와 친밀감을 회피하든, 아니면 관계 안에서 불안해하며 지나치게 빠른 속도로 애착을 형성하든, 결국에는 진정한 연결이 부재하는 상태다. 마흐무드의 관계가 제대로 풀리지 않은 이유는, 자신을 보호하고 다시는 버려지지 않는 것이 주된 목적이었기 때문이다. 상대를 알아가고 진정한 관계를 형성하고 시간이 흐르는 사이 자연스럽게 관계를 발전시키고 굳건히 다지는 데는 결코 좋은 접근이 아니다. 마흐무드는 무의식중에 오래전에 아버지가 그에게서 앗아간 것을 억지로 되찾으려 했다.

마흐무드는 조급하게 관계를 형성하려 하기보다는 속도를 늦추어야 했다. 그리고 상처받을 수도 있는 약한 포지션에 기꺼이 좀 더 머물러야 한다. 그가 누군가를 진실로 알아가고 **상대도 그**를 알아갈 공간을 만들어야 한다. 그러려면 항상 위험이 따른다. 관계는 그냥 주어지지 않는다. 관계가 영원히 간다는 보장도 없다. 상대가 계속 남아줄 거라는 보장도 없다. 그리고 내게 그렇게 해주어야 할 부모가 나를 버린다면, 이런 참담한 경험으로 인해 나를 끝까지 버리지 않을 사람이 세상에 존재할 거라고 믿는 것이 거의 불가능하다.

여기서 짚어둘 점이 있다. **유기**는 관계를 끝내는 것과는 다르다. 특히 불안정 애착을 형성한 사람은 그 차이를 이해하기 어려우므로 여기서 짚고 넘어가야 한다. 유기로 인해 신뢰 상처를 입은 사람들은 절대로 그들을 떠나지 않을 사람을 찾아야 한다고 믿는다. '날 떠나지 않겠다고 약속해줘. 영원히 함께하겠다고 약속해줘.' 물론 아무것도 보장되지 않는다. 상대가 약속해주기도 하고 실제로 이렇게 말하기도 하지만, 그래도 해결되지 않은 상처로 인한 두려움은 사라지지 않는다. 말로는 신뢰를 구축할 수 없다.

해결되지 않은 신뢰 상처는 현재의 관계에 큰 혼란을 초래할 수 있다. 상대에게 부담을 줄 뿐 아니라, 나아가 무의식중에 **신뢰할 수 없는 사람**, 말하자면 자신의 두려움을 사실로 증명해줄 사람에게 매력을 느낄 수 있다. 그래서 진정성 없는 관계를 맺거나, 반대로 다시는 상처받지 않기 위해 친밀감을 회피할 수도 있다. 하지만 계속 이렇게 살아갈 수는 없다. 상처를 다스리지 못하면 새로운 신념과 새로운 경험과 치유로 나아가는 데 필요한 안전과 신뢰를 구축할 수 없다.

신뢰 상처를 잘 다스리면 고통을 현명하게 헤쳐 나가는 데는 도움이 되지만, 근본적인 치유에는 그다지 도움이 되지 않는다. 신뢰하려면 자신의 회복력을 믿고 분별력을 길러야 한다. 거짓과 기만과 배신을 경험하고도 적응하고 다시 일어설 수 있는 능력을 믿어야 한다. 여기에서 배워야 한다. 더 현명해져서 더 힘들어지지 않고 완전히 마음의 문을 닫지 않고 살아야 한다.

신뢰 상처 치유하기

자신과 타인을 다시 신뢰하는 법을 배우는 것은 인생에서 중대한 과제다. 안젤리카는 용기 내서 연인과 함께 이 과제를 시도했다. 우선 연인과 함께 신뢰 상처에 이름을 붙이고 마음을 나누는 것이 첫 단계였다. 가족 전체가 그녀를 속인 사실과 그것이 그녀에게 미친 영향을 온전히 느껴보는 것도 중요한 작업이었다. 불신에서 벗어나 방향 전환을 하려면 꼭 거쳐야 할 과정이다.

마침내 안젤리카는 연인을 염탐하는 대신, 찜찜한 마음이 들어서 염탐하고 싶었다고 연인에게 솔직히 털어놓은 다음, 문제를 명확히 표현하고 확인해달라고 직접 요청하기로 했다. 휴대전화 위치 추적 앱으로 연인을 추적하는 대신, 직접 문자를 보내서 어디에 있는지 묻기로 했다. 다음으로 상대의 대답을 믿어주는 연습도 했다. 사실 상대는 이제껏 안젤리카에게 믿지 못할 행동을 보여준 적이 없었다.

한편 나타샤는 신뢰 상처를 확인한 후, 더는 혼자서만 감당할 필요가 없다는 것을 깨달았다. 실제로 내게 상처를 털어놓은 후 조금은 가벼워진 듯 보였다. 얼마 후 나타샤는 남자친구인 클라이드에게도 비밀을 털어놓기로 했다. 다시 상처를 입을 수도 있는 위험한 결정이었지만, 그렇게 결정했다는 것 자체로 클라이드를 신뢰하게 되었다는 것을 알 수 있었다. 나타샤는 위험을 감수하고 미지의 세계로 나가기로 했다. '누군가가 나에 대해 더 많이 알게 되면, 나는 상처를 더 많이 받을 수 있겠지?' 이 질문이 몇 주 동안 그녀의 머릿속을 맴돌았다.

"클라이드가 저의 가장 취약한 부분을 알게 될 거예요."

"맞아요. 그래서 클라이드가 그걸 알고 어떻게 할지 우리는 몰라요. 그가 어떻게 나올지 모르죠. 그래도 당신이 이 얘기를 털어놓고 싶어 하는 걸 보면, 클라이드가 감당할 수 있을 거라는 믿음이 있는 건 분명해요. 클라이드가 당신 말을 존중해줄 거라고 믿는 것 같아요. 그와 비밀을 나누어 둘의 관계가 나아질 거라고 당신이 믿는다는 뜻이에요. 아무런 소득이 없을 걸 안다면, 애초에 이렇게 하겠다고 마음먹지 않았겠죠."

이 말이 그녀의 마음을 건드린 듯했다. 나타샤는 드디어 아버지의 비밀을 지켜주는 역할에서 벗어날 만큼 치유되었다. 비밀은 나타샤의 삶과 관계를 중요한 방식으로 주도했고, 그녀는 이제 그 통제에서 벗어날 준비가 되었다. 클라이드에게 말하겠다는 결정은 상처를 회피하고 관계를 방해하는 대신 신뢰를 되찾고 강화하기 위한 시도였다.

나타샤는 다행히 그녀를 진심으로 배려해주는 연인을 만났다. 클라이드에게 솔직하게 비밀을 털어놓자, 두 사람은 더 강력한 한 팀이 되었다. 나타샤는 방해 행위 대신에 소통을 선택하고 클라이드의 도움을 받아 더 큰 신뢰를 쌓았다. 나타샤로서는 중요한 치유의 계기였다. 나타샤는 남자들에 대해서나 가장 가까운 사람들에 대해서나 친밀한 관계 안의 배신에 대해서나 마음속에 담아둔 이야기를 새로운 이야기로 대체하기 시작했다. 정말 훌륭한 치유의 과정이었다.

다만 이 연습은 자기와 함께 신뢰를 다시 쌓는 데 기꺼이 동참해줄 연인이나 친구가 있을 때만 효과적이다. 오랜 시간에 걸쳐 당신이 어떤 사람인지 충분히 보여준 상대와 함께해야 한다. 하지만 당신에게 거짓말을 하거나 당신을 잘못된 길로 인도할 거라고는 상상도 하지 못한 사람에게 기만당할 가능성도 있다.

실제로 신뢰 상처를 입은 사람은 남을 신뢰하면 위험하다고 느낄 수 있지만, 바로 이 점을 지적한 헤밍웨이의 명언이 있다. "누군가가 신뢰할 만한 사람인지 알아보는 가장 좋은 방법은 그 사람을 신뢰하는 것이다." 아무나 덮어놓고 믿으라는 말이 아니라, 일단 신뢰해보고 신뢰할 만한 사람인지 알아가는 연습을 해보라는 뜻이다.

또 신뢰하려면 자신의 회복력을 믿고 분별력을 길러야 한다. 기만이나 배신을 경험하고도 적응하고 다시 일어설 수 있는 능력을 믿어야 한다. 그리고 여기에서 배워야 한다. 더 힘들어지거나 완전히 마음의 문을 닫지 않으면서 더 현명해져야 한다. 주변에 사랑과 지지를 보내는 공동체가 있다면, 이 연습이 훨씬 수월해질 것이다.

물론 이것은 자신의 고통이나 감정을 모른 척하거나 누군가의 기만이나 배신을 눈감아주기 위한 연습이 아니다. 그보다는 주변의 사랑과 지지를 받으면 아무리 힘들고 끔찍해도 헤쳐 나갈 수 있다는 사실을 배우는 과정이다. 그리고 이 과정을 통해 믿을 수 있는 사람과 믿지 못할 사람을 구분하는 동시에 자신에 대한 신뢰를 강화할 수 있다.

기만당하고 배신당하고 버림받고 잘못된 길로 끌려가는 상황으로부터 나를 보호할 방법이 있는지 모르겠다. 이런 상황에 대한 노출을 최소로 줄일 방법은 있어도 완전히 피할 수 있는지는 모르겠다. 상처 입은 사람이라면 똑같은 고통을 다시 겪지 않으려고 안간힘을 쓸 것이다. 하지만 누군가를 신뢰하는 것을 회피하려는 마음은 다시 신뢰하는 법을 배우는 데 전혀 도움이 되지 않는다.

모호하게 넘어갈 수 있는 표현이니 다시 말해보자. 상대를 신뢰하는 것을 회피하려는 마음은 다시 신뢰하는 법을 배우는 데는 도움이 되지 않는다. 다시 신뢰할 수 있으려면 시행착오를 거쳐서 신뢰를 쌓는 수밖에 없다.

신뢰를 쌓는 것은 곧 나의 취약성이 밖으로 드러나는 행동이다. 두렵기도 하고 쓰릴 수 있다. 나는 내담자들에게 처음부터 남을 신뢰하기 어려울 수 있으므로 먼저 자신을 신뢰하는 연습부터 해보라고 제안한다. 정해진 시간에 잠자리에 들거나 물을 많이 마시거나 운동하기로 한 날에는 반드시 운동하는 것처럼, 자신과의 약속을 지킬 방법을 찾아보라고 권한다. 자신의 말과 약속을 신뢰할 수 있는지부터 알아보자는 뜻이다.

이제 본격적으로 누군가를 믿으면서 상대가 신뢰할 만한 사람인지 알아보고 싶다면, 그 사람의 어떤 면을 가장 쉽게 신뢰할 수 있는지, 어떤 면을 가장 신뢰하기 어려운지 파악해보자. 각자의 특징을 열거하면서 직접 확인해보자. 가장 신뢰하기 어렵다고 생각하는 면이 평소 익숙한 것인지, 아니면 새롭게 느껴지는 것인지 알아보자. 앞서 말했듯이, 무턱대고 시도하는 시행착오의 과정이 아니다. 자신의 상처를 되돌아보고, 신뢰할 만한 누군가에게 그 상처에 대해 들려주며, 의심과 회의가 가득한 자신의 내면세계로 상대를 초대하는 연습이다.

그러면 상대를 신뢰하고 싶지만 신뢰하기 어렵게 만드는 요인이 무엇인지 파악할 수 있을 것이다. 그런데 상대가 당신을 비웃거나 이해해주지 않거나 무시한다면, 그들은 이 연습을 함께 할 만큼 안전한 상대가 아니라는 뜻이다. 또 만난 지 얼마 안 된 사람과 나눌 얘기도 아니다. 나에게 관심을 보이고 배려가 느껴지며 확실히 믿을 만한 사람이어야 한다. 어떤 상처든 그 아픔을 감당하지 못할 사람이라면, 함께 치유하고 회복하려고 시도해봐야 아무런 도움이 안 된다. 이제 조금씩 함께 시도해보자.

- _____ 이 일어나면 나는 너를 믿기 힘들다.

  왜냐하면 _____

- 이 일은 나에게 이 사건을 떠오르게 한다. _____

  그래서 나는 이렇게 느낀다. _____

- 내게는 이런 것이 도움이 될 것이다. _____

- 그리고 나는 이런 점을 약속할 수 있다. _____

신뢰는 내가 먼저 믿고 안전하다고 느껴질 때 쌓인다. 신뢰는 내가 과감하게 도약할 때 쌓인다. 말하자면 나 자신과 사람들에게 함께 신뢰를 쌓을 기회를 줄 때, 내가 먼저 신뢰하고 상대가 잘 따라주어서 믿을 만한 사람이라는 것이 입증될 때 비로소 신뢰가 쌓인다. 신뢰를 쌓기 위해서는 미래의 불확실한 결과가 아니라 현재가 훨씬 중요하다. '절대 떠나지 않겠다고 약속해'라고 요구하기보다는, '지금 내 감정이 어떤가?'라고 자문하는 태도가 중요하다. 이렇게 형성된 관계라고 해서 영원히 함께한다는 뜻은 아니다. 다리를 함께 건넜다고 해서 그다음부터는 각자의 길을 선택하지 않을 거라는 뜻도 아니다. 그보다는 신뢰를 그대로 유지하면서 각자의 길을 헤쳐 나갈 수 있다는 뜻이다.

신뢰는 쉽게 회복되지 않는다. 하루아침에 혼자서 되찾을 수 있는 것이 아니다. 신뢰는 스스로 쌓아나갈 수 있는 것일 뿐만 아니라 다른 누군가와 함께 쌓아나갈 수도 있는 것이다.

근원 치유 연습

이제 조금 더 깊이 들어가보자. 신뢰 상처에 공감한다면, 근원 치유 연습도 함께해보자.

우선 편안한 자세를 취하자. 누워도 되고 의자에 앉아도 된다. 눈을 떠도 되고 감아도 된다. 안전하고 사적인 환경인지 확인하자. 다시 말하지만, 트라우마를 지닌 사람이라면 특히 주의해야 한다. 이 연습을 하는 동안 당신을 안내하고 지지하고 안전한 공간을 확보해줄 사람과 함께해야 한다.

이름 붙이기 누군가를 믿을 수 있는지 처음으로 의문을 품었거나 처음으로 신뢰를 잃었던 때가 언제인가? 그날이 기억나는가? 당신은 어디에 있었는가? 그런 의문이 들게 한 사람이 누구였는가?

목격하기 이제 자신에게 더 집중하자. 배신이나 기만이나 유기를 경험한 어린 시절의 자신에게 집중하자(이 연습을 하는 현재의 당신에게 집중하라는 것이 아니다). 그리고 영상을 보듯 그때의 자신을 보면서 배신과 기만을 경험한 순간에 느꼈을 감정을 알아차리자. 부모가 떠난 사실을 알고 어떤 느낌이 들었는지 확인하자. 슬픔이나 불신을 처음 느꼈을 때의 표정을 알아차리고, 몸짓의 변화에 주목하자. 그리고 어린 자신에게 연민을 느껴보자.

애도하기 이제 감정이 올라오기 시작할 것이다. 감정이 올라오도록 놔둘 수 있는가? 그 시절의 당신이 어땠는지 그려볼 수 있을 것이다. 신뢰 상처를 입은 어린 자신을 보면서 마음이 아플 수도 있다. 어린 자신에게 연민을 느껴보자. 그리고 지금이라면 어린 당신에게 어떻게 해주고 싶은지 생각해보자. 그 아이에게 무엇이 필요할까? 아이를 안아주고 싶은가? 그런 일을 겪게 해서 마음이 아프다고 말해주고 싶은가? 아이를 들어 올려 안아주면서 그렇게 기만당하면 얼마나 고통스러운지 안다고 말해주고 싶은가? 어떻게 해주고 싶은가? 그냥 알아차리자.

편안하게 느껴질 만큼 이 단계에 머무르자. 눈을 감고 있었다면, 다시 현실로 돌아오기 전에 잠시 그대로 있어보자. 눈을 계속 감은 채로 손끝과 발끝을 조금씩 움직여보자. 목 스트레칭을 해도 된다. 가슴이나 배에 손을 얹어도 된다. 다시 호흡에 집중해도 된다. 그리고 눈을 뜨면 무엇이 보일지 생각해보자. 자신이 어디에 있는지 기억나는가? 이제 천천히 눈을 떠보자. 천천히 해보자.

다시 말하지만, 필요한 만큼 원하는 만큼 이 단계를 반복할 수 있다. 일주일 동안 매일 해도 된다. 아니면 한 번 하고 내년이나 5년 뒤에 다시 해도 된다. 당신이 정말 자랑스럽다.

방향 전환하기 이제 마무리하면서 잠시 시간을 내어 신뢰 상처가 현재의 삶에서 어떻게 나타나는지 알아차리자. 어떤 방식으로 나타나는가? 어떤 관계에서 나타나는가? 다음 문장을 완성해보자. '내가 온전히 신뢰할 수 있다면, 내가 나이기를 두려워하지 않는다면, 나의 ____ 점이 달라질 것이다. 한 주 동안 낡은 방식을 새로운 방식으로 바꿀 기회가 있는지 찾아보자.

신뢰 상처에게 편지 쓰기

이제 신뢰 상처를 치료하기 위한 근원 치유 연습의 마지막 단계만 남았다. 나는 편지 쓰기에 강력한 힘이 있다고 믿는다. 편지는 나를 온전히 드러낼 뿐만 아니라 내가 되찾으려는 것을 말로 표현할 수 있는 기회다. 신뢰 상처가 있다면, 시간을 내어 이 연습을 해보자.

나 자신의 신뢰 상처에 편지를 써보자("신뢰 상처에게"로 시작하자). 편지에는 상처에 대한 연민이 담겨 있어야 하고, 상처가 대처하려고 애써온 노고에 대한 감사의 마음도 담겨야 한다. 하지만 스스로 되찾고 싶은 것이 무엇인지 명확히 밝혀야 한다. 신뢰 상처가 당신에 대해 무엇을 알아주기를 바라는가? 당신이 지금 어떤 처지인지에 대해 신뢰 상처가 무엇을 알아주기를 바라는가? 신뢰 상처가 아니라 직접 책임지고 싶은 것은 무엇인가? 신뢰 상처에게 직접 말해보자. 상처와 더 깊은 관계를 맺어보자. 신뢰 상처를 치유하려면, 우선 그 상처가 나를 믿어야 한다. 나의 무엇을 그리고 왜 신뢰할 수 있는지 알게 하자.

다시 말하지만, 하루아침에 가능한 연습이 아니다. 이 편지를 몇 번이고 다시 써야 할 수도 있다. 편지에 내용을 추가해도 된다. 신뢰 상처에게 여러 번 편지를 쓸 수도 있다. 일단 시작하자.

안전하다고 느끼고 싶다

7

우리가 어렸을 때는 거의 전적으로 부모와 보호자에게 의지해서 안전을 구했다. 부모는 우리를 보호하고 존중하며 우리의 말을 들어주고 우리 편이 되어주며 규칙과 경계를 설정해서 우리의 안전을 지켜주어야 할 사람들이다. 하지만 알다시피 우리 주변의 어른들이 항상 이 역할을 제대로 해내는 것은 아니다. 때로는 중요한 신호를 놓치거나 해를 끼치거나 무모하게 행동해서 우리를 위험에 빠뜨릴 수 있다.

누구나 태어난 순간부터 보살핌을 받고 위험으로부터 보호받는다는 보장이 없다. 물론 마땅히 이런 대접을 받아야 하고, 마땅히 가족 안에서는 안전이 보장되어야 한다. 집은 마땅히 우리가 안락과 안전, 평화, 안정감, 예측 가능성을 얻기 위해 기댈 수 있는 곳이어야 한다. 주변 세상이 무섭고 위협적일 때 마땅히 집은 피신할 수 있는 곳이어야 한다. (나는 평소 '마땅히'라는 표현을 잘 쓰지 않지만, 여기서는 적절한 단어인 듯하다.)

물론 부모가 세상 모든 것으로부터 우리를 보호할 수는 없지만, 부모 자신이 학대하거나 방임하거나 착취하거나 횡포를 부리거나 무모하게 행동하거나 정서적으로 미성숙하다면, 우리에게는 안전 상처safety wound가 생길 수 있다. "집은 마음이 가는 곳"이라는 말을 아는가? 하지만 누구에게나 해당하는 말은 아니다. 집은 누구나 돌아가고 싶어 하는 곳이 아니다. 때로 집은 예측 불가능하고 혼돈이 일어나며 학대가 자행되는 곳이다.

안전 상처의 근원

안전에 관해 말할 때는 학대에 대해서도 함께 논의해야 한다. 이 점을 미리 밝히는 이유는, 이 장을 읽으면서 각자가 스스로 잘 보살피기를 바라기 때문이다. 학대를 당하거나 목격한 경험이 있든 없든, 학대에 관해 읽으면 자극받고 감정이 격해지고 감정에 압도당할 수 있다. 이 장을 읽으면서 자신의 상태를 잘 살피길 바란다.

학대

학대는 두말할 것 없이 안전 상처를 유발한다. 학대가 자행된다면, 당연히 안전은 존재할 수 없다. 그리고 집에서 학대가 자행되는데 가족 중 아무도 막지 않는다면, 가족에 대한 심각한 배신감과 신뢰 상실을 경험할 수 있다. 작가이자 교수, 사회활동가인 벨 훅스bell hooks는 《올 어바웃 러브All About Love》에서 적절하게도 이렇게 표현한다. "학대와 방임은 사랑을 무효화한다. 학대와 비하의 반대인 보살핌과 긍정은 사랑의 토대를 이룬다. 애초에 학대가 발생한다는 의미는 사랑을 실천하지 못했다는 증거다." 사랑과 학대는 공존할 수 없다.

여기서는 가족 체계의 렌즈를 통해 학대를 들여다볼 것이고, 각자 성인이 된 지금 시점에서 자신에게 해당하는 면을 찾아볼 수 있다. 이제 학대의 여러 유형과 어린 시절에 겪었을 형태에 관해 간략히 설명하겠다. 다시 말하지만, 주의해서 읽길 바란다.

학대는 한 사람이 다른 사람에 대해 권력과 통제권을 획득하고 유지하기 위해 보여주는 행동 패턴으로 정의된다.[1] 학대에는 신체, 성, 언어·정서, 정신·심리, 재정·경제, 문화·인종·정체성의 여섯 가지 유형이 있다. 모든 학대는 한 사람이 다른 사람에게 권력과 통제력을 남용하는 형태다. 특히 성인과 아동의 관계에서는 힘의 불균형으로 인해 자연히 아동이 학대에 취약할 수 있다.

학대 유형에 대해 잘 알 수도 있지만, 여기서 더 자세히 살펴볼 필요가 있다.

첫째, 신체적 학대는 아동의 신체적 안전을 위협하는 행위다.

당신은 부모 중 한쪽이 다른 부모나 형제자매를 신체적으로 학대하는 것을 보면서 무력감과 두려움, 안전하지 않다는 느낌을 받았을 수도 있다. 당신이 직접 신체적 학대를 당하거나 부모의 분노와 예민한 반응의 표적이었을 수도 있다. 부모가 물건을 던지거나 주먹으로 때리거나 발로 차거나 목을 졸랐을 수도 있다. 이렇게 공포 속에서 학대가 닥치기를 기다리며 사는 아이들의 사연이 무수히 많다. 부모가 담뱃불로 지지거나 머리에 무거운 물건을 던졌다고 고백하는 내담자들도 있다. 심지어 아버지가 뇌성마비를 앓는 동생을 벌주려고 소파로 뛰어올랐다가 뛰어내리게 하는 것을 지켜본 사연도 있다.

하지만 신체적 학대는 신체 접촉이 없이도 일어난다. 성인이 아이에게 신체적으로 위협하고 협박하는 것이다. 가령 부모가 아이를 잡을 생각이 없으면서도 쫓아가거나 아이가 방에서 나오지 못하게 문 앞에서 지키고 서 있을 수 있다. 그러면 아이는 신체적으로 안전하지 않다고 두려움을 느낄 수 있고, 물리적 공간에 갇히거나 위협받는 느낌을 받을 수 있다.

둘째, 성적 학대는 아동의 성적 안전을 위협한다. 아동 10명 중 1명은 18세 생일이 되기 전에 성적 학대를 당한 경험이 있다.[2] 아동의 성적 학대는 신고되지 않는 경우가 많아 그 수가 훨씬 더 클 수 있다. 당신은 부모나 양부모, 형제자매, 사촌 등 집안의 누군가에게 성적으로 학대당했을 수 있다. 가해자는 아무에게도 말하지 못하게 하려고 당신이나 당신이 사랑하는 사람을 해치겠다고 협박하거나, 당신이 그런 일을 당해도 싼 아이라고 세뇌하거나, 원래 그런 일이 일어나도 괜찮고 정상적인 일이라고 말했을 수도 있다. 또 당신은 무섭거나 혼란스럽거나 뭔가가 잘못된 줄 알면서도 성적 쾌감을 느꼈을 수도 있다. 또 어린 나이에 음란물에 노출되거나 주위에 아무도 없을 때 양부모가 성적으로 접근하는 것이 얼마나 불편했는지 털어놓는 내담자도 있다. 아동의 성적 학대에는 신체 접촉뿐만 아니라, 성인과 미성년자 사이나 미성년자끼리나 한쪽이 다른 한 사람에게 힘과 통제력을 행사하는 경우의 비접촉 성적 행위도 포함된다.

셋째, 언어적·정서적 학대는 아이에게 겁을 주거나 아이를 고립시키거나 통제하거나 비하하는 모든 언어적·정서적 시도를 의미한다. 앞에서 해로운 말에 관해 설명했다. 언어적·정서적 학대는 비꼬거나 인격 살인을 자행하거나 외모나 성과를 비하하거나 남들 앞에서 망신을 주거나 깔보는 식으로 나타날 수 있다. 말이 주는 상처는 깊다. 어느 내담자는 어릴 때 하키팀 코치이던 양부가 팀원들 앞에서 그가 얼마나 형편없는 선수인지 셀 수 없이 말했다고 했다. 어느 날은 모든 팀원 앞에서 "네 아빠가 네 엄마에게 널 임신시킨 건 큰 실수였어. 엄마가 아빠를 말렸어야지"라고 했다. 이 말은 나의 내담자와 그의 어머니를 향한 명백한 학대이자 모독이었다.

넷째, 정신적·심리적 학대는 정서적 학대의 범주에 들어가지만, 미묘한 차이가 있다. 학대 가해자는 심리적 학대를 이용해

피해자를 통제하고 공포에 떨게 하며 무시한다.[3] 가령 부모가 당신이나 자기 자신이나 다른 누군가를 해치겠다고 반복적으로 위협했을 수 있다. 그리고 어떤 상황이든 일이 틀어지면 항상 당신을 비난했을 수 있다. 당신이 말을 잘 듣지 않으면 버리겠다고 협박하거나, 오랫동안 침묵으로 일관하면서 당신을 무시하거나, 학교 수업이나 개인 관리에 필요한 물건을 이리저리 옮기거나 숨겨서 당신을 미치게 만들었을 수도 있다. 어느 내담자의 아버지는 딸에게 화가 나면 딸이 한 과제를 찾아서 찢거나 망가뜨리겠다고 협박했다. 한번은 딸이 좋아하는 옷을 가져와 시키는 대로 하지 않으면 옷을 찢어버리겠다고 협박했다고 한다. 또 어떤 내담자는 부모에게 동성애자라고 밝힌 후 아버지가 몇 년 동안 대화를 단절했다고 말했다. 당시 내담자는 꾸준히 일기를 쓰고 있었는데, 어느 날 보니 그가 동성애자라고 적힌 페이지가 다 찢겨 있었다.

다섯째, 재정적·경제적 학대는 돈으로 통제하려는 시도다. 흔히 성인들 사이에서 일어나는 학대라고 생각할 수 있지만, 부모와 어린 자녀 사이에서도 가능하다. 아이가 생일선물로 받은 돈이나 용돈을 모아두었는데, 부모가 아이에게 그 돈에 손대지 못하게 했을 수도 있다. 부모가 자녀의 돈을 몰래 빼서 썼을 수도 있고, 신용카드나 공과금 계좌나 은행 계좌를 자녀 명의로 몰래 개설했을 수도 있다. 자녀를 금전적으로 착취하거나, 자녀가 스스로 모은 돈을 쓰는 것에 대해서도 구박했을 수 있다.

여섯째, 문화적·인종적·정체성 학대는 아이의 문화와 인종이나 정체성을 이용해 고통을 주고 통제하려 할 때 발생한다. 이런 학대는 양부모나 입양 가정이나 위탁 가정처럼, 문화와 인종이 다른 가족 안에서 발생할 수 있다. 당신은 어렸을 때 문화나 인종에 관해 비하당하거나 가족으로부터 동성애라는 사실을 폭로하겠다고 협박받았을 수도 있다. 또는 종교에 따라 특정 식습관이나 복식을 준수한 탓에 가족에게 놀림받거나 관습을 따르는 데 필요한 요소를 제공받지 못했을 수도 있다. 나의 인도인 내담자는 부모가 이혼한 후 어머니가 백인 남자와 재혼했는데, 양부가 그녀의 팔과 얼굴에 털이 많다고 놀렸던 일을 털어놓았다. 양부는 그녀를 놀리면서, 학교에서 친구들이 그녀를 동물로 착각할 수 있으니 면도하는 게 좋다고 말했다. 역겹고 모욕적인 경험이었다.

그 밖에 추가할 두 가지 학대는 방임과 착취다. 방임은 필요한 음식과 의복, 집, 의료 서비스, 지도가 부족한 상태를 의미한다. 방임은 의도가 있는 적극적인 형태로 나타나기도 하고, 의도 없이 수동적인 형태로 나타나기도 한다. 부모가 자녀의 의료적·위생적·영양적 요구를 돌보지 않았을 수도 있다. 부모가 자녀를 적절히 관리하거나 지도하지 않고 집에 그냥 방치했을 수도 있다. 혹은 아이가 정서적·신체적 욕구를 채워주기를 원할 때 부모가 들어주지 않아서 아이에게 정서적 고통을 주었을 수도 있다.

아동 착취란 아동을 수익이나 노동, 성적 만족, 그 밖에 개인적이거나 금전적인 이익을 위해 착취하는 행위다. 그리고 그 대가로 아이에게 선물이나 돈, 약물, 애정, 지위를 제공한다. 아이의 주변 인물이 사적 이익을 위해 아이를 성매매하거나 인신매매하는 형태일 수도 있고, 마약을 소지하거나 판매하거나 운반하는 수단으로 아이를 이용하는 형태일 수도 있다.

자, 이제 숨을 크게 쉬자. 여기까지 읽느라고 고생했다. 앞의 사례 가운데 하나라도 경험했다면, 지금 처음 알았든 오래전부터 알았든, 전문가와 함께 학대를 다루는 것이 좋다. 이렇게 중요한 치료를 위해서는 안전한 공간이 필요하다.

무모한 행동

때로는 부모가 자신의 행동과 결정과 선택이 자녀에게 해를 끼칠 수 있다는 것을 알면서도 정당화되지 않을 위험을 의식적으로 무시할 때 안전 상처가 나타나기도 한다. 무모한 행동은 부모가 술에 취해 자녀를 태우고 차를 몰거나, 자녀를 차에 태우고 마약을 구하러 가는 경우다. 마약에 중독된 부모가 정신을 잃고 오븐을 켜두거나 약물을 주입한 주삿바늘이나 약물을 아무렇게나 둘 수도 있다. 부모가 무모하게 행동하면 아이는 안전하지 않고 위험에 노출되었다고 느낄 수 있다.

아미르는 평소 감당할 수 없을 정도로 지출이 심해서 상담실을 찾아왔다. 항상 유명 디자이너의 옷과 신발을 사고, 여행과 호텔에 돈을 쓰며, 자신과 친구들을 위해 온갖 사치스러운 경험에 탐닉했다. 돈을 많이 벌기는 했지만, 버는 대로 다 썼다. 그리고 마흔아홉 살이 되도록 모아둔 돈이 없어서 부끄러워했다.

"실은 모아둔 돈이 한 푼도 없어요. 돈이 그냥 통장을 스쳐서 나가요. 제가 이렇게 계속 돈을 써대니까 지금 이 이미지를 유지하는 거예요. 남들은 제가 부자인 줄 알지만 전혀요. 재산을 모으지 못했어요. 돈을 많이 벌긴 하지만, 돈 쓰는 일이 부업인 것처럼 펑펑 써대요. 이런 제가 한심해요."

아미르는 그런 자신에게 진력이 났다. 그는 오래전부터 이렇게 살아왔다. 거의 20년이나 안정된 직장에 다니면서도, 금전적으로는 현명하지 못했다. 자산은 전혀 없고 빚도 서서히 쌓여갔다.

"선생님의 도움이 필요해요. 전 왜 이러는 걸까요?"

아미르는 월급쟁이로 근근이 살아가는 사람이 아니었다. 금전적으로 특권층에 속하면서도 불필요하게도 두렵고 스트레스가 심한 미래로 향하고 있었다. 그는 돈을 버는 족족 쓰면서 그에 따르는 온갖 위험은 애써 외면했다. 무모한 행동이었다. 나는 이런 무모한 행동의 중심에는 안전 상처가 있을 것으로 보았다.

우리는 함께 그의 어린 시절로 돌아가보았다. 그의 아버지는 걸핏하면 화를 내는 사람이었다. 어떤 식으로 화를 냈느냐고 묻자, 아버지가 그를 차로 데려다줄 때면 항상 화를 냈다고 했다.

"다들 아빠가 온화한 거인 같은 사람인 줄 알았어요. 그런데 아빠는 저랑 단둘이 차에 있을 때는 늘 화를 내면서 차를 너무 빨리 몰았어요. 시속 60킬로미터 구간에서 140까지 밟았으니까요. 그러다 브레이크를 밟았다가 다시 속도를 올렸어요. 난 아빠에게 차를 세워달라고 애원했어요. 울면서 무섭다고 했죠. 그래도 소용없었어요. 아빠는 저를 겁먹게 만들려고 했던 것 같아요. 제가 죽음을 두려워하게 만들고 싶었던 것 같아요. 아빠는 그렇게 통제권을 가진 느낌을 좋아했어요. 그 이유는 저도 모르겠어요. 엄마가 운전하지 못하니 매일 아빠가 학교로 데리러 왔어요. 아빠는 화가 나면 늘 그런 식으로 행동했어요. 그렇다고 꼭 저한테 화가 난 건 아니었어요. 엄마한테 화가 났거나 이웃한테 화가 났거나 삼촌한테 화가 났을 수도 있어요. 무엇에 화가 나면 늘 그랬어요."

아미르는 내게 이 이야기를 털어놓고 가쁜 숨을 몰아쉬었다. 기억을 떠올리는 것조차 힘들어하면서도 아직 할 말이 더 있었다. 그는 믿기지 않는 표정으로 말했다.

"왜 아빠한테는 제 목숨이 중요하지 않았을까요? 우리 둘 다 죽거나 제가 다칠 수도 있는데, 어째서 아빠에게는 그게 중요하지 않았을까요?"

아미르는 아버지가 그에게 가한 무모한 행동에서 안전 상처를 발견했다. 부모가 자녀의 손이 닿는 곳에 장전된 총을 두는 경우도 있고, 자녀의 손이 닿는 테이블에 마약을 놓는 경우도 있다. 상담이 진행되는 동안 아미르는 스스로 아버지의 무모함을 이어받아 사는 모습을 자각했다. 포장만 살짝 바뀌었을 뿐이다.

아미르는 아버지나 어머니에게 자신의 목숨이 중요하지 않다고 믿게 되었다. '내 목숨이 부모님에게 중요하지 않은데, 왜 나한테는 중요해야 하지?'

그래서 아미르는 무모하게 살기 시작했다. 20대에는 극한 스포츠를 즐기고 파티를 탐닉하면서 몸을 위험하게 다루며 살았지만, 그저 아드레날린 중독일 뿐 정상적인 삶이라고 생각했다. 나이가 들자 벼랑 끝에 서기 위한 새로운 방법을 찾았다. 재정적으로 무책임해지는 방법이었다. 그사이 변하지 않은 한 가지는 그가 계속 자신과 주고받는 메시지였다. '네 안전은 중요하지 않아.' 아미르는 자신을 돌보는 법을 몰랐다. 그의 목숨과 건강, 현재와 미래의 안전이 최우선이라는 메시지를 자신에게 보낼 줄 몰랐다.

과거에 안전을 최우선으로 여긴 경험이 없다면, 안전하게 사는 길로 전환하기란 쉽지 않다. 부모로 인해 안전 상처를 입었다면, 특히 더 어려울 수 있다.

이제 어린 시절을 돌아보고 가족 중에 당신에게 무모한 행동을 한 사람이 있었는지 떠올려보자. 함께 탐색해보자.

- 내 인생에서 무모하게 행동한 사람은 이 사람이다. _____
- 그 경험에 관해 떠오르는 기억은 이것이다. _____
- 그 경험이 현재 내게 미치는 영향은 이것이다. _____

해리

해리dissociation는 자신의 몸과 생각에서 분리되는 정신 과정이다.[4] 일반적으로 몸은 눈앞에 있는데 마음이 다른 데로 넘어간 것처럼 자신과 완전히 분리되는 경험으로 기술된다. 적응적 해리 경험도 있지만, 부적응적 해리 경험은 자신에게서 완전히 단절된 상태다.[5] 트라우마 치료 전문가이자 《몸은 기억한다The Body Keeps the Score》의 저자인 베셀 반 데어 콜크Bessel van der Kolk 박사는 해리를 "아는 동시에 모르는" 정신 과정으로 기술한다.[6] 해리는 처리되지 않은 트라우마에 의해 발생할 수도 있다. 해리 상태인 사람을 본 적이 있다면 그게 얼마나 무서운 경험인지, 특히 무슨 상황인지 모르는 아이가 그런 장면을 목격한다면 얼마나 무서울지 짐작이 갈 것이다.

부모가 해리 상태인 것을 아이가 보게 되면, 정신이 완전히 나간 사람처럼 보여서 걱정할 수 있다. 부모가 중요한 일들을 기억하지 못해서 두려워할 수도 있고, 부모가 대화하거나 운전하거나 요리하다가 갑자기 해리 상태가 되면 신체적으로 안전하지 않다고 느낄 수도 있다.

내 내담자 토니는 사람들과 친해지기 어렵다고 했다. 평생 독신으로 살았고 데이트에 거부감이 있었다. 친구들이 그에게 상담을 통해 그 원인을 찾아보라고 조언해서 나를 찾아온 터였다. 우리는 우선 토니의 원가족과 그의 성장 배경에 대해 알아보았다. 토니는 상담을 시작하고 몇 시간이 지나서야 아버지가 어머니를 신체적으로 학대한 사실을 털어놓았다. 학대는 토니가 아홉 살 무렵부터 시작되었고 자주 일어났다. 토니는 학대하는 장면을 직접 보진 않았지만, 어머니가 나날이 쇠약해가는 모습을 지켜보았다.

"엄마는 거기 있으면서도 없는 사람 같았어요. 어딘가로 멀리 떠나서 다시 불러올 수 없을 것 같았죠. 그전에는 저한테 더없이 좋은 엄마였어요."

토니는 어머니의 상태가 서서히 나빠지는 것을 지켜보는 것이 두려웠다. 집에서 안전하다고 느끼지 못했고, 언젠가 아버지가 자기도 괴롭힐까 불안해했다.

토니는 아버지에게 그만하라고 애원했지만, 아버지에게 맞설 만큼 키가 크고 힘이 세진 후에야 아버지를 말릴 수 있었다.

"제가 아빠를 때려눕혔더니 다시는 엄마를 건드리지 않으셨어요."

토니는 학대가 중단되어서 다행이라고 생각했지만, 어머니는 원래대로 돌아오지 않았다. 어머니는 껍데기만 남았다. 그렇게 그에게 막대한 상실감을 안겨주었다. 어린 토니에게는 어머니가 필요했다. 그는 아버지가 어머니의 원래 성격을 빼앗았을 뿐만 아니라, 한때 하나 있는 아들을 애지중지하던 어머니를 그에게서 빼앗아간 데 화가 났다.

토니는 인간관계에서 사랑과 연결이 사라질까 봐 두려웠다. 그에게 인간관계는 안전하지 않은 곳, 사람들이 분리되고 심리적으로 사라지는 곳이었다. 그는 감당하지 못할 고통을 다시 겪는 위험을 감수하는 대신, 연애와 사랑을 완전히 단절하는 쪽을 택했다. 그는 사람들을 잃을까 봐 두려웠다. 그는 사랑을 받았다가 빼앗기는 것이 두려웠다. 감당하기 힘든 경험이라 그는 사랑으로부터 숨었다. 이 심리는 그가 안전 상처를 치유하고 안전감을 되찾아 사랑하며 살기 위한 공간을 마련하는 연습을 시작하는 데 중요한 출발점이 되었다.

당신이 어렸을 때 가족 중에 해리를 일으킨 사람이 있었는가? 그 경험이 당신의 안전에 어떤 영향을 미쳤는가?

- 해리를 일으킨 이는 이 사람이었다.
- 그 경험으로 인해 나는 이러한 기억이 남았다.
- 그 경험으로 인해 나는 이러한 점이 두려웠다.
- 그 경험은 현재 내게 이러한 영향을 미치고 있다.

무서운 상황

안전 상처는 주로 학대 상황에서 비롯된다. 부모나 양부모, 보호자, 어른, 손위 형제자매가 노골적이거나 미묘한 방식으로 아동에게 무모하게 행동하고 횡포를 부리며 방임하고 학대할 수 있다. 하지만 권력이나 통제, 무모함, 방임, 착취의 형태가 아니어도 아이는 가족 안에서 안전 상처를 입을 수 있다.

때로는 부모가 양육에 최선을 다해도 아이를 안전하게 키우지 못할 수 있다. 이를테면 부모가 경제적으로 궁핍하고 자녀가 그런 상황을 잘 아는 경우가 있다. 부모가 아이의 기본 욕구를 충분히 해결해줄 수 있는 경우에도, 아이가 먼저 부모의 상황을 걱정할 수 있다. 이혼한 부모가 모두 최선을 다해 양육에 힘쓰고 잘 해내고 있는데도, 아이는 주말에 다른 쪽 부모와 좋은 시간을 보냈다고 말하지 못할 수 있다. 한편 (부모 중 한 사람을 잃는 경우처럼) 아이로서 상상하지 못할 상황이 벌어지면, 아이는 최악의 상황(나머지 한 사람도 세상을 떠날 수 있는 상황)이 올까 두려워서 스스로 안전하지 않다고 느낄 수 있다.

이상의 사례는 권력이나 통제력이 작용하지 않아도 발생하는 학대 상황이다. 부모는 아이와 이런 식으로 소통해서 좋을 게 없다. 부모가 모든 것을 올바르게 해도 안전 상처가 생길 수 있다.

알리야의 안전 상처는 어린 시절의 어느 날 저녁에 처음 생겼다. 부모가 저녁 식사를 하러 외출하면서 알리야를 할머니에게 맡겼는데, 할머니가 갑자기 뇌졸중으로 쓰러졌다. 겨우 아홉 살이던 알리야는 할머니의 머리를 안고 안정시킨 후 911에 전화했고, 의료진이 오자 옆에서 돕기까지 했다. 다행히 할머니는 회복되었다. 그러나 알리야는 무섭고 충격적인 그날의 기억으로 다시는 집에 혼자 있고 싶어 하지 않았다.

성인이 된 알리야는 혼자 사는 상황을 용케 피했다. 연이어 누군가와 동거했다. 한 번에 한 사람만 사귀기는 했지만, 중간에 공백 없이 바로 다음 사람을 만나서 동거를 시작했다. 알리야는 자신의 행동을 당당히 내세우지는 않았지만, 한 남자와의 관계가 끝나자마자 다른 남자를 만나서 그 사람과 동거를 시작할 수 있었다. 그녀는 끊임없이 연애했지만 누굴 진지하게 사랑한 적이 없다면서, 관계에서 자신의 처신에 깊은 수치심을 느낀다고 말했다. 중요한 건, 그녀가 왜 그렇게 하느냐는 것이다.

나와 함께 그 이유를 찾아보는 동안, 알리야는 할머니의 위급한 상황에서 안전 상처를 입은 탓에 관계보다 동거를 중시하게 된 과정을 통찰하기 시작했다. 따라서 그녀가 연인에게 무엇을 원하거나 연인을 어떻게 배려하는지는 크게 중요하지 않은 관계만 만들었고, '거래가 성사'되면 곧바로 동거를 시작하는 데만 몰두했다. 그녀는 연인과의 관계에서 그녀에게 무엇이 중요한지 생각할 여유가 없었고, 그저 혼자 살지 않기 위해 그녀에게 바람직하지 않은 관계를 이어갔다.

우리가 안전 상처를 둘러싼 맥락을 연결하자, 그녀가 놀라서 입을 벌리던 기억이 난다. 그리고 이렇게 통찰이 생기자, 그 뒤로는 모든 것이 달라졌다. 이제껏 그녀의 선택은 그저 무모한 결정이 아니라 스스로 안전을 확보하려는 시도였다. 연인을 항상 대기시켜놓으면, 할머니가 쓰러졌을 때처럼 무서운 상황을 혼자서 감당하지 않아도 된다고 생각했다. 그러나 알리야는 상담을 통해 자기비판에서 자기 연민으로 넘어갔고 삶에 대한 주인의식도 키웠다.

당신은 어릴 때 통제력이나 권력이 작동하지 않음에도 안전하지 않다고 느낀 적이 있는가? 누군가의 잘못이 아닌데도 안전하지 않다고 느낀 적이 있는가?

- 내가 어릴 때 누군가의 잘못이 아닌데도 무서워한 것은 이것이다.

- 그 경험은 내 인생에 이런 영향을 미쳤다.
- 그 경험은 현재의 내게 이러한 측면에서 방해가 되고 있다.

안전 상처가 불러오는 행동 패턴

안전하지 않은 가정에서 자란 아이는 무언가를 상실한다. 그런 다음 아이는 달라진다. 그렇다고 어른이 되어서도 어릴 때 안전하지 않다고 느낀 상황에 대처하듯이 살아야 하는 것은 아니다.

물론 세상은 무서운 곳이고 우리가 만나는 모든 사람이 안전한 것은 아니다. 그래도 위험한 사람과 아닌 사람을 구분하려고 노력해야 한다. 차이를 알아차리는 능력을 길러야 한다. 사실 세상에는 우리에게 고통을 주는 사람도 있지만, 편안한 안식처가 되어주고 싶어 하는 사람도 있다. 이 말이 믿기지 않을 수 있지만, 그 방향으로 작은 한 걸음을 내디딜 방법을 찾아야 한다.

두려움 속에 사는 아이가 많다. 어떤 아이는 신체적 학대를 두려워하고, 어떤 아이는 부모를 실망시킬까 봐 두려워한다. 또 어떤 아이는 부모에게 감정을 말하다가 질책당하거나 조롱당할까 봐 걱정한다. 안전하지 않은 가정에서 두려움에 떨며 살았다면, 남들이 나에 대해 어떻게 행동하고 반응하며 판단하고 수치심을 주며 조롱하고 무시할지 두려워할 수 있다.

그래서 많은 것이 수면 위로 올라올 수 있다. 어릴 때 어떻게 두려움 속에서 살았는지 기억하는 사람도 있지만, 내 내담자인 미야코와 진은 둘 다 근원의 상처에 대해 생각해본 적도 없고, 인지하지도 못했다.

미야코와 진은 둘 다 서른 중반이었다. 4년간 사귀었고, 미야코는 약혼을 간절히 원했다. 진은 미야코의 약혼 제안을 최후통첩으로 받아들여 오히려 기운이 빠졌다. 내가 보기에 미야코의 요구가 오히려 진을 밀어내는 것 같았다. 그러나 미야코는 이 제안을 최후통첩으로 생각한 적이 없었다. 경계를 설정하는 정도로만 간주했다. 두 사람 다 아이를 원하고 서로 사랑하며 비슷한 삶의 비전을 나누었다. 그래도 진이 앞으로 그녀와 함께 살아가려고 생각하지 않는다면, 미야코는 자기 나름의 길을 찾아야 한다고 생각했다.

얼마 후 나는 미야코가 1년 내내 이 최후통첩을 진에게 전달하려 한 사실을 알았다. 그해에만도 진에게 다섯 차례의 기한을 주었다. 밸런타인데이, 미야코의 생일, 진의 생일, 에펠탑 앞에서 청혼받는 꿈에 들떠 떠난 파리 여행, 그리고 추수감사절까지. 그러나 모두 청혼 없이 지나갔다. 미야코는 크게 충격받았다. 미야코는 짐을 싸서 친구 집으로 들어가 며칠간 지내면서 새 아파트를 알아보았고, 진과는 이별을 논의했다. 하지만 결국 집으로 들어가 다시 노력해보기로 했다. 이번이 마지막이라고 단언했다.

얼마 후, 나는 미야코가 1년 전쯤 직장을 잃은 사실도 알게 되었다. 그녀는 그때 얼마나 힘들었는지 털어놓았다. 꿈에 그리던 직장이었지만 회사의 기대에 부응하지 못한다는 이유로 해고당했다고 했다. 미야코는 큰 타격을 받았다. 그리고 이런 사실이 창피해서 진 외에는 모두에게 숨겼다. 새 직장을 구하지 않고 1년 내내 실직 상태인 채로 계속 직장에 다니는 것처럼 행동했다. 그러나 마음속으로는 힘들었다. 매일 밤 퇴근하고 돌아온 진에게 울면서 정서적 지지를 구했다. 거의 매일 밤 그에게 인정과 격려를 받으려 했다.

"이 일로 당신은 어떤 영향을 받았나요, 진?"

"저는 기꺼이 미야코를 지지해줬어요. 누구나 힘든 일을 겪어요. 그런데 이렇게 된 지가 한참 됐어요. 미야코가 얼마나 더 일하지 않고 지낼까요? 언제까지 일하는 척만 할까요? 미야코가 계속 그 회사에 다니는 것처럼 구는 것도 저는 참 난감해요."

미야코가 급히 끼어들었다.

"그래서 나랑 결혼하기 싫다는 거야? 그래서 자꾸 약혼을 피하는 거야?"

진은 바로 답하지 않았지만, 스스로 아직 결혼을 확신하지 못하는 건 알았다. 그는 미야코의 실직 상태로 스트레스를 받았고, 그래서 퇴근하고 집에 들어오는 시간이 늦어진다고 인정했다.

"밤마다 집에 와서 같은 소리를 듣는 것도 지쳤어. 당신이 힘들어하는 건 알지만, 아무 도움도 구하지 않고 아무것도 하지 않잖아. 당신은 그저 내가 도와주기만 바라지만 나도 지쳤어. 나도 아주 피곤하고 내 상황도 걱정돼."

진이 정서적 지지자 역할이 되어버린 상황에 반발하는 심리가 명확히 드러났다. 내가 진에게 부모에 대해, 두 분의 관계가 어땠는지 묻자, 그는 조심스럽게 서로를 존중하는 사이였다고 답했다. 진의 부모는 서로 사랑하지도, 서로에게 많은 것을 요구하지도 않고 그저 같이 살면서 진의 누나와 진을 키웠다. 그리고 나는 진에게 어머니에 관해 말해달라고 했다.

"조용한 분이지만, 정말 열심히 일하고 제게도 건강한 직업윤리를 심어주셨어요."

미야코가 조심스럽게 끼어들었다.

"진, 선생님께 자살 얘기도 해줄 수 있어?"

진이 그런 내밀한 이야기를 나한테 털어놓을 수 있을지 속으로 가늠하는 사이 나는 묵묵히 기다려주었다.

진이 고개를 들고 나를 보았다. 그는 내 얼굴에서 안전을 찾으려 했다. 나는 미소를 짓고 고개를 끄덕이며, 그가 무슨 말을 하든 비밀을 보장해주겠다고 알렸다.

"제가 열세 살일 때 엄마가 처음 자살하겠다고 협박했어요. 엄마는 상태가 좋지 않았어요. 엄마의 인생과 아빠와의 관계에서 몹시 불행해했어요. 하지만 제가 십 대가 되면서부터 엄마는 저한테 적절치 않은 이야기를 털어놓기 시작했어요. 십 대가 되었으니 이제 어린애가 아니라고 생각했던 거죠. 제가 감당할 거라고 믿고 전부 쏟아냈어요."

진은 잠시 마음을 추슬렀다.

"그래요, 엄마는 자주 자살하겠다고 했어요. 몇 주에 한 번씩이요. 그냥 자살을 생각하기만 한 게 아니었어요. 엄마는 우울할 때마다 제게 자살하겠다면서 작별 인사를 하곤 했어요. 그러면 저는 울고불고 애원했어요. 엄마가 아무 짓도 하지 못하게 곁을 지켜야 했어요. 결국 엄마는 자살하지는 않았죠. 실제로 시도한 적은 없지만, 오랜 세월 제게 겁을 주었어요."

미야코가 진의 손을 더 꽉 쥐었다. 진은 고개를 떨어뜨리고 울기 시작했다.

"진, 정말 무서웠겠어요. 참 많이 무서웠겠어요. 어머니가 돌아가실까 봐 두려운 마음과 매번 어머니를 구해야 한다는 부담감까지."

그는 고개를 끄덕였다.

진에게 집은 안전한 공간이 아니었다. 어머니의 정서적 보호자라는, 어린 나이에 적절하지 않은 역할을 떠안아야 했다. 늘 경계심을 늦추지 말아야 했고, 어머니에게 그가 필요할 때면 언제든 곁을 지켜야 했다. 사랑하는 사람이 극심한 고통에 시달리는 모습을 지켜본 적이 있다면, 얼마나 끔찍한 상황인지 짐작할 것이다. 진은 어머니를 사랑했고 어머니가 나아지기를 바랐지만, 어린 나이에 이런 역할은 떠맡지 말았어야 했다. 진은 어렸을 때 항상 두려움 속에 살았다. 밖에서는 그런 일이 있는지 아무도 몰랐고, 진도 무섭고 창피해서 아무에게도 말하지 못했다.

우리는 잠시 말없이 생생한 감정을 느껴보면서 앞으로 진에게 무엇이 필요할지 탐색했다. 방금 진은 그의 안전 상처에 이름을 붙였다. 그리고 어릴 때 집이 얼마나 안전하지 않은 곳이었는지 알아차렸다. 그는 아버지가 나서서 책임져줄 거라고, 어머니가 적절한 지원과 보살핌을 받아서 안전하게 살 거라고 믿지 못했다. 진은 반복되는 위협 속에서 어머니가 스스로를 해칠 것이고, 그런 어머니를 막지 못하면 결국 자신을 탓하게 될 거라는 극심한 두려움에 사로잡혔다. 진은 학대당하고도 그런 줄 몰랐다. 이 경험은 진이 미야코의 청혼에 망설이는 심리를 이해하는 데 중요한 단서가 되었다.

미야코와 진의 어머니는 서로 다르면서도 몇 가지 공통점이 있었다. 진은 어머니에게 그랬듯이, 그가 미야코의 인생에서 유일한 정서적 지지자 역할을 해야 할까 봐 두려웠다. 그리고 진의 어머니가 그랬듯이, 미야코가 이 힘든 시기를 헤쳐 나가는 데 필요한 도움과 지원을 받지 않고 있다는 사실이 더 걱정되었다.

집에서 자신이나 다른 가족을 예의 주시해야 하는 분위기라면 안전하다고 느끼는 것이 거의 불가능하다. 편안함이나 평화, 기쁨, 즐거움을 느끼기 어렵다고 판단할 것이다. 계속 예측하거나 보호하는 상태에서는 휴식하거나 회복하거나 이완하거나 자유를 느낄 수 없다. 늘 경계 태세로 다음 위험이 닥치기를 기다려야 한다. 맥주 캔을 따는 소리나 어머니가 야근하러 나가서 집에는 학대하는 양부와 단둘이 남겨지는 상황이 위험 신호일 수 있다. 아래층에서 올라오는 고함 소리나 아버지가 눈썹을 치켜올리는 구체적인 행동이 경고였을 수 있다. 당신의 집이 안전한 곳에서 안전하지 않은 곳으로 바뀐 계기는 무엇인가?

집은 쉴 수 있는 곳이어야 한다. 갑옷을 벗고 재정비하고 회복할 수 있는 곳이어야 한다. 그러나 많은 사람에게 집은 안식처가 아니고, 안타깝게도 안전 상처를 입은 아동과 성인 대다수에게 집은 가장 두려우면서도 외로운 장소다.

차단하기

많은 아이가 위협과 해결되지 않은 분노, 부당하고 원치 않는 비난, 신랄한 비판, 불안을 유발하는 경험을 하면서도 그냥 넘기거나 모른 척하기도 하지만, 사실 이 모두가 위협적이고 불편한 경험이기 때문에 아이들은 집이 안전하지 않다고 느낄 수 있다.

외모나 옷차림에 관한 부모의 잦은 지적 때문에 아이는 자라면서 점차 온몸을 가리는 헐렁한 옷을 입기 시작할 수 있다. 부모가 시도 때도 없이 싸우고 소리를 질러서 아이가 집에서 안전하다고 느끼지 못할 수도 있다. 혹은 어머니나 아버지의 과도하고 지속적인 불안 증세를 아이가 이어받을 수도 있다.

어릴 때 이런 경험을 하면 머무르고 느끼고 생각을 표현하고 감정을 드러낼 공간을 박탈당할 수 있다. 그러면 대개 고통을 온전히 느껴보지 않고 차단하는 반응을 보인다.[7]

나의 내담자 앨리와 처음 상담을 시작했을 때가 기억난다. 앨리가 소파에 앉으며 "때가 됐어요"라고 말했다.

"무슨 때요?"

"사람들에게 제 감정을 표현하는 법을 배워야겠어요. 제게는 너무 힘든 문제고, 이 문제를 해결하지 못하면 앞으로 연애도 못할 거예요."

앨리는 뉴욕에 사는 스물다섯 살의 젊은 전문가였다. 얼마 전 여자친구와 헤어졌는데, 이번 이별은 단발적인 사건이 아니라 어떤 추세에 가까웠다. 앨리는 평생 누구에게도 먼저 헤어지자고 해본 적이 없다고 했다.

"항상 상대가 먼저 절 떠나요. 매번 제가 제 모습을 충분히 보여주지 않는다고 하면서 떠나요."

앨리는 이 문제로 화가 나 있었다. 전 연인들이 남긴 말에 수긍하면서도 그게 마음에 들지 않는 듯했다.

"그런 말이 왜 불편해요?"

"제 취약한 부분을 보여야 한다는 뜻이라서? 다들 제가 제 얘기를 하지 않아서 떠나는 거라면, 이젠 해야겠어요."

"그건 맞아요. 하지만 억지로 취약한 부분을 보이려고 하기보다는 애초에 왜 그 부분을 보여주기 힘든지부터 들여다보면 어떨까요?"

앨리의 이런 거부감이 우리의 상담에서 네온사인이었다. 가까운 곳에 상처가 있으니 함께 그 상처를 들여다봐야 한다고 알리는 신호였다.

"취약성이라고 하면, 뭐가 먼저 떠오르나요?"

"음…, 저를 다 보여주는 것?"

"맞아요. 그럼 어릴 때 가족들한테 당신을 다 보여준 경험에 관해 얘기해볼까요?"

앨리는 약한 모습을 보이는 것이 곧 안전하지 않다는 의미라고 생각한다고 했다. 이 문제로 어려움을 겪었고 전 연인들에게도 매번 같은 말을 들었지만, 여전히 약한 모습을 보여주고 싶지 않은 마음을 무시하기 어려웠다. 마음을 차단하고 자신의 모습을 보여주지 않아서 관계가 끝나는 식으로 안전하지 못한 결과가 나왔다. 어쨌든 이런 방식이 그녀를 무언가로부터 안전하게 지켜준 것은 사실이었다. 그 무언가가 무엇이든, 그것은 현재의 관계를 유지하는 것보다 더 중요하거나 강력한 것이었다. 앨리는 완전히 보호 모드가 작동하는 상태였고, 그럴 이유가 충분해 보였다.

앨리는 결국 내게 충격적인 이야기를 들려주었다.

"열두 살인가 열세 살에 모든 것이 시작된 것 같아요. 부모님과 함께 저녁 식사를 할 때, 아빠는 제게 학교는 어땠는지, 하루를 어떻게 지냈는지, 그 밖에 제게 일어난 모든 일에 관해 물어봤어요. 어느 날은 제가 아빠에게 답하려고 하는데, 엄마가 정신 나간 사람처럼 굴었어요. 저한테 소리를 지르면서 '내 남편이랑 시시덕거리지 마!'라고 했어요. 그러고는 벌떡 일어나 나가버렸어요. 아빠와 저는 서로 쳐다보기만 하고 대체 무슨 일인지 알 수 없었어요. 비현실적이었어요. 아빠가 엄마에게 그날 일에 대해 말한 건 알아요. 그런데 저는 사과받지도 못했고, 인정받지도 못했고, 이후로도 몇 주 동안 그런 일이 반복해서 일어났어요. 매일 저녁 엄마는 저녁 식사 자리에서 중얼거리며 저에 관해 말했어요. 아빠가 제게 뭘 물어보거나 제 일상에 조금이라도 관심을 보이면, 엄마는 제가 아빠한테 추파를 던진다며 고약한 말을 하거나 제가 아빠에게 반한 게 믿기지 않는다고 말했어요."

듣기 힘들 만큼 충격적인 이야기였다. 앨리의 어머니는 학술적으로 말하면, 정신증 삽화를 보이며 현실과 현실이 아닌 것을 혼동하는 상태였다. 앨리와 아버지는 어머니에게 문제가 생긴 건 알았지만 정신과적 문제의 심각성을 인지하지 못했다.

나는 앨리에게 어머니의 과거와 병력에 대해 아는 것이 있는지 물었다. 앨리의 어머니는 십 대 때 성적 학대를 당했고, 그 문제가 해결되지 않은 채 남았다고 했다.

"엄마는 그 문제를 해결하지 못했어요. 그냥 차단하고 그 문제에 대해 의논하거나 처리하지 않았어요. 끔찍한 일이죠. 엄마가 어떻게 살았을지 감히 상상도 안 돼요. 그래도 엄마가 고통과 트라우마를 저한테 다 쏟아붓는 건 옳지 않죠."

앨리의 어머니가 열세 살에 학대당한 경험 때문에, 앨리가 같은 나이가 되었을 때 경계심이 높아진 듯했다. 성적으로 잘못된 행동을 하지는 않는지 어머니가 주시하는 나름의 방식이 비난으로 표출된 듯 보였다. 우리는 앨리의 어머니를 상담실로 부르지는 않았지만, 어머니가 자책감을 앨리에게 투사하는 건 아닌지 의문을 가졌다. 앨리의 어머니는 자신이 겪은 학대에서 죄책감을 느꼈을까? 트라우마가 해결되지 않은 채로 남아서 실제로 일어나지도 않은 일로 앨리에게 비난을 퍼부었을까? 앨리는 이런 질문에 대해 생각했다.

고통이 어떻게 대물림되는지, 해결되지 않은 정신 건강 문제가 어떻게 가족을 혼란에 빠뜨리는지 보일 것이다. 앨리는 성적 학대를 당하지 않았지만, 어머니가 과거에 겪은 성적 학대가 가족 전체를 지배해서 앨리는 집이 안전하지 않다고 느꼈다. 집에는 어머니의 분노와 해결되지 않은 트라우마와 앨리를 향한 부당한 비난이 항상 존재했다. 결국 앨리는 어머니의 비난이 멈춘 이후에도 가족과 같이 있지 않으려 했다.

"저는 가족과 함께 식사하지 않고 가능한 한 밖으로 나갈 핑계를 찾았어요. 엄마가 저를 쳐다보는 눈빛이 느껴졌고, 저를 향한 분노가 항상 느껴졌어요. 그런데도 아빠는 전혀 나서지 않았어요. 그냥 걱정하지 말라고만 했었죠. 그래서 저는 마음을 차단하는 법을 터득했어요. 그때는 엄마가 왜 그렇게 절 미워하는지 이해가 안 갔어요. 나중에야 엄마의 과거에 대해 더 자세히 알게 되었고, 그제야 조금 이해가 가더군요."

앨리는 고개를 절레절레 흔들었다.

"그래서 제가 약한 모습을 보이지 못하는 걸까요?"

앨리의 이야기를 들으면서 아이가 감정의 총알받이가 되어 힘겹게 피하는 모습이 떠올라서 듣기 힘들었다. 그래도 앨리가 근원의 상처를 발견하자 나도 모르게 미소가 지어졌다.

"앨리, 모든 점을 스스로 잘 연결하시네요."

앨리에게는 그냥 머무를 수 있거나 하루의 삶을 함께 나누거나 부모 중 누구 하나와 평범하고 적절한 대화를 나눌 공간이 없었다. 앨리는 어린 나이에 일상적으로 어머니에게 공격받아서 점차 마음을 열고 공유하는 것이 안전하지 않다는 사실을 깨달았다. 마음을 닫고 주의를 분산시키며 바쁘게 살고 최대한 부모와 단절해야 안전하다는 사실을 깨달았다. 늘 과도하게 경계하면서 어머니가 있을 때는 아버지를 쳐다보지도 않았고, 가족 나들이나 행사에서 아버지 옆자리에 절대 앉지 않았으며 아버지에게 아무것도 묻지도 않았다. 드디어 암호를 푼 것이다. 이렇게 자신을 보호할 방법을 찾기는 했지만, 그 방법은 말을 줄이고 마음을 닫고 아무것도 공유하지 않는 것이었다.

물론 앨리의 사례는 나의 모든 내담자와 마찬가지로 지극히 개인적인 이야기다. 당신에게는 앨리의 어머니와 같은 트라우마를 지니고 그런 방식으로 자식에게 고통을 전가하는 부모가 없을 수도 있다. 하지만 당신이 슬퍼할 때 견뎌주지 못하고 울어버리는 부모가 있을 수도 있다. 또는 당신이 '완벽한 자식'이 되지 못하면 화를 내는 부모가 있을 수도 있다. 그들의 신념에 동의하도록 압박하거나 특정 옷차림을 하거나 머리 모양을 할 때만 관심을 가져주는 부모가 있을 수도 있다. 또는 당신에게 형제자매처럼 하라고 수없이 말하는 부모가 있을 수도 있다.

이런 아이들이 자신을 온전히 공유하는 것이 안전하지 않다고 생각하고 상대를 차단하는 것은 당연한 일이다. 한편, 이런 아이들이 나중에 자라서 마음을 열지 못하거나 아니면 자신의 약한 면을 보여주지 말아야 할 상대에게까지 다 보여주는 성인이 되는 것도 당연한 일이다.

사람들에게 마음을 열고 당신을 보여주기 어렵다면, 안전 상처가 있어서인지 살펴보자. 잠시 시간을 내어 나 자신의 삶의 이야기를 들어보자. 사람들에게 생각과 감정과 느낌을 말하면 어떻게 될까? 특정 부분만 나누는 것이 편한가? 상대의 말에 동의하지 않거나 다른 의견을 내는 것이 어려운가? 삶을 돌아보면서 자신의 모습을 마음껏 표현하지 못하게 만든 가족이나 사람을 찾을 수 있는가?

앨리는 안전 상처로 인해 중요한 사람들에게 마음을 열지 못하는 것을 알아차렸다. 과거에 생긴 안전 상처로 인해 현재의 관계에서도 그토록 원하는 연결감과 존재감, 헌신, 기쁨을 얻지 못했다. 당신도 마찬가지일 수 있다. 스스로를 보호하고 안전하게 살기 위해, 자신을 돌봐주고 사랑해주며 나의 삶과 마음속 사정을 들어줄 좋은 사람들과 단절하고 있지 않은지 살펴보자.

안전 상처 치유하기

어린 시절에 누군가가 나의 안전을 중요하게 생각해줄 거라고 믿지 못한 사람은 스스로 살아남는 데 필요한 방법을 찾는다. 안전 상처를 입은 아이는 자연히 남들을 믿지 못하거나 자기를 믿지 못하거나 혼자서 안전을 확보하려고 안간힘을 쓰느라, 사람들과의 연결감이나 친밀감을 간절히 원하면서도 이런 걸 얻지 못하는 사람이 될 수 있다.

아미르와 토니, 알리야, 미야코와 진, 앨리는 모두 나름대로 최선을 다했지만, 스스로 안전을 확보하느라 진정한 삶과 단절된 채 살았다. 어떤 대가를 치러서라도 상처를 보호하려고 해서는 상처가 치유되지 않는다. 상처를 건드리지 않으려고 애쓰다 보면, 결국 연인이나 배우자와의 관계나, 연결감이나 친밀감과 같은 인생의 중요한 목표를 희생해야 할 수 있다.

안전 상처를 치유하는 과정은 쉽지 않다. 지금까지 보았듯,

상처를 치유하려면 우선 나의 이야기를 나눌 수 있어야 한다. 이 부분에 관해서는 이 책에 등장하는 모든 사람이 수긍했다. 하지만 나의 이야기를 나누려면 우선 이야기하는 사람과 들어주는 사람 사이에 신뢰가 바탕이 되어야 한다. 그래서 심리치료가 필요한 것이다. 상담실은 이런 연습을 시작할 수 있는 훌륭한 공간이다. 내담자와 치료사의 관계는 신성한 신뢰 관계다. 그래서 인생에서 끔찍한 일을 겪은 사람들이 상담실을 찾아와 마음을 열고 경험을 털어놓으며 사람들에게 인정받고 존중받는 연습을 시도하는 것이다.

상담을 받으며 안전한 상태가 어떤 **느낌**인지 느껴볼 수 있다. 알렉산드라 솔로몬 박사는 "신뢰와 트라우마는 불행히도 밀접하게 얽혀 있다"라고 말했다.[8] 트라우마를 치유하려면 먼저 신뢰하라고 하는데, 안전이 보장되지 않은 상태에서 산산조각이 난 신뢰를 회복하라는 의미다. 대담하고 용기 있는 결정이다.

아미르와 토니, 알리야, 미야코와 진, 앨리에게는 공통점이 있었다. 다들 자신의 이야기를 나눌 만큼 나와 안전한 관계를 형성했다는 점이다. 또한 미야코와 진에게는 서로가 있었다. 배우자 관계와 친구 관계, 치료사와의 관계에서 사랑은 강력한 치유의 힘을 갖는다. 이런 치유 작업은 혼자 하기 어려울 수 있으므로 관계 안에서의 치유 연습을 해보는 것이 좋다.

혼자서 해보고 싶다면 마음챙김 연습을 권한다. 아래에 한 가지 방법을 소개하겠다. 스스로 안전을 확보하려면 안전이 무엇인지 **자신의 몸에 보여주어야 한다.** 안전이 무엇이라고 생각하거나 자신에게 말하는 것이 중요한 게 아니다. 심리학자 캐서린 쿡코톤Catherine Cook-Cottone이 만든 **체화된 자기 조절**Embodied self-regulation이라는 용어는 감정을 지적으로 처리하는 것이 아니라 마음챙김 연습을 통해 자아와 자신의 감정을 조절하는 경험을 의미한다.[9] 그러면 스스로 안전하다고 믿을 수 있을 때와 그렇지 않을 때를 감지하는 데 도움이 된다.

트라우마가 있는 사람이라면 마음챙김 연습이 특히 어렵고 불편하게 느껴질 수 있다. 이런 사람이 드물지 않다. 그러니 무리하지 말고 자신의 몸에 집중해보자. 특히 안전 상처로 인한 트라우마를 치유할 때는 시간을 들여서 필요한 안전을 확보한 후 트라우마에 대해 잘 아는 전문가와 함께 치유 작업을 시작해야 한다. 나는 가보 마테 박사의 트라우마에 대한 설명에 공감한다. "트라우마는 **당신에게** 일어나는 사건이 아니라 당신에게 일어난 사건의 결과로 **당신 안에서** 일어나는 일이다."[10]

자신과 연결되고 다른 사람과 연결되는 경험은 그 자체로 치유의 과정이다. 안전에 대한 새로운 이야기를 쓰기 시작하는 것은 얼마나 심오한 경험인가. 내 안에서 안전을 찾고 내가 선택한 관계 안에서 안전을 찾을 수 있다는 것은 얼마나 심오한 경험인가. 노력해볼 가치가 있는 목표다. 몇 번이고 다시 돌아오게 되는 아름다운 작업이다.

근원 치유 연습

앞의 여러 장에서 익힌 근원 치유 연습을 여기에서도 활용할 수 있다. 이름 붙이기, 목격하기, 애도하기, 방향 전환하기. 다만, 이 장에서는 트라우마가 연관될 가능성이 크므로 먼저 자신을 잘 돌보아야 한다. 필요하면 근원 치유 연습을 건너뛰어도 되고, 트라우마에 대해 잘 아는 전문가에게 적절한 치료와 지원을 제공받을 수 있을 때까지 기다려도 된다. 대신 몸의 안전을 경험하는 데 도움이 되는 아래의 명상 지침을 따라가보자.

명상하기

이 연습은 안전이 무엇인지 **생각하기**보다 안전이 어떤 상태인지 몸으로 **느껴보도록** 설계되었다.

집에서 편안하고 조용한 장소, 이왕이면 사생활이 보장되는 장소를 찾아보자. 편안한 자세로 앉는다. 눈을 감도록 권하지만, 눈을 뜨고 있어야 더 안전하게 느껴진다면 그래도 된다. 척추에 힘을 주고 몸의 앞면을 부드럽고 유연하게 열린 자세로 유지한다. 등에는 힘을 주고 앞면은 유연하게 만든다.

이제 호흡에 집중한다. 호흡이 몸으로 들어왔다가 빠져 나가는 것을 알아차린다. 억지로 할 필요는 없다. 그냥 호흡이 들어왔다가 빠져 나가는 파동을 지켜보면 된다. 그사이 눈썹과 눈꺼풀에 집중하고 알아차리면서 눈썹과 눈꺼풀을 부드럽게 풀어준다. 얼굴이 편안하고 부드러운지 느껴보면서 안면 근육을 풀어준다. 이렇게 편안하고 부드러운 상태에서 호흡한다. 그리고 편안함과 안전감을 알아차린다.

이제 몸속 깊숙이까지 알아차리면서 의식을 가슴으로 내린다. 심장 윗부분에 집중한다. 이 부위에서 열려 있고 편안한 느낌을 알아차린다. 심장 윗부분에서 힘과 안정감을 느끼고, 가슴에서 이 부위를 안전의 항구로 삼는다. 잠시 후 심장 윗부분의 안전감과 안정감이 확장해서 더 넓게 퍼져 나가는 사이 더 깊은 편안함과 안정감과 담대한 평온이 느껴질 것이다.

계속 호흡에 집중하면서 의식이 몸속으로 더 깊숙이 들어가고 복부까지 내려가 배와 갈비뼈가 만나는 횡격막에서 머물게 한다. 여기서도 호흡에 집중하고 몸과 존재의 중심에서 힘을 느껴본다. 그곳에 호흡을 불어넣어 그 힘이 더 커지고 있음을 느끼고 점점 더 그 공간이 확장되고 있음을 알아차린다. 그대로 몸의 중심에 연결된 채로 안전감을 향해 호흡하면서 내면의 힘을 알아차린다. 이 힘과 연결되어 존재의 편안함과 안정감을 느껴본다. 여기서 잠시 호흡한다.

마지막으로 의식과 호흡을 몸속 깊숙이 떨어뜨리며 골반에 머물게 한다. 몸의 아래쪽에 뿌리를 내린 안정감과 안전감을 느껴보자. 여기서 공간감에 연결하면서 조금 더 느리게 호흡하면서 호흡이 자연스럽게 몸속의 더 깊은 곳으로 내려가고 원하는 대로 빠져 나가게 한다. 잠시 몸의 바닥이 앉은 자리와 연결되고 그 아래의 땅과 그 아래의 지구 속까지 들어가는 이미지를 떠올리자. 호흡하면서 안전감이 몸 전체를 훑고 지나가게 한다. 몸이 바닥에 뿌리내리는 감각, 중심의 힘 그리고 심장이 몸 전체를 채우면서 생기는 힘과 여유를 느껴보자. 호흡하면서 안전감이 몸 전체로 이동하고 퍼져 나가게 놔두자. 이어서 이런 감각이 평소 안전하지 않다고 느끼거나 긴장되거나 불안하거나 두려움에 사로잡힌 자리까지 들어가게 하자. 내 존재의 중심에서 느껴지는 안전감이 몸 전체로 퍼져 나가 더 많은 공간을 채우게 하고, 호흡이 팔과 손목과 손까지 이동하게 한다. 안전감이 허벅지와 무릎과 종아리와 발을 타고 발끝까지 내려갔다가 다시 정수리로 올라오는 것을 느껴보자. 깊고 확고한 안전감이 몸 전체로 퍼져 나가게 하고, 이 느낌과 감각이 가장 강렬하게 느껴지는 자리를 마음과 몸의 기억에 새겨서 필요할 때마다 돌아갈 수 있게 한다. 잠시 이 감각에 편안하게 머무르며 호흡을 즐기고 힘과 유연성을 즐기자. 준비가 되면 서서히 현재로 돌아온다. 마음속으로는 몸에서 느껴지는 안전한 감각과 경험에 계속 집중한다.

3

관계 행동 바꾸기

Changing Your
Relationship Behaviors

갈등

8

상처에는 방대한 정보가 저장된다. 우리는 앞서 여러 장에 걸쳐 상처에서 소중한 정보를 얻으려고 노력했다. 현재에서 통찰을 얻기 위해 과거의 경험을 살펴보는 것은, 고통스럽지만 효과적인 방법이다. 지금부터가 흥미로운 부분이다. 지금까지 얻은 모든 지식을 현재와 미래의 관계에서 실천으로 옮길 수 있고, 결국에는 더 건강하고 만족스러운 행동으로 방향을 전환할 수 있다.

자신에 대해 어렵게 얻은 지혜를 실천에 옮기기 위해서는 우선 갈등을 살펴보는 것만큼 좋은 방법이 없다. 갈등은 모든 인간관계에서 끊임없이 발생하고, 우리가 하는 행동의 선의가 약해지기 시작하는 지점이기 때문이다.

살면서 누구나 갈등을 겪는데도 왜 갈등은 그토록 위험해 보일까? 우선 우리가 건강한 갈등 모형에 따라 성장하지 못했다.

어릴 때 갈등 상황에서 통제와 조건부 사랑, 학대, 혼란함, 편협함, 수치심을 경험했다면, 서로의 차이를 해소하기 위한 건설적인 방법을 배우지 못했을 것이다. 따라서 현재의 갈등 상황에서 건강하지 않은 행동으로 대처할 수 있다. 어릴 때 배운 대로 대처하거나, 어떤 대가를 치르더라도 갈등을 피하느라 결국에는 생각지도 못한 문제를 초래할 수도 있다.

이상하게 들릴 수 있지만 갈등은 **연결**하기 위한 시도이기도 하다. 어설프긴 해도 시도이긴 하다. 왜 매번 같은 다툼을 반복해서 벌이는지 생각해보자. 어떤 상황이 펼쳐지기를 바라는가? 다툼이 끝나면 더 단절된 느낌이 들까? 갈등이 끝나면 더 슬퍼질까? 물론 그러기를 바라지는 않을 것이다. 당신은 상대가 결국에는 당신의 말을 들어주고, 당신이 전달하려는 메시지를 이해하며, 당신이 겪는 고통을 알아주고, 필요한 변화를 시도하기를 바랄 것이다.

특이하게도 갈등은 연결감과 친밀감을 얻고 근원의 상처를 치유하기 위한 관문이 될 수 있다. 어쨌든 우리는 이미 건드려진 상처를 알아차리거나 애초에 상처를 건드리지 않는 식으로 갈등에 대처하는 법을 알아야 한다. 요컨대 **건설적인 갈등**을 만들어야 한다.

건설적인 갈등이란, 누군가에게 보이거나 들리거나 이해받으려는 의식적인 목표를 위해 상대를 끌어들이고, 나 역시 상대가 같은 목표를 이루게 해주는 것이다. 또 나의 진정한 정서적 욕구에 주목하고 갈등 너머의 원하는 결과를 명확히 정의하는 것이다.

이렇게 생각해보자. 갈등을 일으키는 것은 대개 나와 상대의 차이를 줄이기 위한 시도다. 차이를 메울지 더 넓힐지는 무의식적 차원이 아니라 얼마나 의식적으로 갈등에 참여하는지에 따라 달라진다.

갈등에 의식적으로 참여하는 것은 말처럼 쉽지 않다. 나도 늘 그러려고 노력하지만, 가끔 다 포기하고 싶을 때가 있다. 그리고 내 주장을 입증하기 위해 두 배로 더 노력한다. 이런 얘기를 꺼내는 이유는, 우리의 목표가 완벽하지 않기 때문이다. 우리의 목표는 갈등을 겪을 때마다 조금씩 더 인식을 넓히는 데 있다. 우리는 여전히 인간이므로 우리를 화나게 하는 일들은 끊임없이 생길 것이다. 그러니 자기에게 현실적인 기대를 걸어야 성장할 수 있다.

그러면 이런 유형의 치유에 이르는 방법을 자세히 알아보자. 치유는 가능하다.

보이고 들리고 이해받는 존재

공감 능력이 없는 소수를 제외하고 내가 만난 거의 모든 사람이 누군가에게 보이고 들리고 이해받고 싶어 한다. 그러지 못하면 쉽게 갈등을 빚는다.

이해받는 느낌의 중심에는 깊이 알아주는 느낌이 있다. 이해받는 느낌을 받아본 적이 있다면, 상대가 나와 내 말에 진심으로 관심을 가져준다고 느꼈기 때문일 것이다. 흔히 이런 경험을 통해 내가 중요하고 가치 있고 우선순위에 올랐으며 안전하다고 느낀다. 상대가 내게 세심하게 집중해주고, 이어서 질문을 던져주며, 방어적이거나 예민하게 반응하지 않고, 내 말을 어떻게 들었는지 다시 말해주었을 수 있다. 그러면 내게는 아름답고 심오한 경험으로 남는다. 그러나 이런 상황이 당신에게 낯설다면, 이해받지 못했다고 느꼈던 모든 순간을 떠올리고, 거기서 어떤 측면이 두드러지는지 찾아보자.

자라면서 이해받지 못했다고 느끼는 데는 여러 이유가 있을 수 있다. 부모가 나에 대해 상처를 주는 억측을 했거나 나의 삶에 거의 관심을 보이지 않았거나, 내가 말할 때 무시했을 수도 있다. 대놓고 내 말이 틀렸다고 말하거나 애들은 의견을 낼 자격이 없다고 말했을 수도 있다. 부모가 나의 진정한 모습과 나의 꿈에 대해 진지하게 알아보는 것이 아니라 자기네 생각과 다른 점을 지적하며 비판했을 수도 있다. 또는 내가 진심을 표현하면 방어적으로 나오면서 내 감정을 내 탓으로 돌리고 부모를 고생시킨다거나 시간을 허비한다고 비난했을 수도 있다.

나의 내담자 칼리는 부모에게 언니들처럼 활발한 아이가 되라는 압박을 받았다고 털어놓았다.

"부모님은 제가 아무리 내성적이고 예민한 성격이라고 말해도 귀담아듣지 않았어요. 여러 번 말했지만, 전혀 듣지 않았죠."

물론 부모가 자녀의 이런 신호를 놓칠 수도 있다. 자연스러운 현상이다. 부모라고 자녀의 모든 것을 완벽하게 보고 듣고 이해할 수는 없다. 매번 옳은 말만 하거나 자녀가 말하는 모든 이야기에 공감할 수 있는 것도 아니다. 그러나 부모가 자녀에 대한 걱정이나 바람이나 의견 차이를 **어떻게** 전달하는지에 따라 결과가 크게 달라질 수 있다. 부모가 내가 하는 일에 동의하지 않을 수 있지만, 그래도 부모에게 보이고 들리고 이해받는 느낌을 받을 수 있다. 부모가 내 결정을 지지하지 않을 수도 있지만, 왜 그런 결정을 내리는지는 이해해줄 수는 있다. 혹은 부모가 내가 선택한 삶의 방식에 동의하지 않아도 내 이야기를 경청하고 내 결정을 받아들일 수는 있다.

그러나 **제대로** 이해해주지 못하는 부모도 있다. 부모가 자신을 더 중요하게 생각하고 자녀를 보아주거나 들어주거나 이해해주지 못하는 경우도 있다. 부모가 자신의 상처와 한계를 안고 살고 그것을 해결하지 않고 방치하면, 결국 그 고통은 자녀에게 대물림된다. 갈등이 연결감과 친밀감과 치유로 들어가기 위한 관문이 되게 하려면, 내가 현재의 갈등에 대처하는 방식이 상처를 토대로 정립되었다는 사실을 이해해야 한다.

한마디로 내 상처는 내가 갈등에 참여하거나 갈등을 일으키는 방식과 깊은 관련이 있다는 뜻이다.

갈등은 어떻게 시작되는가?

갈등이 시작되는 방식은 셀 수 없이 다양하다. 당신이 화가 나거나 예민하게 반응하게 된 모든 갈등을 떠올려보면, 비난받은 일부터 통제당하거나 거절당하거나 일부러 걱정해주었더니 오히려 무시당하는 일까지 다양한 사례가 떠오를 것이다.

그런데 이들 사례는 모두 **상대**의 행동에 초점을 맞춘 것을 알겠는가? 처음에는 이처럼 상대에게 초점을 맞추기 쉽다. 하지만 실제로 갈등은 **나 혹은 상대**가 시작할 수 있다. 주위의 모두가 좋지 않게 행동해서 갈등이 생기는 것이 아니다. 내가 잘못 행동해서 갈등이 생길 수도 있다. 그래도 당신은 열심히 노력해보기 위해 이 책을 읽고 있다.

상대의 예민한 반응에 반발하다가 갈등이 생겼든 당신이 먼저 갈등을 일으켰든, 문제는 예민한 반응에 있다. 세심하게 주의하지 않으면 예민한 반응으로 인해 한순간에 대화가 어긋날 수 있다. 갈등이 시작될 때는 대개 상처가 건드려지기 때문이다. 앞으로 살펴보겠지만, 상처를 먼저 살피고 그 너머의 정서적 욕구를 알아차리면, 즉흥적으로 반응할 때보다 상대에게 진정으로 보이고 들리고 이해받는 방향으로 전환할 수 있다.

하지만 우선 갈등이 어떻게 시작되는지 살펴보면서, 스스로 감정이 건드려지면 어떻게 정상 궤도에서 벗어나는지 알아보자. 이 연습은 존 가트맨John Gottman 박사가 **종말의 네 기수**The

Four Horsemen of the Apocalypse(요한계시록에는 백색, 적색, 흑색, 청색 말에 탄 네 명의 기사가 등장하는데, 각각 정복, 전쟁, 기근, 죽음을 상징한다. 가트맨 박사는 인간관계를 위태롭게 하는 네 가지를 이에 빗대어 비판, 경멸, 방어적 태도, 담 쌓기로 제시했다. — 옮긴이)라고 칭했던, 관계를 망치는 네 가지 지표에 기반을 둔다.[1] 당신도 다음의 다섯 가지 상황 중 하나에 해당할 수 있다. 마음을 단단히 먹고 자신에게 다정하게 대하면서 드러낼 것이 있으면 드러내보자.

너무 비판적으로 굴지 않기

"우리가 잘 될지 모르겠어요. 그냥 안 풀려요."

베로니카는 어느 날 새로 사귀는 사람이 그만 만나자고 할까 봐 불안해하며 상담실을 찾아왔다.

"남자친구는 제가 아주 간단한 걸 부탁해도 무슨 큰일인 양 말해요. 이젠 저도 지쳤어요. 어제는 남자친구한테 우리 집에 오는 길에 저녁거리를 사다 달라고 한 뒤, 다시 전화해서 마트에도 잠깐 들러서 오늘 아침에 필요한 것도 몇 가지도 같이 사다 줄 수 있느냐고 물었어요. 별거 아니잖아요. 네 개 정도예요. 그래야 제가 원하는 방식으로 아침 식사와 커피를 만들어 먹을 수 있으니까요."

베로니카가 연인에게 심부름시키는 행동은 그녀가 그에게 가치 있는 사람이라는 것을 증명받고 싶어서였다. '그이가 마트에 들러서 장까지 봐준다면, 나는 그이에게 가치 있는 사람일 거야. 내가 부탁한 일을 다 해줄 만큼 내가 충분히 중요한 사람이라는 뜻이야'라고 생각한 것이다.

그러나 상대가 저항하거나 반발하거나 경계를 긋는 느낌이 들면, 곧바로 베로니카의 가치감 상처가 건드려졌다. 베로니카가 하소연하듯이 말했다.

"그런데 남자친구가 회사에서 종일 일하느라 피곤해서 음식은 포장해올 수 있어도 마트까지 들를 시간이 없다고 했어요. 너무 이기적이지 않나요? 그게 얼마나 걸린다고요! 길어야 20분?"

베로니카는 내게 이 말을 전하면서 다시 분통을 터뜨렸다.

베로니카의 연인은 그 요청의 이면에 무엇이 숨어 있는지, 고단한 하루를 마치고 또 어딘가에 들러달라는 요청을 거부하는 것이 왜 그렇게 중요한 문제인지 이해하지 못했다. 그는 베로니카의 요청을 무신경하게 받아들이며 이렇게 생각했을 것이다. '내가 고단한 하루를 마치고 피곤한 줄 알면서 왜 또 일을 시키는 거야? 내일 꼭 이런 물건이 필요한 건 아니잖아. 없어도 괜찮을 거야.' 그가 이렇게 경계를 설정하자 연쇄 반응이 일어나 전체 관계로 퍼졌다.

결국에는 베로니카의 가치감 상처가 건드려지고 자기를 보호하기 위한 반응이 발동했다. 결국 연인에게 예민하고 공격적으로 표출하면서 아무것도 아닌 일로 싸움을 벌이고 말았다.

이처럼 사소해 보이는 일로 (모닝커피에 넣을 크림을 사다 달라는 두 번째 요청을 그가 들어주지 않자) 베로니카와 연인 사이에 큰 갈등이 생겼다. 그리고 상황이 계속 악화되었다. 베로니카는 이번 일뿐만 아니라 연인의 성격과 인간성에 비난을 퍼부었다. 알다시피 인격 모독은 농담이 아니다. 신랄하게 상처를 입히는 행동이고, 갈등 상황에서는 관계에 심각한 손상을 입히는 요인이다. 사람들이 계속 비판받으면 방어적으로 나오는 것은 당연하다. 일리가 있지 않는가? 우리가 누군가를 더 많이 비판할수록, 그 사람은 더 많이 마음의 문을 닫거나 자기를 방어하기 위해 말하거나 반박하게 된다.

베로니카와 연인은 비판과 방어의 악순환에 갇힌 채 계속 상황을 악화시켰다. 그녀는 연인의 인격을 모독하고, 상대는 방어했다. 그렇게 서로 다투었다. 몇 시간씩 다투어도 진전이 없었다. 혹시 이런 경험을 해본 적이 있는가? 정신적으로나 정서적으로나 육체적으로 지치는 상황이 되면서, 상대와 단절감을 느끼고 결국 모든 것에 회의가 드는 경험.

나는 베로니카가 왜 연인과의 관계를 걱정하는지 알 것 같았다. 베로니카와 연인은 자주 이런 주기를 거쳤고, 갈등을 겪으면서 지칠 대로 지친 상태였다. 그리고 어느새 가치감 상처가 건드려졌다. 하지만 애초에 상처가 건드려진 줄 모르면 상처를 치유할 수도 없다.

나는 일단 베로니카를 진정시키면서 갈등이 시작되기 전에 어떤 상처가 건드려졌는지 생각해보라고 했다. 베로니카는 이미 가치감 상처를 알아차린 경험이 있어서 내 말을 바로 이해했다.

"가치감과 관련된 문제인 건 알겠어요. 그런데 제가 왜 남자친구에게 가치 있는 사람인지 의문을 품게 되었을까요?"

"당신이 마트에 들러달라고 했을 때 남자친구가 거절하니까 어떤 느낌이 들었나요?"

"기분이 좋지 않았죠. 그런데 요점이 뭐예요?"

"당신의 가치는 남들이 당신을 위해 무엇을 해주는지에 따라 정해지나요? 당신은 남들이 얼마나 기꺼이 해주는지 해주지 않는지에 따라 당신의 가치를 결정하나요? 당신이 아무리 강요하고 요구하고 시험해도 상대가 계속 옆에 남아주는지에 따라 당신의 가치를 판단하나요?"

나는 요점을 설명해주었다. 베로니카는 연인이 부탁을 거절하자 가치감 상처가 건드려지면서 마음속에서 이런 말이 들린 상황을 이해했다. '아니, 당신을 위해 이런 일을 해줄 만큼 당신은 내게 충분히 가치 있는 사람이 아니야.' 그러자 베로니카는 자신의 취약성을 드러내며 문제를 마주하는 대신 공격 태세로 전환했다. 자기를 보고 내면의 목소리를 듣고 자신을 이해하는 과정을 우회한 것이다. 그리고 연인에게 사과를 받아내려고 했으며, 그가 틀렸고 자신이 옳았음을 인정하게 했고, 용서를 구하게 했다. 원래 연인에게 보이고 들리고 이해받으려고 한 일이지만 결국 파국에 이른 것이다.

비판은 우리가 원하는 방향으로 나아가게 해주지 않고 오히려 멀어지게 만든다. 누군가를 비판하면서 그들이 나를 보아주고 들어주고 이해해주게 할 수는 없다. 사실 비판하면 상대는 자신을 더 보호하고 나와 같이 있지 않으려 한다. 갈등을 통해 연결되는 것이 아니라 단절하게 되는 것이다.

당신이 마지막으로 비판받는다고 느낀 적은 언제였는가? 어떤 상처가 건드려졌는지 기억나는가? 당신은 그 비판에 어떻게 반응했는가? 당신이 전하려 했던 메시지를 제대로 전달했는가?

너무 방어적으로 굴지 않기

"크리스마스 때 집에 가지 말았어야 했어요."

나는 앨리를 크리스마스 전부터 보지 못했고, 이번이 새해 들어 첫 상담이었다. 앨리는 앞서 십 대 시절에 아버지에게 추파를 던진다고 어머니에게 비난받은 젊은 여자다.

앨리는 몇 달 전부터 크리스마스에는 부모님 댁에 며칠 내려가서 가족과 함께 보낼지 고민한 터였다. 어머니가 정신증 삽화 증상을 보이거나 새로운 비난을 퍼부은 지도 10년이 지났다. 그 뒤로 어머니는 여러 해에 걸쳐 치료받았고, 예전에 알던 어머니와는 많이 달라졌다. 앨리는 상담에서 자신의 취약성을 다루었기에, 이번에 집에 내려가서 어머니에게 그때의 경험이 그녀의 성장기에 어떤 영향을 미쳤는지 말하려고 했다. 이제껏 어머니에게 그 이야기를 꺼낸 적이 없었다.

앨리는 위험한 시도인 줄 알았다. 우리는 함께 어떻게 대화를 이끌어갈지 준비하면서 기대와 두려움, 불안감 그리고 혹시 모를 최악의 상황에 관해서도 이야기를 나눴고, 앨리는 스스로 준비가 되었다고 느꼈다.

"어떻게 됐어요?"

"우리가 이야기한 대로 다 말했는데, 엄마는 바로 방어 태세를 취했어요. 제가 엄마를 비난한 건 아니에요. 그냥 제가 자라면서 겪은 일에 관해 이야기하고 엄마가 저한테 추근거린다고 비난했을 때 얼마나 무서웠는지도 말했어요. 엄마가 어떻게 살았고 성폭행의 트라우마로 얼마나 슬펐을지 다 이해한다고도 말했고요. 하지만 엄마는 들으려고 하지 않았어요. 오히려 저한테 화살을 돌리면서, 제가 잘못 기억하는 거고 제가 행복한 어린 시절을 보냈고 당신은 좋은 엄마로서 많은 것을 희생하며 절 키웠다고 했어요. 그러면서 제가 어떻게 그렇게 배은망덕할 수 있는지 믿기지 않는다고 말했어요. 저도 굴하지는 않았어요. 엄마한테 그때 제가 얼마나 무서웠는지 확실히 말하려고 했지만, 엄마는 전혀 들으려고 하지 않았어요."

방어란, 주인의식과 책임감을 회피하는 행위다. 주로 변명하거나 초점을 바꾸거나 결백을 주장하는 등 책임을 회피하는 식으로 행동하는 것이다.

연민으로 보면, 방어는 나를 비판으로부터 보호하고, 나아가 상대가 나를 보는 관점까지 바꾸려는 애처로운 시도다. 상대가 나를 좋게 봐주지 않는 경우라면 방어가 현명한 대응일 수 있다.

"나는 나쁘지 않아요." "나는 이기적이지 않아요." "나는 괴물이 아니에요." 하지만 모든 비판을 방어하려 한다면, 관계가 순식간에 나빠지는 악순환에 빠질 수 있다.

앨리가 십 대 시절에 아버지에게 추근거렸다고 억울하게 비난받은 기억에 관해 이야기하려 하자 어머니가 바로 방어했고, 그런 어머니의 모습에 앨리가 얼마나 화가 났을지 짐작이 갔다. 우리가 이미 상담실에서 일어날 수 있는 모든 상황을 대비해두었는데도, 앨리는 무척 상처받고 실망했다. 앨리는 어머니가 그녀의 고통을 인정해주길 기대했다. 이상적인 결과라면, 어머니가 주인의식과 책임감을 갖고 앨리의 고통을 수용하고 그에 관해 사과해야 했다. 하지만 앨리의 어머니는 방어적인 태도로 일관했다.

"그래서 어떻게 대응했어요?"

"처음에는 언성을 높이며 엄마보다 더 크게 말했어요. 그래도 소용없는 걸 알면서도 그렇게 했어요. 제 말 좀 들어달라고 계속 소리를 지르다가, 결국 포기하고 입을 닫았어요. 엄마의 방어적인 태도가 제겐 공격처럼 느껴졌어요. 그리고 바로 다음 날 아침 항공편으로 표를 바꿨어요. 거기서 빨리 벗어나고 싶었거든요."

앨리는 한계에 부딪친 것이다. 다정하고 사려 깊고 신중하게 구슬리는 방법부터 언성을 높여서 억지로 듣게 하는 방법까지 온갖 방법을 써보았지만, 결국에는 아무런 효과가 없었다. 앨리는 어떤 방법으로도 어머니에게 보아주고 들어주고 이해받는 느낌을 받지 못했다. 그래서 단념하고 떠났다.

상처는 처음에 그 상처를 입힌 사람들에 의해 다시 건드려질 때가 있다. 앨리는 어머니와의 관계를 회복하려 했다. 앨리는 어머니가 자신의 취약성을 더 드러내길 바랐고, 어릴 때 어머니가 그녀에게 미친 영향을 어머니에게 진실로 이해받고 싶었다.

"엄마가 이 문제를 이해해주면 진심으로 기쁠 것 같아요."

앨리는 어머니에게 자신의 상처를 드러내며 어머니가 방어적인 태도를 버리고 딸의 고통에 진심으로 공감해주기를 바랐다. 하지만 앨리의 어머니는 그러지 못했다. 앨리에게 공감하기보다 자기를 보호하는 데 급급했다. 딸의 고통을 이해하기보다 어머니로서 자신의 이미지를 지키고 싶은 마음이 더 컸다.

"다시는 엄마와 이런 갈등을 겪고 싶지 않아요. 이제 엄마를 만나러 가지 말까요?"

사람들과 관계를 끊는 방법이 합리적인 선택일 때도 있지만, 대개는 상대가 변하지 않는다는 사실을 인정하는 태도가 더 중요하다. 때로는 변화할 능력이 없는 상대를 대하는 방식을 바꾸는 것이 중요하다. 때로는 상대가 나를 보아주고 내 말을 들어주고 나를 이해해줄 거라는 희망을 버리고, 그 관계를 어떻게 이어가며 앞으로 나아갈 수 있을지 고민하는 것이 필요하다.

나는 상담실에서 이런 결과에 대해 함께 해결책을 찾아보기 전에 앨리가 자신의 안전 상처가 어떻게 건드려졌는지 스스로 알아차리길 바랐다. 어머니의 방어적인 태도는 앨리의 취약성을 드러내고 싶은 욕구와 안전감을 얻고 싶은 욕구, 과거의 고통을 알아주기를 바라는 마음을 앗아갔다. 어머니의 방어적인 태도로 인해 앨리의 상처가 건드려진 것이다. 앨리는 계속 자신의 취약성을 고스란히 드러내려고 했지만, 결국에는 언성을 높이고 마음을 닫고 재빨리 그 자리를 뜨고 말았다.

"왜 그냥 가볍게 넘기지 못했을까요? 제가 너무 흥분했어요. 그런 식으로 떠날 것까지는 없었는데."

앨리는 당혹감과 수치심을 드러냈다.

"안전하지 않다고 느껴져서 그렇게 떠난 것 같아요."

내 대답이 설득력이 있는 듯했다. 앨리는 안전 상처를 보살피기 위해 일단은 어머니가 더는 그녀의 상처를 건드리지 못하게 행동한 것이다. 앨리는 그녀의 슬픔을 받아들이지 못하거나 받아들이지 않으려는 어머니에게 계속 슬픔을 인정해달라고 요구하지 않기로 했다. 갈등에서 빠져나와 자신의 상처를 보살피고 자신의 슬픔에 관심을 주기로 했다. 앨리에게 치유는 어릴 때 갈망하던 어머니상과 현재의 어머니상을 애도하는 과정이었다. 앨리는 집에 갔다가 많은 것을 잃었지만, 그런 상실 속에서도 치유가 생겨났다. 앨리는 무언가를 놓으면서 선명함과 확신과 평화를 얻었다.

당신이 마지막으로 방어적인 태도를 보인 것은 언제였는가? 방어적으로 반응할 때 어떤 상처가 건드려졌는가? 그리고 방어적인 태도로 무엇을 말하고 싶었는가?

마지막으로 다른 사람이 당신에게 방어적인 태도를 보였을 때는 언제였는가? 그때 당신의 내면에서 어떤 상처가 건드려졌는가? 당신은 상대의 방어적인 태도에 어떻게 반응했는가? 당신이 전달하려 했지만 제대로 전달되지 않은 메시지는 무엇이었는가?

너무 통제하지 않기

이사벨과 조는 상담 시간에 10분 늦게 왔다. 두 사람은 급히 들어오며 사과했다.

"늦어서 정말 죄송해요. 시간이 다 됐는지 몰랐어요."

이사벨과 조는 친구에서 연인이 된 사이로, 대학원 진학을 위해 스페인에서 뉴욕으로 함께 건너온 커플이다. 잠시 후 나는 둘이 싸우다가 상담 시간에 늦었다는 걸 알게 되었다.

"다툰 얘기를 해줄래요?"

조가 바로 이야기를 시작했다.

"저는 통제당하는 게 싫어요. 우리가 계속 이 문제를 다룬 건 알지만 통제가 너무 심해졌어요. 이사벨을 화나게 하지 않으려고 계속 제 세계를 좁히면서 살 수는 없어요. 이사벨이 자극받지 않도록 매번 괜찮은지 확인할 수도 없는 노릇이고요. 저도 자극을 받아요. 이사벨한테 문자가 오고 나면 15분간은 집에 들어가고 싶지 않아요. 이사벨에게 관심을 가져줘야 한다는 이유만으로 휴대전화를 안 보고 싶지는 않아요."

이사벨과 조는 다시 다투었다. 세세한 내용만 약간 달라졌을 뿐 예전과 비슷해 보였다. 이렇듯 곁가지만 건드리다 보면, 결국 원점으로 돌아가게 된다. '정서 중심 치료'를 처음 개발한 수전 존슨Susan Johnson 박사는 "싸움은 대개 정서적 단절에 대한 호소"라고 말한다.[2] 관계가 단절될까 봐 두려운 마음에 대처하기 위한 무의식적 시도라는 것이다.[3] 이런 식으로 표현하면 훨씬 그럴듯하게 들리지만, 현실적으로 심한 갈등 과정에는 이런 식으로 조망하지 못한다.

그날 두 사람의 갈등은 이사벨이 조에게 휴대전화 좀 치우라고 말하면서 촉발되었다. 조의 말에 따르면, 이사벨이 짜증이 잔뜩 섞인 말투로 "온종일 그걸 붙들고 사네. 이젠 좀 쉴 때도 되지 않았어?"라고 물었다. 조는 '아니, 아니. 난 휴대전화를 얼마나 사용할지를 스스로 결정할 수 있는 어른이라고!'라는 생각이 들었다. 결국 조는 참지 못했다. 조는 이사벨에게 직설적으로 말했다.

"너의 그 우선순위 상처도 이제 지긋지긋해. 나도 상처가 있다고. 너는 그 생각을 해본 적이 없는 것 같아."

기억나겠지만, 앞에서 우리는 이사벨의 우선순위 상처에 관해서는 충분히 알아봤지만, 조에 대해서는 그만큼 알아보지 못했다. 우리가 상담하는 동안 조는 아버지가 얼마나 통제가 심했는지 털어놓았다. 아버지는 엄격했고, 딸에게 온갖 규칙을 정해놓고 완벽하게 따르지 않으면 벌을 주었다. 휴대전화와 컴퓨

터도 마음대로 쓰지 못하게 하고 몇 달씩 외출을 금했다. 통금 시간을 1분만 어겨도 이런 벌을 주었다.

"정당한 이유를 말해도 소용없었어요. 그러다 제가 동성애자라는 걸 알고 나서는, 차원이 다른 통제와 처벌이 내려졌죠. 아빠는 동성애가 선택의 문제라고 믿고 제가 다른 선택을 하게 하려고 통제했어요. 하지만 결국 제게는 어디에도 속하지 않는다는 느낌만 남았어요."

이사벨과 조는 싸우면서 서로의 상처를 건드렸다. 이사벨의 우선순위 상처와 조의 소속감 상처였다.

"당신과 이사벨의 상황이 왜 계속 악화되었을까요?"

"이사벨이 저를 통제해서요."

"글쎄요, 잘 모르겠네요. 아까 저한테 이사벨이 당신이 휴대전화를 보는 것을 지적하면서 이제 쉴 때가 되지 않았냐고 물었다고 말했죠. 이사벨의 말투까지는 듣진 못했으니 정확히는 모르겠지만, 이사벨이 당신을 관찰하고 질문하는 걸로 들렸어요."

"저한테는 통제하는 것처럼 느껴졌어요."

"그래요, 거기서 어떤 점이 익숙했나요?"

조는 이사벨을 아버지처럼 생각한다는 것을 스스로 알아차렸다. 이사벨의 우선순위 상처와 조의 소속감 상처가 정면으로 부딪친 것이다. 조가 계속 휴대전화를 들여다보자 이사벨은 자기가 조에게 중요한 존재인지에 의문을 품었고, 이사벨이 조의 SNS 사용에 대해 지적하자 조는 연애를 하면서도 자유를 누리고 싶다는 욕구에 의문을 품었다. '나만의 공간을 가지면서도 이 관계에 소속될 수 있을까? 내가 어딘가에 소속되고 싶다는 이유로 통제당하고 싶지는 않아.'

두 사람의 상처가 한꺼번에 건드려진 것이다. 두 사람은 다 같이 상대에게 보이고 들리고 이해받는 존재이고 싶어 했다. 그리고 두 사람은 상황을 비효율적으로 풀어 나갔다. 갈등의 악순환에 빠져서 더 단절된 느낌을 받았다.

그날 우리는 상담 속도를 조금 늦추기로 했다. 그래도 흥분이 가라앉지 않아서 상황을 선명하게 볼 수 없었다. 다음 시간이 되어서야 비로소 문제를 해결할 수 있었다.

다음 시간에 나는 한 사람씩 돌아가면서 자신의 상처를 들여다보고 상대에게 표현하게 했다. 익숙하게 느껴지는 감정을 공유하고, 상대를 비난하기보다 자신의 정서적 욕구가 무엇인지에 다시 초점을 맞추라고 했다.

이사벨이 먼저 시작했다.

"난 솔직히 너랑 같이 있고 싶어. 그리고 너도 나와 같이 있고 싶어 하면 좋겠다는 것뿐이야. 난 너와 같이 있는 시간이 좋고 그 시간이 그리웠어. 이걸 다르게 표현할 방법을 알지 못해서 미안해."

조가 이어서 말했다.

"난 가끔 내가 하고 싶은 일을 할 수 있는 자유를 원해. 나도 너랑 같이 있는 시간이 좋지만, 나 혼자 아무것도 신경 쓰지 않고 우리 문제에서 잠시나마 벗어나는 데 도움이 되는 일을 하고 싶어. 나는 혼자서 무언가를 하면서도 우리 관계를 유지할 수 있는지 알고 싶어. 그런데 어떤 때는 꼭 네가 원하고 필요로 하는 일을 해야만 내가 우리 관계에 들어갈 수 있을 것 같은 기분이 들어. 그러면 통제당하는 느낌이 들고 숨이 막혀."

정서적 욕구가 어떻게 근원의 상처로 돌아가게 하는지 보이는가? 이사벨의 정서적 욕구는 조의 우선순위에 오르고 싶은 마음에 초점이 맞춰져 있다. 조와 함께 있고 싶고, 조도 그녀와 함께 있고 싶어 하기를 원했다. 조의 정서적 욕구는 소속감에 초점이 맞춰져 있다. "나는 혼자서 무언가를 하면서도 우리 관계를 유지할 수 있는지 알고 싶어"라는 조의 말은 자기 본연의 모습으로 살면서도 소속되고 싶다는 뜻이다.

두 사람 모두 서로에게 진심을 표현했지만, 그에 못지않게 각자가 자기 자신과 상처와 욕구도 알아차린 것이 중요했다. 여기에서 방향 전환이 일어날 수 있다. 여기에서 변화가 생길 수 있다. 자신의 상처를 어루만지면 예민한 반응을 눌러서 매번 같은 갈등의 악순환에 빠지지 않을 수 있다. 흥분한 상태에서는 이런 변화가 불가능하지만, 성장의 의지만 있다면 이런 악순환을 돌이켜보고 스스로 무엇을 놓치고 있는지 확인할 수 있다.

이렇듯 갈등을 잘만 활용하면, 자신이나 서로에게 더 깊이 연결하고 친밀해지며 치유하는 방향으로 나아갈 수 있다. 나는 갈등을 모래밭의 깃발로 생각한다. 갈등이 있으면 저마다의 표면 아래에서 중요한 무언가가 일어나고 있다는 것을 알 수 있기 때문이다. 갈등이란, 속도를 늦추고 호기심을 보이고 열린 자세로 대하는 태도 너머에 내가 관심을 가져주길 기다리는, 치유되지 않은 무언가가 있다는 것을 보여주는 중요한 지표다.

내가 마지막으로 통제한 때는 언제였는가? 어떤 상처가 건드려져서 예민하게 반응했는가? 통제하면서 어떤 메시지를 전달하려고 했고, 왜 통제라는 수단을 사용했는가?

내가 마지막으로 통제당한다고 느꼈을 때는 언제였는가? 어떤 상처가 건드려졌는가? 통제에 어떻게 반응했는가? 어떤 메시지를 전달하려고 했는데 제대로 전달되지 않았는가?

너무 경멸하지 않기

"다 관둘래요, 정말로. 거기서 나올 거예요. 이 직장을 견딜 수가 없어요. **그 인간**을 못 참겠어요."

칼은 화가 나 있었다. 그는 정오 시간에 상담받으러 왔는데, 조금 전에 그를 화나게 한 상사가 있는 사무실에서 나온 것이다.

칼은 앞서 해군이던 아버지가 그와 형제들에게 새벽부터 군사 훈련을 시키며 통제하던 집에서 자랐다.

"큰소리로 불평하고 싶어요?"

상담실은 그냥 내뱉으면 되는 공간이다. 예의를 차릴 것도 없고 눈치 볼 것도 없이 내뱉으면 된다. 큰소리로 불평하면 안도감이 들고 기운을 회복될 수 있다. 칼은 준비가 되었다!

"솔직히 어떻게 그만둘까도 상상해봤어요. 어떻게 하면 그 인간의 콧대를 꺾을 수 있을까? 어떻게 하면 그 인간을 당황하게 만들거나 모욕감을 줄 수 있을까? 진짜 개자식이고, 그 멍청한 얼굴도 지긋지긋해요. 자기가 뭐 대단한 사람인 줄 아나 본데, 저보다 나이도 얼마 안 많고 완전 멍청한 데다 직원들을 관리할 줄도 몰라요. 잘난 척이나 하고 맨날 절 깎아내리고 비꼬아요. 이젠 진짜 관둬야겠어요."

칼이 한숨을 내쉬었다.

"그러니까 기분이 좀 어때요?"

"네, 조금 나아졌네요. 감사합니다."

"그래서 무슨 일이에요? 회사에서 무슨 일이 있었어요? 여기 오기 직전에 무슨 일이 있었나 본데요."

"한동안 그랬어요. 그 인간이 사람들 앞에서 절 깎아내리고 자꾸 심하게 통제하려 하고 일일이 다 간섭해요. 오늘만 해도 그래요. 제가 여러 번 부탁했는데도 이메일에서 저만 쏙 뺐더군요. 저는 화가 나서 그 인간한테 나쁜 자식이라고 했고, 그러다 말다툼이 벌어진 거예요."

경멸은 비판의 극단적 형태다. 경멸은 갈등을 일으키는 가장 파괴적인 방식이고, 연인이나 부부의 경우 관계의 파국을 가장 정확히 예측해주는 요인이다.[4] 경멸하는 사람은 무례하고 상대를 비아냥거리고 비하한다. 상대를 업신여기고, 자기가 한 단계 높은 지위에 있다고 믿으며, 자기는 우월하고 상대는 열등하다고 여긴다. 경멸에는 앞서 7장에서 설명한 것처럼, 학대가 포함될 수 있다. 경멸당하는 사람은 대개 상대에게 무시와 멸시를 당한다고 느끼거나 스스로 무가치하다고 느낀다.

칼과 상사의 갈등은 다른 사람들이 이 둘을 뜯어말려야 했을 정도로 격렬했던 듯하다. 주먹다짐까지 가지는 않았지만, 서로의 얼굴에 모욕적인 말을 퍼부었다. 칼은 무척 화가 났지만, 자신의 반응이 부적절했다는 것도 알았다. 거기서 그의 네온사인이 깜빡였다. 물론 무시당하고 통제당하고 싶어 할 사람은 아무도 없지만, 칼의 예민한 반응은 우려할 수준이었다.

"칼, 왜 그렇게 반응한 것 같아요?"

"그 새끼가 개자식처럼 굴었으니까요."

그는 비웃듯이 말했다. 나는 미소를 지으면서도 그를 더 밀어붙였다.

"아까 상황에서 당신에게 익숙한 뭔가가 있었나요? 상사의 행동에서 어떤 상황이나 누군가를 떠올리게 할 만한 뭔가가 있었어요?"

그제야 칼이 깨달았다. 상사는 그의 아버지를 연상시켰다. 칼은 상사에게 통제당하고 무시당하고 멸시당한다고 느꼈고, 상사가 업무를 진행하는 과정에서 자신을 배제했다는 느낌을 받았다. 그는 소속감을 느끼지 못해 힘들어하던 차였다.

시간이 조금 걸리기는 했지만, 결국 상사가 칼을 이메일 명단에서 배제하자 칼의 소속감 상처가 건드려졌고, 칼은 당장 보이고 들리고 이해받기 위해 갈등을 일으킨 점을 깨달았다.

"상사가 이런 식으로 나오면 저는 어떻게 해야 하나요?"

나는 칼에게 우선 진정하고 자신의 상처를 들여다보라고 했다. 그렇다고 상사가 칼에게 하는 말과 행동에 문제가 없다는 말은 아니다. 다만 상사의 언행은 칼의 상처가 드러날 기회를 제공했다. 유별난 방식이긴 해도 어쨌든 기회를 준 것은 맞았다.

"당신의 상처를 들여다보세요, 칼. 당장 그 사람에게 맞서기보다는 당신의 내면으로 들어가세요. 외부 관계에 신경 쓰지 말고 내면 관계에 주목하세요. 어차피 당장은 상대에게서 필요한 것을 얻지 못해요. 상대에게서 필요한 것을 얻을 날이 올지도 모르지만, 이런 식으로는 아니에요. 해볼 수 있어요? 잠시 여유를 갖고 당신이 왜 화가 나는지 보고 듣고 이해하세요."

"무시당하고 멸시당하는 느낌이 들었어요. 그 인간이 저를 무시하고 다른 사람들과 차별하는 느낌이 들었어요. 일부러 절 소외시킨 것 같고요. 그래서 화가 났어요."

"잘했어요. 누가 당신을 경멸한다면, 그 사람과 명확하고 직접적인 경계를 설정하는 게 맞아요. 그런데 당신은 감정이 앞섰죠. 물론 그것도 이해는 가요. 그런 상황이라면 누구나 감정적으로 반응하게 되죠. 그래도 우선 자신을 들여다보고 그다음에 상사와 다른 방식으로 소통해야 해요. 누군가에게 보이고 들리고 이해받고 싶은 거 맞죠? 그러니 그런 기회를 얻으려면 우선 자신을 명확히 들여다보고, 그다음에 상사에게도 분명한 태도를 보여야 해요.”

“그래도 그 사람이 제 말을 듣지 않거나 신경 쓰지 않으면요?”

칼이 적절한 질문을 던졌다.

“그럴 수도 있죠. 그건 장담할 수 없어요. 그래도 당신이 자신을 존중하고 자신을 바라보게 되었다는 점에서 달라졌어요. 감정적으로 반응하는 게 아니라 감정에 세심하게 관심을 갖는 거죠. 그게 이기는 거예요. 상사가 태도를 바꾸든 말든, 그건 당신의 통제권 밖이에요. 당신은 자신만 책임질 수 있어요. 당장 직장을 그만둘 수도 있지만, 아직은 그 단계가 아니에요. 지금은 상사와 어떻게 경계를 설정할지 그리고 그 경계를 어떻게 진전시킬지 생각할 단계예요.”

칼은 일단 시도했다.

“팀장님이 저한테 말하는 방식도 그렇고 저를 업무에서 배제하신 것도 마음에 들지 않습니다. 저를 무시하고 차별하는 느낌이 듭니다. 저는 존중받고 싶고 이 팀의 일원으로 느끼고 싶습니다. 제가 하는 일 중에 바꾸기를 바라시는 게 있다면, 그 부분에 대해 개인적으로 말씀해주시기 바랍니다.”

칼이 할 일은 갈등을 다른 방식으로 해결하는 것이다. 그동안은 상사와 갈등의 악순환에 빠지는 식으로 반응했다. 두 사람은 서로 주거니 받거니 하면서 아무런 성과도 내지 못했다. 이제 감정적 반응에서 벗어나 감정에 세심하게 관심을 갖는 방향으로 넘어가야 했다. 이것이 악순환을 끊는 유일한 길이다. 친밀한 관계라면 함께 감정을 돌아볼 수 있다. 어머니가 도와주지 않아서 혼자서 감정을 돌아보던 앨리의 경우처럼, 혼자라도 감정을 돌보고 보살필 수도 있다. 자신의 감정에 관심을 가지면 안전을 확보하는 데도 도움이 된다. 혼자라도 자신을 보고 듣고 이해하는 데 집중할 수 있다.

내가 마지막으로 누군가를 경멸한 때는 언제였는가? 어떤 상처가 건드려져서 그런 상태로 넘어갔는가? 경멸을 통해 어떤 메시지를 전하려고 했는가?

내가 마지막으로 누군가에게 경멸당했을 때는 언제였는가? 누군가가 날 경멸한다고 느꼈을 때 어떤 상처가 건드려졌는가? 경멸에 어떻게 반응했는가? 그때 내가 전달하려 했지만 제대로 전달되지 않은 메시지는 무엇인가?

벽 쌓기는 이제 그만

"전 이미 지쳤고, 여기 오고 싶지도 않았어요. 기분 나빠하지는 마세요."

마크가 얼마나 마음의 문을 닫았는지 내게도 전해졌다.

앞서 보았듯이, 마크와 트로이는 신뢰 문제를 안고 있었다. 트로이는 파티에서 마크가 그의 편을 들어주지 않아서 화가 났지만, 마크에게도 부모에게 조건부 사랑을 받고 성장하면서 생긴 가치감 상처가 있었고, 그 상처가 이제 막 건드려진 참이었다.

"마크는 늘 저런 식이에요. 대화가 길어지면 딱 끊고 그 자리를 떠버려요. 정말 돌겠어요. 어젯밤에도 다투다가 벌떡 일어나서 나가버렸어요. 아무 말도 하지 않고요. 그냥 집을 나갔어요. 전화기도 꺼놓고 몇 시간씩 돌아오지 않았어요. 제가 자는 동안 돌아왔더라고요. 황당하죠."

마크는 갈등을 피하고 싶을 때 흔히 나타나는 철수 행동의 한 형태인 벽 쌓기를 하고 있었다. 벽 쌓기는 높은 장벽을 쌓으며 상대와 거리를 두는 방법이다. 자기를 보호하려는 방법이지만, 오히려 상대를 자극하고 불안하게 만들어서 갈등을 유발할 수 있다.

트로이는 마크와 연락이 닿지 않았다. 마크가 어디 있는지 몰랐다. 언제 들어올지도 몰랐다. 트로이는 깜깜한 채 혼자 남겨졌다. 이렇게 깜깜한 상태는 언제고 좋을 리가 없지만, 특히 한창 중요한 대화를 나누던 중이라면 더 힘들다.

"두 분이 무슨 얘기를 하고 있었는데요?"

"돈 얘기요. 요즘 우리가 얼마나 썼는지 이야기하다가 지출을 좀 줄여야 할 것 같다고 말하고 있었어요. 싸운 것도 아니에요. 제가 대화를 시작했는데, 마크가 일방적으로 끊어버렸죠. 마크는 그 얘기를 싫어했어요. 그래도 우리 둘 다 현재 상황을 알아야 하니까 제가 조금 밀어붙였는데, 마크는 아무런 반응도 하지 않았어요. 제가 미치겠는 건, 말을 붙여보려고 애쓰는 동안 내내 휴대전화만 보고 있다가 벌떡 일어나서 나가버렸다는 거예요."

마크가 급히 대답했다.

"저는 트로이가 제가 자기 기준에 맞게 행동하지 않은 부분을 일일이 지적하는 데 질렸어요. 제가 자기편을 들어주지 않는다, 제가 돈을 모으지 않는다, 끝이 없어요. 그런 대화에 흥미가 없으니, 맞아요, 끊을 수밖에 없어서 그냥 그 자리를 떠난 거예요."

트로이가 마크에게 다르게 행동해야 한다고 말하려 하자, 마크의 가치감 상처가 건드려진 것이다. 이렇게 요청이나 관찰이 옆길로 새기가 쉽다. 트로이는 분명히 **그들이** 함께 지출을 줄여야 한다고 말했는데도 마크는 **그가** 줄여야 한다는 말로 들었다. 그가 제대로 하지 못하는 수많은 행동의 목록에 또 하나가 추가된 것으로 들었다. 나아가 그가 충분히 좋은 연인이 아니라는 말로도 들었고, 그 말을 듣자 어린 시절의 가치감 상처가 건드려졌다.

마크가 트로이에게 들은 말은 그가 완벽하지 않다는 지적이었고, 곧 사랑과 연결감과 인정을 잃을 거라는 의미였다. 그래서 마크가 자기를 보호하기 위해 학습한 방법은 차단과 단절이었다. 그에게는 안전한 피난처였지만, 마크의 이런 벽 쌓기 습관은 상황을 더 악화시켰다.

마크와 트로이 둘 다, 트로이가 별 뜻 없이 돈에 관해 대화를 시작하려 했을 뿐인데도 마크의 상처가 건드려진 과정을 알아차릴 수 있었다. 마크는 예민하게 반응하며 상처를 인정하려 하지 않고 벽부터 쌓았다. 물론 마크가 절대로 대화를 중단해서는 안 된다거나 혼자서 삭이기 위해 잠시 대화를 끊어서도 안 된다는 뜻이 아니다. 그보다는 현재 상황을 인정하고 그가 마음을 다잡기 위해 무엇을 해야 하는지 소통해야 한다는 뜻이다.

"마크, 당신의 상처가 건드려진 것을 알았다면, 트로이에게 뭐라고 말했을 것 같아요?"

"비난받는 느낌이 든다고 말했을 것 같아요. 너의 눈에는 내가 또 잘못하는 것처럼 보이는 것 같고, 그래서 난 너의 사랑을 받을 자격이 없다는 느낌이 든다고요."

감정을 돌아보는 작업이 시작된 것이다. 내면의 취약성을 보여주면, 감정을 들여다보고 보살피고 더 약한 모습과 마주할 수 있다. 마크가 무가치한 느낌이 들었다고 솔직하게 말한 것처럼, 각자의 정서적 욕구를 표현하고 상처를 들여다볼 때 앞으로 나아갈 길이 열린다. 이는 모나 피시베인Mona Fishbane 박사가 **취약성 주기**Vulnerability Cycle라고 부르는 개념과 유사하며, 예민하게 반응하기보다 성찰하는 방향으로 나아가는 데 도움이 된다.[5]

내가 마지막으로 완전히 마음을 닫았을 때는 언제였는가? 어떤 상처가 건드려져서 건강하지 못한 대처 전략에 빠졌는지 생각나는가? 벽 쌓기를 통해 어떤 메시지를 전달하려 했는가?

반대로, 마지막으로 벽 쌓기를 당했을 때는 언제였는가? 어떤 상처가 건드려졌는지 기억나는가? 마음의 문을 닫은 상대에게 그때 난 어떻게 반응했는가? 상대가 벽을 쌓아도 상처가 건드려지지 않을 때도 많지만, 상처가 건드려질 때도 많을 것이다.

그때 내가 어떤 역할을 했는지 기억나는가? 어떤 기여를 해주었나? 내가 전하려고 했는데 제대로 전해지지 못한 메시지는 무엇인가?

예민한 반응을 이해로 바꾸기

존 가트맨 박사는 일찍이 "모든 불평의 이면에는 심오한 개인적 갈망이 있다"고 했다. 우리는 정서적 욕구가 채워지지 않을 때 파트너나 가족이나 심지어 친구를 향해서도 비판하고 불평한다. 정서적 욕구 옆에서 욕구를 알아보고 앞으로 나아가는 것이 아니라, 욕구에서 멀어지며 예민하게 반응하고 그 욕구를 상대의 것으로 넘긴다.

실제로 정서적 욕구가 곧 상처일 때가 많다. 이럴 때는 특히 신중하게 대처해야 한다. 갈등과 예민한 반응의 악순환에서 벗어나고 싶다면, 이런 상처를 알아차리고 보살펴야 한다. 나의 근원의 상처를 알아차리고 표현할 수 있다면, 보이고 들리고 이해받는 길로 나아갈 수 있다.

최근에 자주 표현하는 불만이나 비판을 생각해보자. 누구를 향한 불만인지가 중요한 게 아니라 불만이나 비판의 내용에 주목하자. 가령 이런 식이다. '그는 내 시간을 배려하지 않아.' '그는 너무 통제가 심해.' '그는 항상 휴대전화만 봐.' '그는 누구에게 문자를 보내는지 나한테 절대로 보여주지 않아.' '그는 돈을 다 써 버리고 우리의 미래를 위해 저축하지 않아.'

이런 불만과 비판을 읽으면서 상처나 숨겨진 정서적 욕구를 포착할 수 있는가? 나는 '그는 내 시간을 배려하지 않아'라는 말을 읽으면 가치 있는 존재로 인정받고 싶은 욕구가 보인다. 또 '그는 너무 통제가 심해'라는 말속에는 소속감 상처와 있는 그대로의 모습으로 자유로이 살고 싶은 욕구가 보인다. '그는 항상 휴대전화만 봐'라는 말에선 상대에게 중요한 존재가 되고 싶은 욕구가 보인다. '그는 누구에게 문자를 보내는지 나한테 절대로 보여주지 않아'라는 말을 들여다보면 신뢰 상처가 보인다. 그리고 '그는 돈을 다 써버리고 우리의 미래를 위해 저축하지 않아'라는 말에서는 안전 상처가 보인다. 무슨 뜻인지 이해했는가? 당신의 불만을 해석해서 그 안에 상처가 있는지 알아볼 수 있는가? 당신의 정서적 욕구를 찾아낼 수 있는가?

앞서 베로니카가 연인과 크게 다툰 일을 기억하는가? 나는 베로니카에게 연인을 향한 불만과 비판을 정서적 욕구로 바꾸어 자신의 상처와 예민한 반응에 휘둘리지 말고 더 깊이 들여다보자고 제안했다.

"멍청한 소리 같네요."

베로니카는 이렇게 대꾸하면서도 미소를 지으며 내 제안에 따랐다.

"알겠어요, 그런데 어떻게요?"

구체적으로 설명했다. "당신은 이기적이야"라고 말하는 대신, "나는 당신에게 중요한 사람이라고 느끼고 싶어"라고 바꿔 말하라고 했다. "당신은 나한테 관심 없어"라고 말하는 대신, "나는 배려받고 싶어"라고 바꿔 말하라고 했다. "당신은 최악의 남자친구야"라고 말하는 대신, "난 당신에게 중요한 사람이라고 느끼고 싶어"라고 바꿔 말하라고 했다. "이제 감이 잡혀요?" 내가 묻자, 그녀가 고개를 끄덕였다.

사실 불만은 끝도 없을 수 있지만, 정서적 욕구는 거의 항상 정해져 있다. 그리고 정서적 욕구는 우리의 상처와 직결된다. 당신이 불만을 느끼는 부분에 대해 생각해보고 그 불만을 정서적 욕구로 해석해보면, 결국에는 가치감이나 소속감, 우선순위, 안전, 신뢰로 이어질 것이다. 말하자면, 누군가에게 보이고 들리고 이해받고 싶은 욕구가 중요한 것으로 드러날 것이다.

이제 자신이 직접 해석해보자. 마지막으로 겪은 갈등이나 반복적인 갈등을 떠올리고, 갈등이 생기기 직전의 상황을 더듬어보자. 어떤 상처가 건드려졌는지 알겠는가? 누군가에게 보이고 들리고 이해받기 위해 어떤 식으로 갈등을 이용하거나 갈등을 일으켰는가? 비판적으로 나가거나 방어적으로 나가거나 경멸적으로 나가거나 통제적으로 나가거나 벽을 쌓지는 않았는가? 이런 행동이 그때 나에게 어떤 영향을 미쳤는지 알겠는가? 그것이 내게 어떻게 작용했는가?

- 내 안에서 건드려진 상처는 이것이다. _____

- 이제는 그 상처를 볼 수 있다. 왜냐하면 _____

- 나는 이런 점 때문에 갈등이 생긴다. _____

- 하지만 결국에는 이런 식으로 끝난다. _____

잘했다. 이제 조금 더 해보자.

- 내가 정말로 불안하고 의문을 품는 문제는 이것이다. _____

_____

- 상대가 나에 대해 진실로 이해해주기를 바라는 것은 이 문제다. _____

_____

- 비판이나 방어, 경멸, 통제, 벽 쌓기를 정서적 욕구로 대체하면 나는
  이러한 점을 배울 것 같다. _____

마음을 다쳤다는 사실을 잊지 말자. 어떤 일이 일어났든, 실제로
일어난 그 일이 나에게 익숙한 무언가를 건드렸다. 그리고 쓰리
게 아프다. 나의 근원 이야기와 하필 지금 그렇게 고통스러운 이
유를 연결해볼 수 있는가? 이런 식으로 탐색하는 동안 자신을
다정하게 대하자.

갈등이 없을 때 연습하라

한창 갈등 상황 속에 있을 때 갈등을 탐색하려고 하면, 대개는 실패한다. 그러니 갈등이 없을 때, 그러니까 갈등이 있는 시기와 혼자서든 함께든 갈등에 관심을 갖는 시기 사이에 어느 정도 여유가 있을 때 탐색하라고 권한다. 갈등이 한창인 상태에서는 흥분해서 제대로 대처하지 못한다. 그리고 우리의 몸과 마음은 중요도가 높은 다른 일에 반응한다.

상처가 건드려져서 화가 난 상태로 어떤 상처가 작동하는지 알아본다고 해보자. 기가 막힐 것이다. 또 감정이 극단으로 치달은 상태에서 비판적인 생각을 정서적 욕구로 바꾸려 한다고 해보자. 욕이 나올 것이다. 정말로 그렇게 할 수 있다면, 대단한 사람이다. 하지만 평범한 사람들은 웃어넘기면서 상처를 다룰 수 있는 시간과 공간을 따로 마련해서 갈등이 아닌 다른 방법으로 상처를 다스리는 연습을 해야 한다.

누구나 상처를 안고 살아간다는 사실을 기억하자. 나의 상처를 알고 인정하는 것만큼이나 다른 사람들의 상처도 알고 인정해주어야 한다. 물론 상처는 스스로 감당해야 하지만, 연인이나 가족이나 친구와 같은 친밀한 관계에서는 상대도 나와 같이 근원의 상처를 안고 산다는 사실을 기억해주는 것만큼 다정한 마음도 없다. 설령 그 상대가 아직 직면할 준비가 되어 있지 않더라도 말이다.

일상생활에서 갈등을 더 잘 풀어나가는 법을 연습하고 갈고 닦자. 그러면 타인과의 연결성과 친밀함에서 무한한 가능성과 잠재력을 발견하게 될 것이다. 발상을 전환하면, 갈등이란 의식의 뒷면에는 당신이 사랑하는 사람 모두와 관계가 깊어질 수 있는 놀라운 길이 숨어 있다.

소통

9

예민하게 반응하는 대신 이해하려고 해보면 갈등을 겪으면서 오히려 관계가 더 깊어지고 친밀해질 수 있다. 앞서 보았듯이, 예민한 반응은 상처를 들쑤시지만, 이해는 상처를 어루만진다. 갈등을 연결로 전환하려면, 싸우는 방식뿐 아니라 소통 방식도 개선해야 한다.

사실 예민한 반응을 전혀 보이지 않는 것은 불가능하다. 내가 먼저 갈등을 일으키기도 하고, 상대가 도발하는 갈등 상황에 예민하게 반응하기도 한다. 이런 측면을 개선하려고 노력한다면 더 낫게 대처할 수 있지만, 노력하지 않는다면 원하는 것을 결코 이룰 수 없다. 인간적인 경험에 여유를 가져야 한다. 나의 예민한 반응과 상대의 예민한 반응은 서로에게 중요한 정보를 제공한다는 사실을 기억하자. 물론 스스로 먼저 알아차리고 서로 소통해야 한다.

알렉산드라 솔로몬 박사는 건강하고 친밀한 소통의 가장 중요한 측면은 관계 안에서 자기를 인식하는 것이라고 말한다. 솔로몬 박사는 이에 대해 "친밀한 관계 속에서 어느 지점에 무엇 때문에 화나는지, 화나면 자기가 어떻게 대처하는지 진실하게 바라보는 능력과 의지"라고 표현한다.[1] 사람들은 대개 다음과 같은 선형적 사고방식에 사로잡힌다. '당신은 너무 무신경해' '나는 너무 믿을 수 없는 사람이야' '당신은 내가 부탁하는 일은 절대로 해주지 않아' '당신이 더 신경을 썼더라면 이런 일이 일어나지 않았을 거야' '내가 멍청해서 이런 일이 일어난 거야' 등. 이런 편협한 사고방식은 비난이나 수치심을 자극해서 저마다 가지고 있는 풍성하고 밀도 깊은 이야기를 뭉뚱그리게 만든다. 하지만 감정이 건드려지면 곧바로 이런 사고방식으로 넘어가기 쉽다. 이런 선형적 사고에 얽매이면 서로 연결되지 못한다.

반면에 체계적 사고방식은 가족의 근원과 과거의 관계까지 고려하면서 모든 순간에 깊고 풍성한 이야기가 존재한다는 사실을 일깨워준다. 또 남들에 대해서도 같은 관점을 갖게 해준다. 나와 타인을 이런 관점으로 보는 능력은 중요한 재능이다. 그리고 현재 상황이 지금 이 순간뿐만 아니라 이전의 모든 순간과 연관이 있다는 사실을 이해하는 능력 역시 중요하다. 나와 상대에 대해 기억할 수 있다면, 소통 방식이 얼마나 크게 달라질지 상상이 가는가? 연민이나 공감이나 배려의 깊이가 얼마나 깊어질지 상상이 가는가?

그래서 배우자가 나를 비판하면, 현재 집에서 일어나는 상황에 대한 비판만이 아니라 이전에 (부모나 과거의 연인이나 그 밖의 사람들에게) 들은 모든 비판이 들리는 것이다. 이런 반응은 선형적 관점보다 체계적 관점으로 훨씬 잘 이해할 수 있다. 그리고 나의 배우자가 이런 측면을 안다면 파괴적인 관계를 다르게 모색하고, 파국으로 이르렀을 관계를 다시 연결할 수 있을 것이다.

서두에서 밝혔듯, 자신의 근원 이야기를 돌아보고 가족 체계의 복잡성을 들여다보는 것은 변명거리를 찾으려는 게 아니다. 그렇다고 다 괜찮다는 뜻도 아니다. 다만 맥락을 알면 도움이 된다. 이런 태도로 소통을 시작하면 사소한 부분이나 논쟁에서 이기려는 심리에서 벗어나, 서로가 상처를 주고 있음을 알아차리고 서로에게 보이고 들리고 이해받기를 원한다는 사실을 깊이 통찰하는 방향으로 나아가게 된다. 그러다 보면 소통의 질이 좋아진다.

소통하거나 소통하지 않기

상처가 건드려질 때는 소통하거나 소통하지 않는, 두 가지 선택지가 주어진다. 소통하지 않으면 나의 상처에 얽힌 사연을 상대에게 제대로 알릴 기회가 사라진다. 반면에 소통하기로 선택해도 주의할 점은 있다.

소통을 피하는 데에는 그만한 이유가 있다. 물론 잘 소통하는 것이 중요하지만, 누구와 소통할지도 파악해야 한다. 때로는 소통하지 않는 것이 더 건강한 선택일 수도 있다. 소통하지 않기로 선택한다고 해서 반드시 수동적인 것은 아니다. 어떤 상대에게는 친절하고 사려 깊고 명확히 말해줘도 대화가 안전하지 않거나 치유에 도움이 되지 않을 수 있다는 사실을 알아차리는 것은 적극적인 결정이다.

학대 관계의 상대와 소통하는 경우처럼, 나에게 피해가 올 수 있다고 판단되면 대화하지 않기로 선택할 수 있다. 그리고 상대가 어떤 형태로든 나를 조종하려 하거나 내게 반격한다면, 소통하지 않기로 선택할 수 있다. 또 상대가 내 말을 들어주지 않으려 하거나 자기 입장을 방어하기에 급급하다는 사실을 경험으로 아는 경우에도 소통하지 않기로 선택할 수 있다. 소통하지 않기로 선택하면 상대에게 인정받지 못하겠지만, 더 이상 상처받거나 해를 입지 않는다는 뜻이기도 하다. 때로는 이것이 치유다. 치유에는 분별력이 필요하다. 최선의 선택은 나를 존중하고, 앞으로 나아가며, 나의 말을 들어줄 다른 사람을 찾는 것일 수 있다.

소통하기로 선택할 때 신중히 고민해야 하는 또 하나의 이유가 있다. 알다시피 우리는 가족과 과거의 관계들로부터 소통 방식에 대해 배웠다. 건강한 가정에서는 대개 소통이 명확하고 친절하며 사려 깊고 차분하며 호기심이 많고 근거가 있으며 정직하고 직접적이다. 하지만 당신이 받은 교육은 건강하지 않고 파괴적이었을 수 있다. 당신이 소통하기로 선택했어도 아직 근원의 상처를 발견하지 못했다면, 앞으로 설명하려는 여러 가지 파괴적인 소통 유형 중 하나를 사용하여 비난이나 수치심이라는 선형적 관점을 전달할 가능성이 훨씬 크다.

8장에서 보았듯이 파괴적인 방식으로 소통하면, 상처가 더 덧나고 갈등의 악순환에 빠질 수 있다. 소통해도 상대에게 보이고 들리고 이해받는 느낌이 들지 않을 것이다. 따라서 소통하기 전에 먼저 나의 상처를 알아차리고 이해해야 한다.

건강한 소통을 원한다면, 무엇보다도 실제로 전달하려는 메시지가 명확해야 한다. 당연하게 들릴지 모르지만, 한창 다투다가 무엇 때문에 다투는지 몰랐거나 며칠 전에 다툰 일을 두고 상대에게 "우리 왜 또 화났지?"라고 물어본 적 있는가? 실제로 전하려는 메시지와 거리가 먼 문제로 다투는 것이 얼마나 쉬운지 알 것이다. 진심으로 하는 말이라고 해도 말을 시작하기 전에 무슨 말을 하려는지 잘 살펴야 한다.

단절된 소통 풀어가기

물론 건강하게 소통하는 것이 목표이지만, 목표에 도달하기 전에 소통을 가로막는 것이 무엇인지 알아야 한다. 명확하고 친절하며 차분하고 호기심이 넘치며 근거를 가지고 직접적으로 소통하는 것을 방해하는 요인은 무엇인가? 궁극적으로 어떻게 해야 그 목표에 더 다가갈 수 있을까? 수동적이거나 공격적이거나 수동공격적이거나 혼란스러운 소통 방식이 보이고 들리고 이해받고 싶은 욕구를 어떻게 방해하는지 알아보고, 나아가 어떻게하면 사람들이 원하고 당신이 원하는 방식으로 소통할 수 있는지도 알아보자.

나의 목소리를 존중하라

앨리는 가족과 지독한 휴가를 보낸 후 새해를 맞아, 드디어 마음에 드는 상대를 만났다. 몇 년간 간간이 데이트하기는 했지만, 꼭 맞는 짝을 만나지는 못했다. 그런데 이번 남자는 달랐다. 그남자와 몇 달 동안 잘 지내면서 둘 사이가 점점 뜨거워졌다.

"제가 그 남자를 사랑한다고 생각한다면 미친 걸까요?"

상담 시간에 앨리가 물었다. 사귄 지 두 달밖에 안 되고 서로사귀자고 말한 적도 없는 상태라 혼자 너무 앞서가는 건 아닌지물어본 것이다.

"속도를 늦춰야 할 것 같아요. 상처받고 싶지 않거든요. 그 사람이 사귀는 데에는 관심이 없을 수도 있고, 제 감정과 같지 않을 수도 있으니까요."

"그럼, 그 사람한테 당신이 어떤 마음인지 말했나요? 아니면둘의 관계가 어떻게 됐으면 좋겠는지 이야기해봤어요?"

"아니요, 전혀요. 그러기엔 너무 이르지 않을까요?"

"그렇지 않아요. 명확성과 방향성이 중요해요. 당신은 마음속으로 그 사람이 무엇을 원하거나 느낄지, 그리고 무엇을 원하거나 느끼지 않을지 수없이 가정합니다. 그런데 정작 그 사람한테는 지금 상태가 어떤지 물어본 적이 없어요. 그 사람도 당신하고 같은 감정일 수 있고 아닐 수도 있어요. 어느 쪽이든, 그 부분을 명확히 할 만한 대화를 자꾸 피하다 보니 중요한 정보를 놓치고 있는 거예요."

앨리는 내 말을 듣기는 하지만 내 제안은 거절한다는 표정을 지었다.

"전 **그런** 여자가 되고 싶지 않아요. 그냥 어떻게 될지 두고 봐야겠어요."

"알았어요. 그럼 일단 두고 보면서 어떤 기분이 드는지 보자고요."

앨리는 놀란 표정이었다. '그럼, 저를 한 번 봐주시는 건가요?'라는 표정이었다. 내가 앨리를 봐주는 게 아니라 앨리는 아직 준비되지 않았을 뿐이었다. 앨리에게는 경험이 더 필요했다.

일주일 후 앨리가 상담 시간에 이렇게 말했다.

"저 너무 힘들어요. 지난주부터 그 사람을 두 번 만났고, 그 사람한테 푹 빠졌어요. 저 어쩌죠? 그 사람과 사귀고 싶어요. 이 상황이 고문과도 같아요."

앨리는 수동적으로 소통하는 유형이었다. 어떻게든 어려운 대화를 피하려고 했다. 솔직히 털어놓기보다는 속으로 삭이는 편이었다. 수동적으로 소통하는 사람은 대체로 자신을 표현하고 **실제로** 어떤 마음인지 나누지 않는다. 이들은 갈등이 생기거나 대화가 원치 않는 방향으로 흐를까 봐 두려워서 상대에게 반박하지 않으려 한다. 앨리가 솔직한 심정을 털어놓았는데 상대는 같은 마음이 아니라면 실망하게 될 것이다. 이런 생각은 그녀가 감당하기에 버거웠다.

"그냥 못하겠어요. 그렇게까지 해야 할까요? 그냥 명확하지 않아도 괜찮아요."

수동적으로 소통하는 사람들처럼 앨리도 자기가 느끼는 감정을 표현하는 것이 가치가 없다고 믿었다. 앨리는 상대의 경험을 우선에 두고 상대가 원한다고 **생각하는** 것을 따르고, 속마음은 아니면서도 자연스러운 흐름에 맡기는 것처럼 행동하려고 애썼다. 그 과정에서 자신을 희생하고 있었다.

"앨리, 당신이 어떤 말을 하면 무슨 일이 일어날까 봐 두려운가요?"

"잘 모르겠어요. 그 사람이 기분 나빠하거나 우리 관계를 끝낼 수도 있겠죠. 어쩌면 그 사람은 제가 관계를 규정하려고 해서 좋은 관계를 망친다고 생각할지도 몰라요."

여기서 앨리의 안전 상처가 드러났다. 그래서 안전 상처가 있는 사람들이 대개 수동적으로 소통하는 것이다. 그들은 속마음을 드러내거나 나누거나 무언가를 요청하면 안전하지 않다는 것을 경험으로 배웠다. 자기가 목소리를 내면 적대감이나 방어, 통제, 학대, 비판, 경멸과 마주해야 한다는 것을 배웠다. 그러니 피해야 안전하다. 표현하면 안전하지 않았다.

"당신이 목소리를 냈다가 안전하지 않은 경험을 한 적이 있었나요?"

"엄마하고요?"

"그래요. 어머니에게서는 소통에 관해 무엇을 배웠나요?"

"소통은 안전하지 않다. 내 목소리를 내지 마라. 상황이 더 나빠질 것이다. 그냥 내버려두고 아무 말도 하지 마라. 이런 거요."

"그래요. 당신은 어머니와 소통하는 것이 안전하지 않다고 배웠어요. 그건 사실이에요. 불과 몇 달 전 휴가 중에도 다시 확인했고요. 어머니에게는 당신이 솔직하게 털어놓으면 받아줄 여유가 없어 보여요. 그렇다고 모두와의 소통을 피하는 것도 답은 아니에요. 누구와 마음을 나눌 수 있을지 분별하는 법을 배우고, 그다음에는 용기를 내서 진심으로 하고 싶은 말을 할 수 있어야 해요."

앨리는 이제 준비가 되었다. 아직 그렇게 하고 싶지는 않았지만, 명확하고 적극적인 소통이 올바른 방향으로 가는 중요한 단계라는 사실은 이해했다. 앨리는 자신의 안전 상처를 인정하고 그 상처가 소통을 어떻게 방해하는지 파악해야 했다. 또한 그녀의 수동적인 태도가 다른 사람들이 그녀를 보아주고 들어주고 이해해주는 것을 방해할 뿐만 아니라, 그녀 자신을 온전히 목격

하고 인정하지 못하게 한다는 점을 알아차려야 했다. 이건 오래
전, 안전하지 않은 가정환경에서 박탈당한 목소리를 되찾기 위
한 노력의 일환이었다.

"좋아요. 그냥 나한테 협조하듯이 따라올 수 있죠? 우선 당신
이 완벽한 상황에 있다고 가정하세요. 두려워할 것도 없고 이 대
화가 정확히 당신이 원하는 방향으로 흘러갈 거라고 가정하세
요. 이제 무슨 말을 하고 싶어요? 실제로 그 사람한테 말하듯이
말해보세요."

"난 당신을 진심으로 좋아해요. 다른 사람하고 데이트하고 싶
지 않아요. 당신도 나와 같은 마음인지 알고 싶어요."

앨리는 내가 잘했다고 생각하는지 확인하려는 듯 내 눈을 쳐
다보았다.

"잘했어요! 당신은 지금 어떻게 느끼는지 나누고, 그 사람이
어떻게 느끼는지도 물었어요. 그 사람이 어떻게 반응하는지에
따라 더 많은 게 드러나겠지만, 일단 훌륭한 출발이에요."

"그래도 완벽한 상황이 아니라면요?"

"내 목소리를 존중할 수 있다면 항상 완벽한 상황이에요."

앨리의 마음에는 '…하면 해보겠다'라는 게임이 들어 있었다.
전 세계에서 날마다 수십억 명이 하는 게임이다. 하지만 '(내가 원
하는 결과가 나온다면) 해보겠다' '…라면 하겠다'라는 태도에서 '무
슨 일이 있어도 하겠다'라는 태도로 넘어가면 큰 힘이 생긴다.

내 목소리를 존중하는 것은 상대가 내 말을 들어주든 말든 상

관이 없다. 내 목소리를 존중하려면 내가 내 목소리를 들어야 한다. 앨리는 그와 사귀기를 원한다는 자신의 목소리를 들어야 한다. 그리고 앨리가 이 목소리를 존중하려면 데이트 상대에게 말해야 한다. 상대가 동의하는지 그도 같은 것을 원하는지는 중요하지 않다(물론 앨리가 원하는 대답이었지만). 중요한 것은 앨리가 자신의 목소리를 듣고 자기가 하고 싶은 말을 꺼내기로 결정했다는 점이었다.

　나의 목소리를 강화하려면 꾸준히 연습해야 한다. 내가 소통을 피하고 수동적인 길을 가는 게 익숙하다면, 내 경험과 내 진실을 깎아내리는 법을 배워왔다는 뜻이기도 하다. 건강한 소통으로 나아가려면, 내가 앨리를 이끌어준 길로 가야 한다.

　내가 진실로 하고 싶은 말은 무엇인가? 돌려서 말하지 말자. 불필요하게 사과하거나 책임질 필요가 없는 일을 책임지려고 하지도 말자. 하려는 말을 명확히 전달하자. 치료사들은 대체로 **'나' 화법**'I' statement을 권한다. '나' 화법은 나에 대해 말하는 것으로, 남들에게 그들에 대해 말하는 화법과 반대다. 앨리는 "당신이 나와 사귀고 싶은지 모르겠어요"보다는 "나는 우리 관계를 좋게 생각해요. 사귀고 싶어요"라고 말해야 했다.

　이렇게 해볼 수 있을까? 그동안 주저해왔지만 자신의 목소리를 존중하기 위해 하고 싶은 말이 있다면 무엇인가? 당장 누군가에게 말하라는 뜻이 아니다. 자신의 목소리를 자기에게 들려주는 연습이다.

- 내가 말하기를 주저해온 것은 이와 같다. _____

- 내가 원하는 것은 이것이다. _____

- 나를 위해 이것을 인정하니 이런 기분이 든다. _____

다음으로 제약을 알아야 한다. 제약은 상황을 진전시키거나 적극적으로 소통하지 못하게 가로막는다. 앨리의 제약은 안전 상처다. 앨리는 자기를 표현하고 속마음을 나누어도 괜찮다는 것을 모른다. 과거를 돌아보면, 자기 생각을 말하면 상황이 더 나빠진다는 믿음을 뒷받침하는 증거를 수없이 발견할 수 있었다. 지금 나에게는 어떤 제약이 작용하는가? 어떤 상황이 전개될까 봐 두려운가? 나의 과거가 여기서 어떤 역할을 하는지 알아차릴 수 있는가?

- 과거에 내가 중요한 사안에 대해 목소리를 냈을 때 이런 상황이 펼쳐졌다. _____

- 그 경험으로 내가 내 생각을 나누는 것에 대해 배운 점은 이렇다.
_____

- 오늘 나는 이러한 일이 벌어질까 봐 두렵다. _____

다음 단계는 매우 중요하다. 방금 설명했던 분별하는 단계이기 때문이다. 주어진 상황이나 상대가 실제로 안전한지 아닌지를 판단하는 단계다. 이 단계는 어렵고 혼란스러울 수 있고, 확신이 들지 않을 때는 항상 자신의 안전을 먼저 챙겨야 한다. 안전한 느낌이 들기 전에는 더 나가지 말아야 한다. 내가 상담실에서 당신을 상담하는 것이 아니고 무슨 사연이 있었는지 모르니, 내가 원하는 만큼 당신이 분별력을 키우도록 도와줄 수는 없다. 하지만 일단 당신이 할 일은 안전하다고 느낄 때와 안전하지 않다고 느낄 때 몸에서 일어나는 반응의 차이를 알아차리는 것이다. 자신이 가본 곳 중 가장 편안하고 안락하고 자유로운 공간이나 장소를 떠올려보자. 침대에서 포근한 담요를 두르고 있는 상태일 수도 있다. 좋아하는 휴가지에서 자연에 둘러싸인 상태일 수도 있다. 반려견을 안고 있는 상태일 수도 있다. 아니면 소파에서 친한 친구와 수다를 떠는 상태일 수도 있다. 몸에서 느껴지는 감각을 주목하고 알아차리자.

- 이런 상상을 하면 몸에서 이런 느낌이 든다. _____

_____

이번에는 두려운 상태를 떠올려보자. 까마득히 높은 곳에 홀로 서 있거나 타란툴라가 당신의 몸을 타고 기어오르는 장면일 수도 있다. 사람들 앞에서 연설해야 하는 상황일 수도 있고, 밀폐된 공간에서 공포가 엄습하는 상태일 수도 있다. 그 상태에 너무 오래 머물지 말고, 몸으로 감각의 차이를 느껴보자.

가슴이 두근거리거나 손에 땀이 난다고 해서 무조건 그런 상태를 피해야 하는 것은 아니다. 가장 중요한 승리는 긴장감이 도는 어려운 대화를 성공적으로 해내거나 결코 해낼 수 없을 줄 알았던 일을 이뤄낼 때 일어난다. 다만 몸이 내게 무슨 말을 하는지 알아듣는 것은 좋은 출발이다. 무엇을 무시하고 무엇을 하지 않을지 알아차릴 수 있을 때 지혜와 치유를 얻을 수 있다. 우선 그 차이를 알아차려야 한다.

앨리와 나는 그녀가 만나는 상대에 관해 우리가 무엇을 아는지 점검했다. 그 남자에게 어떻게 말할지에 관해 이야기할 때마다 앨리는 심장이 두근거린다고 했지만, 그녀가 그에 대해 수집한 모든 증거에 비춰 보건대 그가 앨리의 말을 듣고도 차분히 반응할 거라고 짐작할 수 있었다. 그렇다고 꼭 앨리가 원하는 반응이 돌아온다는 보장은 없지만, 어쨌든 그가 계속 앨리를 친절하고 침착하며 차분하게 대해줄 거라는 확신이 들었다.

앨리는 이제 그와 대화를 나눠보기로 했다. 그리고 다음번 상담 시간에 들뜬 표정으로 돌아왔다.

"그 사람도 저와 사귀고 싶대요!"

우리 둘 다 미소를 지었다. 시간이 지나면서 앨리와 새 연인은 서로에 대해 더 알아갔다. 이것이 바로 소통의 묘미고, 소통이 우리를 어디로 데려다줄 수 있는지 보여주는 좋은 예다. 아직은 앨리가 왜 수동적인 태도를 갖게 되었는지에 관해 새 연인과 함께 나눌 단계는 아니었지만, 결국에는 그에게 더 세세한 이야기를 하게 될 것이다. 건강한 소통을 위한 앨리의 노력은 끊임없는 실천의 과정이었다. 아직은 오랫동안 수동적인 태도를 보일 것이다. 당신도 그럴 수 있지만 반복적으로 연습하다 보면, 나의 목소리를 들어줄 수 있고 듣고 싶어 하는 사람들이 존재한다는 사실을 깨닫고 그들에게 나의 이야기를 들려주어도 안전하다는 것을 알게 될 것이다.

다른 사람들을 존중하라

트리시는 상담실에 들어와 시작할 준비를 마쳤다. 뇌성마비를 앓는 트리시는 신체적으로 남들과 다르다는 사실을 부정하는 부모 밑에서 어린 시절을 보냈다.

"친구들한테서 계속 이런 말을 듣는데, 선생님과 그 얘기를 나눠야 할 것 같아요."

"무슨 일인데요?"

"이런 말을 처음 듣는 게 아니라서 생각해봐야 할 것 같아요. 친구들 말로는 제가 대화할 때 거칠대요. 너무 직설적이래요. 저는 잘 모르겠지만, 친구들이 제게 의견을 물을 때 제가 공감이나 연민을 보여주지 않는대요."

트리시는 잠시 말을 끊었다.

"아니, 제 의견을 원하지 않으면 왜 물어보나요? 어쨌든 친구들의 반응에 뭔가가 있는 것 같으니 한번 들여다보고 싶어요."

트리시는 소통 방식 때문에 주위에서 계속 피드백을 받았다. 트리시의 친구들, 곧 그녀를 사랑하는 사람들은 그녀가 말할 때 배려나 연민, 관심, 공감이 보이지 않는다고 지적했다. 친구들은 그녀에게 사적인 이야기나 일에 관한 이야기나 곧 다가올 데이트에 뭘 입고 나갈지에 대해 대화를 나누고자 했다. 하지만 화제가 무엇이든 트리시는 무심하고 냉담했다.

"친구들이 저를 '팩트 폭격기'라고 불러요. 정말 그럴까요?"

"글쎄요, 전 잘 모르겠는데요, 트리시. 좀 더 탐색해볼까요?"

트리시가 내게 어서 해보자는 표정을 지었다.

"어디서부터 시작해야 하는지 알죠?"

"저희 가족과 관련된 얘기겠죠."

트리시가 웃었다. 나도 웃었다.

"그럼, 가족의 소통 방식을 들여다볼까요? 어릴 때 소통에 대해 어떻게 배웠나요?"

"그런 건 존재하지 않는다는 거요. 소통은 일어나지 않았어요. 저희 가족은 모든 것을 회피했고, 제가 그들에게 인정하기를 원하는 것을 절대로 받아들여주지 않았어요."

"그래서 어떤 느낌이 들었나요?"

"싫었죠. 원망스럽고요. 가족이 솔직하게 말해주기를 바랐거든요. 제가 뇌성마비인 걸 사실 그대로 인정해주길 바랐어요. 더

는 뒤로 감추려고 하지 말고 저를 보호하려고 애쓰지도 말아주
길 바랐어요. 그런데 제가 이미 알고 느끼는 것조차 회피하고 저
를 보호하려고 했죠. 그게 저를 더 힘들게 했어요."

그래서 트리시는 소통에 대한 한 가족 내의 경험과 정반대로
나간 것이다. 부모가 그녀에게 소통하는 방식을 보면서 180도
로 방향을 틀었다. '나는 직설적으로만 말할 거야. 나는 결코 어
려운 대화를 회피하지 않을 거야. 나는 항상 사람들에게 있는 그
대로 말할 거야. 뭔가를 숨기는 것이 얼마나 고통스러운지 아니
까.' 이것이 트리시가 속으로 한 선언이었다. 그러나 트리시는
지나치게 반대로 나가려 한 사실을 알지 못했다. 그래서 공격적
으로 소통했다.

소속감 상처가 있는 사람들의 소통 방식이 한 가지만 있는 건
아니다. 그래도 분명한 진실 하나는, 사람들의 소통 방식은 소속
되기 위한 시도이거나 소속되지 않았다는 서사를 유지하려는
시도라는 점이다. 그래서 어떻게든 소속되려고 나를 끼워 맞추
거나, 아니면 상처에 관한 이야기가 사실이라고 입증하는 방식
으로 행동한다.

트리시는 자신의 상처 이야기가 사실이라는 것을 입증하는
방식으로 소통했다. 그리고 가족의 소통 방식과 정반대로 나가
자, 결국 주변 사람들이 그녀에게서 돌아섰다. 트리시가 직설적
으로 말하자, 사람들은 공격적이라고 받아들였다. 친구들이 그
녀를 따돌리고 거리를 두기 시작했다. 결국 정반대의 길을 선택

한 트리시는 외부인처럼 느끼면서 상처가 고스란히 드러났다. 이제 트리시에게는 그 상처를 어떻게 다룰지에 관해 말할 힘이 생겼다.

"주변 사람들에게 솔직하게 말하고 싶은 건 알지만 중간 지대가 있을 텐데요. 솔직하고 직설적으로 말하면서도 상대의 경험을 생각해줄 수 있지 않을까요? 트리시가 자라면서 상처받은 것 중에는 당신의 경험을 배려해주지 않은 측면도 있잖아요. 부모님이 그들에게 필요한 것이 아니라 당신에게 필요한 게 뭔지 관심을 가져주기를 바랐잖아요. 그런데 결국 당신이 그 방식을 답습한다는 생각이 들지 않나요? 친구들은 당신이 더 세심하게 배려해주기를 원해요. 당신이 오래전부터 바랐던 것처럼, 상대가 무엇을 원하는지 존중하면 성장할 수 있을 거예요."

트리시는 내 말에 공감했다. 그녀에게 울림을 주는 말인 듯했다.

"제게 벅차기는 해요. 그래도 선생님 말씀이 맞는 건 알아요."

트리시는 최근 실연한 친구에게 애초에 그렇게 오래 사귄 것부터 바보 같은 짓이라고 말했다. 절대 네가 먼저 헤어지자고 말하지 못했을 테니 남자친구가 헤어지자고 한 게 차라리 잘된 거라고도 했다.

"그럼, 선생님이라면 어떻게 말씀하셨을까요?"

트리시가 내게 물었다. 여러 갈래로 말할 수 있겠지만 내가 트리시에게 해준 말은, "네가 힘들어하니까 정말 속상해. 이별은 힘든 일이야. 네가 나에게 얘기하고 싶으면 언제든 해"였다. 이 정도면 적절했을 것이다.

트리시는 공격적이지 않다고 해서 회피하는 것은 아니라는 점을 깨달아야 했다.

"여기에 바로잡아야 할 게 있지 않나요? 그 사람들은 당신의 소중한 친구들이에요. 당신이 오랫동안 만난 사람들이죠. 당신이 믿을 수 있고 또 당신을 사랑해주는 사람들이에요. 그런 사람들이 이런 피드백을 준다는 건 많은 의미가 있어요. 당신이 책임감을 갖고 인정해야 할 부분은 뭘까요?"

"제가 얼마나 친구들에게 거칠게 굴었는지는 알겠어요. 얼마나 냉정하고 무신경했는지도 인정하고요. 친구들한테 정말 매정했어요. 그러니 친구들이 왜 저와 거리를 두려고 하는지도 이해해요."

"이제껏 왜 그렇게 직설적이고 거칠게 소통했는지 이유를 생각해봐야 하지 않을까요? 그리고 당신의 소속감 상처가 어떻게 건드려졌는지에 관해서도 얘기해볼 수 있지 않을까요?"

트리시는 울기 시작했다. 사실 친구들은 트리시에게 가족이나 다름없었다. 그녀는 이제 내면의 취약성을 드러내어 자신의 상처에 관심을 가지면서도 다른 사람들을 존중할 수 있다는 것을 알았다.

트리시는 거칠고 무신경한 소통 방식에서 관심과 배려와 공감의 소통 방식으로 넘어가야 했지만, 마술봉을 휘두르기 전에 먼저 그녀가 온화하게 소통하지 못하게 방해하는 것이 무엇인지 알아봐야 했다. 그녀는 다시 큰소리로 말했다. "공격적이지 않은 것과 회피하는 것은 같지 않다." 그녀는 이 사실을 거듭 상기해야 했고, 이 말에는 그녀가 되새겨야 할 진실이 담겨 있었다. 앞으로도 공격성을 회피와 정반대 개념으로 생각한다면, 다른 사람들뿐 아니라 그녀 자신에게도 상처를 줄 것이다. 그녀는 불도저처럼 밀어붙이는 대신, 상대가 그녀를 어떻게 느끼는지에 대해 생각해야 했다.

삶의 여러 지점에서 상처가 건드려지고도 치유로 나아갈 기회가 주어진다는 것이 놀랍지 않은가? 트리시는 자신의 취약한 내면을 드러낼 기회를 얻었고, 그러자 예상대로 친구들이 트리시에게 다시 마음의 문을 열었다.

트리시가 가야 할 길이 당신의 길과 같지는 않겠지만, 자신의 상처가 무엇이든 그 상처가 주변 사람들과의 소통 방식에 어떤 영향을 미치는지 생각해보자. 트리시의 경우처럼 소속되고 싶은 욕구가 소통 방식에 어떤 영향을 미치는지 생각해보자. 당신은 모두가 원하는 대로 순순히 따르면서 괜한 분란을 일으키지 않으려 하는 편인가, 아니면 적극적으로 자기를 내세워 테이블에서 자기 자리를 확보하는 편인가? 자신이 무엇을 할 수 있는지 알아보자. 그러면서 자신의 소통 방식이 어떤 형태인지, 주위의 어른들이 당신과 어떻게 소통했는지, 그런 소통 방식이 소속감을 느끼는 데 어떤 영향을 미쳤는지 생각해보자.

베로니카는 상담 시간에 딱 맞게 도착했다.

"어떻게 됐어요?"

베로니카가 연인과 그 지난주의 갈등을 극복했는지, 그리고 그녀가 나와 함께 연습했던 것처럼 비판하지 않고 자신의 정서적 욕구를 표현했는지 물은 것이다.

"일주일 동안 그 사람한테 연락하지 않았어요."

"네? 왜요?"

"그 사람은 제가 화난 거 알아요. 그 사람이 먼저 연락했지만, 전 아직 전화도 받지 않고 문자에도 답하지 않았어요. 며칠 있다가 답하려고요."

베로니카는 수동공격적인 방식으로 소통하는 유형이었다. 그녀는 연인에게 침묵으로 일관하는 식으로 자기 의사를 표현했다. 그녀는 관계 안에서 자신이 위에 있고 연인이 아래에 있는 위계질서를 정립해서, 연인이 굳이 사과할 필요도 없는 일로 용서를 구하고 사과하도록 유도했다. 베로니카가 관계 안에서 통제력을 지키기 위한 게임이었다.

수동공격적으로 소통하는 사람은 감정을 솔직하게 표현하는 대신 에둘러 전달한다. 말로는 이런 메시지를 전하면서 행동으로는 다른 메시지를 전하는 식이다. 가령 말로는 괜찮다고 하지만, 막상 말을 걸면 쳐다보지도 않을 수 있다. 혹은 베로니카처럼 소통을 완전히 차단하고 분노나 좌절감을 말하지 않을 수도 있다. 수동공격적인 소통에서는 상대를 처벌하는 의미로 상대에게 사랑을 주지 않고 접근하지 못하게 한다.

"왜 그 사람에게 벌주는 거예요?"

베로니카는 대답하지 않았다. 그리고 그녀에게 영원처럼 느껴졌을 시간 동안 말없이 앉아 있었다. 나는 우리 사이의 침묵을 메우려 하지 않았다. 베로니카가 내 질문을 진지하고 고민해보고 준비되면 답하기를 기다렸다.

"제가 아플 때 그 사람도 아프기를 원해서인 것 같아요."

"앞으로 며칠 안에 그 사람한테 답을 보낼 거라고 했잖아요. 이런 식으로 벌을 줄 때는 언제 답할지는 어떻게 결정해요?"

"그 사람이 저한테 애원하면 답해요. 그 사람이 상황을 개선하기 위해 뭐든 할 거라는 걸 알 때요. 그 사람은 제게 용서받고 다시 제 품으로 돌아오기 위해 뭐든 할 거예요."

여기서 베로니카의 가치감 상처가 선명하게 드러났지만, 그녀는 아직 알아차리지 못했다. 그녀는 수동공격적으로 소통하면서 상대가 소통하고 싶은 간절함으로 그녀 앞에 허리를 굽히고 그녀를 동상의 기단 위에 올려놓는 지점까지 밀어붙였다. 그 과정에서 내심 자신이 가치 있다고 느꼈다.

하지만 이것은 스스로 가치 있는 사람이라고 증명하는 방법이 아니다. 상대에게 힘을 행사하는 방법일 뿐이다. 가치감이 생겼다는 착각이 들기는 하지만, 그사이 관계와 관계 안의 모두를 깎아내린다.

하지만 베로니카는 수동공격적으로 소통하면 원하는 것을 얻을 수 있다고 학습했다. 그렇게 처신하면 자기가 우위를 점할 거라고 믿었다. 사람들이 그녀의 좋은 면을 되찾으려고 애쓰는 모습을 보면서, 자신이 그들에게 충분히 좋은 사람이라고 생각했다. 그렇게 자신이 상대에게 특별하고 중요한 사람으로서 가치를 인정받았다고 느꼈다. 그녀의 이런 수동공격적인 소통은 가치감 상처를 보호하는 방편이었지만, 결국에는 관계를 끝내게 만들었다.

베로니카의 연인이 오는 길에 장을 봐주지 않자, 그녀의 가치감 상처가 건드려졌다. 베로니카는 당장 수동공격인 반응을 보였다. '당신을 불편하게 만들어서 내가 얼마나 가치 있는 존재인지 증명하겠어'라고 생각하는 것이다. 하지만 이럴 때 베로니카는 자신의 감정을 느낄 필요도 없고, 자신의 감정에 관해 말할 필요도 없다. 베로니카는 자신을 돌보거나 상처를 보살핀 적이 없어서, 연인과도 진실한 관계를 맺지 못하고 자신의 가치감 상처를 알릴 방법도 알지 못했다. 그러나 자기 자신이나 연인과 진실한 관계를 맺지 못하면 치유로 나아갈 길도 없다.

이번이 그녀의 마지막 치료 기회라고 했으니, 지금이 아니면 다시 얻지 못할 기회였다.

"그렇게 수동공격적으로 소통해서는 스스로 가치 있는 존재라고 느끼지 못할 거예요."

베로니카는 놀란 표정으로 나를 보았다.

"이런 식으로 행동하면 어떤 생각이 들어요? 당신을 아낀다고 말해주는 사람을 이렇게 대하면 스스로 어떻게 느껴져요?"

"기분이 끔찍하죠. 제 자신이 역겨워요."

나는 잠시 그대로 앉아서 그녀가 그 말이 전하는 충격을 온전히 느껴보게 했다.

"스스로 혐오감이 든다면 당신의 가치감 상처에는 어떤 영향을 미칠까요?"

"상처를 더 악화시키겠죠. 저도 이렇게 행동하면서 제가 사랑하고 연애할 자격이 없다는 생각이 들어요. 사실은, 남자친구가 저를 떠나야 한다고 생각해요."

권력과 통제는 보호하려는 시도다. 그러나 남을 조종하면서 권력과 통제를 얻으려고 하면, 사실 상처는 보호받지 못한다. 베로니카는 사람들에게 그녀가 가치 있는 존재라고 느끼게 해줄 행동을 강요했지만, 그런다고 더 가치 있는 사람이 될 수 있는 것은 아니었다. 자신의 있는 그대로의 모습을 좋아하고 스스로 부끄러워할 만한 행동을 그만둘 수 있다면, 스스로 더 가치 있는 존재라고 느낄 것이다.

"저도 더는 이러고 싶지 않아요. 제가 얼마나 사람들을 시험하고 밀어내는지 알아요. 속으로 제가 가치 있는 존재라고 믿고 싶지만, 실제로는 그렇지 않다는 것을 입증하기 위해 애쓰는 거 같아요. 제가 찾아낸 증거라는 게 다 엉터리죠."

베로니카로서는 중요한 돌파구가 마련된 순간이었다. 고통스럽고 감정적인 순간이기도 했다. 비록 연애는 끝났지만, 여러 면에서 베로니카는 중요한 결과를 얻었다. 그녀는 사람들에게 말하는 방식을 바꾸려고 노력했다. 상처가 건드려지면, 우선 속도를 늦추고 진실로 하고 싶은 말이 무엇인지에 집중했다. 말하기 전에 고통스러워도 가치감 상처를 찾아보고 수동공격적인 소통 방식으로 넘어가려는 욕구를 알아차렸다. '어떻게 하면 나를 보호할 수 있을까?'라는 태도에서 벗어나 '어떻게 하면 이 관계에 잘 연결되고 이 관계를 보호할 수 있을까?'라는 태도로 넘어간 것이다. 이 질문을 잘 생각해보자.

어떤 관계에서든 고민할 만한 좋은 질문이다. 내가 상대에게 어떻게 말해야 **우리**를 보호할 수 있을까? 그냥 지나치지 말자. 내가 있고 상대가 있고, 우리 둘이 이 순간을 어떻게 느끼고 경험하는지가 중요하다. 하지만 모든 소통이나 갈등의 순간에 이렇게 할 수는 없다. 감정이 격해지면 어려울 테지만, 그래도 이따금 한 번씩 이 질문을 떠올린다면 관계의 소통에 얼마나 큰 변화가 일어날지 생각해보자. 또 감정을 말하기 전에 이 질문을 떠올린다면 어떤 일이 일어날까? **우리**를 고려한다고 해서 나의 경험을 빼앗기는 것은 아니다. 나보다 상대를 먼저 생각하라는 뜻도 아니다. 관계를 바로 내 옆에 가져다 놓으라는 것이다.

당신이 어떤 상처에 공감하든, 수동공격적인 소통이 그 상처의 이야기를 어떻게 증명하거나 부정하는지 알아차릴 수 있는가? 불편한 진실과 마주하지 않으면서 남들에게 내 마음의 행간을 읽도록 유도하지는 않는가? 그리고 원가족에서 터득한 소통 방식이 현재 만나는 사람들과의 소통에 어떤 영향을 미치는지도 생각해보자.

우리가 한 팀이라는 사실을 기억하자. 서로에게 적대적이지 않을 때, 나와 네가 대립하지 않을 때, 비로소 연결이 단절을 대체할 수 있다. 파괴적인 소통에서 벗어나면 자신과 타인들에게 보이고 들리고 이해받는 기회를 잡을 수 있다. 자신과 타인들에게 무슨 일이 일어나는지 체계적인 렌즈를 통해 다시 들여다볼 기회를 주고받을 수 있다. 이것이 연결로 향하는 아름다운 변화다.

균형 잡힌 자세로 소통하라

앞에서 미야코와 진의 이야기를 소개했다. 진에게는 안전 상처가 있었다. 미야코의 성장 배경은 충분히 알아보지 않았지만, 미야코에게는 우선순위 상처가 있는 것으로 보였다. 두 사람 사이의 관계 역동을 살펴보고 또 진이 약혼과 결혼을 우선순위에 올려주기를 바라는 미야코의 마음을 고려한다면, 새로울 것이 없는 정보다.

"미야코는 어느 날은 아주 평온하다가도, 어느 날은 우리의 미래에 대해 비난을 퍼부어요. 전 우리가 한 걸음씩 나아가자고 합의한 줄 알았어요."

진은 상담실 밖에서 둘이 나누었던 대화와 그들이 겪는 갈등에 화가 나 있었다.

"미야코, 진이 무슨 얘기를 하는지 알아요?"

"알아요, 진은 제가 서로 합의한 대로 대화를 이어가려고 해서 화가 난 거예요."

"무슨 소리야? 난 우리가 앞으로 어떻게 할지 얘기를 나눠보자고 해서 화가 난 게 아니야. 당신이 나한테 말하는 태도 때문에 화가 난 거야. 어떤 날은 냉철해 보이다가도 어떤 날은 내 얼굴에 대고 어서 안전 상처를 극복하라고 소리 지르고 조롱하고 또 어떤 날은 나를 무시하잖아. 그래서 화가 난 거야. 이런 건 괜찮지 않아."

미야코는 혼란스러운 방식으로 소통하는 듯했다. 그전에는 어느 날에는 이렇게 말하고, 다음 날에는 저렇게 말했다. 그런데 이제는 오락가락하면서 하루에도 배려와 관심으로 대화를 시도하다가 공격적으로 나갔고, 다시 이어서 수동공격적으로 소통하려고 했다. 그래서 진은 안전하다고 느끼지 못했다. 나는 우선 미야코의 마음속에서 무슨 일이 벌어지는지 더 자세히 알아보고 싶었다.

미야코는 부모가 모두 다른 데 정신이 팔린 가정에서 외동으로 자랐다. 부모는 부지런했지만 일하는 데 시간과 에너지를 쏟느라 미야코와는 시간을 많이 보내지 못했다. 아버지는 도박 중독자이기도 해서 퇴근하면 늘 도박에 빠져 지냈다.

아버지는 돈을 따면 친절하고 다정하며 사랑이 넘치는 아버지가 되었다. 활기찬 기분으로 미야코에게 좋은 것을 사주었다. 어떻게 하루를 보냈는지 말해주고 미야코가 어떻게 지냈는지에도 관심을 보였다. 그러나 돈을 잃는 날이면, 화를 내면서 가까이 오지 말라는 분위기를 풍겼다. 미야코에게 귀찮게 하지 말라면서 그저 아버지와 같이 있고 싶어 할 뿐인 딸에게 화를 냈다. 미야코는 어머니에게 가서 위로받으려 했지만, 어머니는 어머니대로 바빠서 미야코의 정서적 욕구를 돌봐주지 못했다.

나는 미야코의 어린 시절에 대해 들은 터라 혼란스러운 소통 방식이 어린 시절 가정환경의 재현이라고 보았다. 미야코는 우선순위 상처를 입었고, 모든 소통 방식을 동원해 우선순위에 오르려고 발버둥 쳤다.

우선순위 상처를 입은 사람들이 채택하는 소통 방식이 따로 있는 것은 아니지만, 중요한 존재로 인정받고 싶은 사람이 그러기 위해 뭐든 시도하는 것은 어찌 보면 당연하다. '내가 회피적으로 대하면 날 중요하게 생각해줄까? 내가 공격적으로 나가면 효과가 있을까? 내가 침착하고 냉정하고 차분하게 대하면 어떨까? 그래도 안 될까?' 이러한 패턴이 계속 반복된다.

미야코는 진과의 관계에서 온갖 방법을 동원했다. 어느 정도 진전이 있었지만, 미야코가 만족할 만한 속도는 아니었다. 우리는 그전에 상담실에서 목표를 정하고 열심히 노력했지만, 결국 미야코의 우선순위 상처가 건드려지고 미야코는 아무거나 일단 벽에 던져보고 무엇이 붙는지 보는 식으로 소통을 시도했다. 그러나 이 방법은 효과가 없었을 뿐 아니라 진의 안전 상처까지 들쑤셨다. 미야코가 이렇게 혼란스러운 방식으로 소통하려고 하자, 진은 안으로 더 움츠러들며 그에게 너무나도 익숙한 방식으로 혼돈과 위협 속에서 안전을 찾으려 했다.

간혹 치료 과정에서 문제의 근원에 다다르는 사이 갑자기 치료 속도가 답보할 수 있다. 심리치료는 오랫동안 감춰져 있던 문제를 발굴하는 작업이다. 개인이든 연인이나 부부든 문제를 안고 찾아와 몇 주 안에 답을 얻을 수 있을 것으로 기대하지만, 실제로는 그보다 한참 더 걸릴 수 있다. 그러면 물론 당혹스럽겠지만, 궁극적으로는 문제 일부만 보지 않고 전체 그림을 보고 천천히 치료의 방향을 정하는 편이 훨씬 낫다.

"지금 우리가 진행하는 속도 때문에 당신 계획이 늦춰져서 그래요?"

그녀는 고개를 끄덕였다.

나는 미야코의 불만을 이해해주고 우리가 일부러 속도를 늦추기로 한 이유를 다시금 일깨워주었다.

"미야코, 진에게 정말로 하고 싶은 말이 뭐예요?"

미야코는 몇 초간 멍하니 있다가 나를 보았다.

"사실 잘 모르겠어요."

당황한 표정이었다.

"그러면 진이 당신에게 무슨 말을 해주면 좋겠어요?"

"제가 진한테 가장 중요한 존재라는 말이요. 우리 관계가 그에게 중요하다는 말이요. 그런데 진은 그런 모습을 보여주지 않아요."

"진이 그런 모습을 보여주지 않는 건가요, 아니면 충분히 빨리 보여주지 않는 건가요?"

미야코가 이 질문을 좋아하지 않을 걸 알았다. 그래도 그녀는 잠시 질문을 곱씹었다.

"충분히 빠르지 않아서인 것 같네요."

내가 이 질문을 던진 이유는, 한동안 진과 미야코를 상담하면서 진이 미야코와의 관계를 중요하게 생각한다는 확신을 얻었기 때문이다. 진은 그들의 관계를 발전시키기 위해 부단히 노력하고 진정성 있는 자세로 임했다. 그는 간단히 청혼으로 끝내고 싶어 하지 않았다. 그는 서로에 대한 깊은 사랑과 욕망, 존중, 헌신을 기반으로 청혼하고 싶어 했다. 그리고 그 목표에 거의 다다랐지만, 미야코는 친구들이 약혼하거나 결혼하는 모습을 볼 때마다 우선순위 상처로 괴로워했다. 처음 미야코는 진에게 차분하고 신중하게 말하면서 청혼하게 하려고 압박했다. 하지만 진은 그런 방식에는 진정성이 없다고 여겼다. 그러자 미야코가 공격적으로 변했고, 그래도 소용이 없자 다시 수동공격적으로 변한 것이다.

나는 미야코에게 그런 혼란스러운 소통 방식이 그녀의 아버지와 비슷하다고 지적했다.

"이런 식으로 생각해본 적이 있나요?"

미야코가 놀란 듯 살짝 입을 벌리더니 울기 시작했다.

"아, 세상에."

그녀는 잠시 말을 끊고 마음을 추스르려 했지만, 눈물이 줄줄 흘렀다. 미야코는 진을 똑바로 보며 말했다.

"정말 미안해. 어떤 기분인지 알 것 같고 당신이 그런 기분을 느끼기를 원한 적 없어. 그냥 내가 두렵고 불안해지면 당신이 나를 중요한 존재로 생각하게 하려고 갖은 애를 다 쓰는 것 같아."

"나한테는 항상 네가 가장 중요해, 미야코. 사랑해. 우리가 함께할 미래가 정말 기대돼. 다만 나는 우리 두 사람 모두에게 안정적이고 건강한 방식으로 거기까지 가보고 싶을 뿐이야."

진의 진심이었다. 그리고 미야코는 진실로 두려워했다. 바보가 되고 싶지 않았고, 관계가 끝나서 창피해지고 절망하고 싶지 않았다. 하지만 두려운 마음을 솔직하게 말하지 않고 혼란과 단절 그리고 더 큰 의심을 불러일으키는 방식으로 전달했다. 미야코에게는 어릴 때부터 익숙한 방식이었다.

그날 상담 시간에 우리는 두 사람의 상처를 모두 다루면서, 한 눈으로는 진의 안전 상처를 보고, 다른 한 눈으로는 미야코의 우선순위 상처를 보았다. 두 사람 모두 대화를 통해 서로가 필요로 하는 것이 무엇인지 선명하고 균형 잡힌 방식으로 소통해야 했다. 그리고 두 사람 모두 자신과 상대의 상처를 알기에, 자신과 상대의 내면에서 일어나는 반응을 섬세하게 알아차리고 관심을 갖기 시작했다. 매우 인상적인 장면이었다.

두 사람이 서로에게 관심을 보이자, 새롭고 풍성한 대화가 열렸다. 서로에게 솔직하게 대하고 서로의 취약한 내면을 드러내면서 투명하게 대화를 이어가는 데 몰두했다. 물론 갈등과 단절의 순간도 있었지만, 서로 굳건한 관계를 다지면서 앞으로 나아갔다. 서로에게 말하는 "예스"는 정말로 믿을 만한 "예스"였다. 진정한 성과였다. 누구나 "예스"라고 말할 수는 있지만, 그 "예스"에서 깊은 확신을 느끼는 것은 다른 문제다. 진이 안전하다고 느끼게 해주고 미야코가 중요한 존재라고 느끼게 해주는 "예스"였다.

나의 소통 방식을 돌아보며, 어떻게 해야 균형 잡힌 태도를 유지할 수 있을지 생각해보자. 과거에 소통을 가로막은 요인은 무엇인지도 생각해보자. 무질서나 혼돈으로 흘러가지 않고 전하려는 메시지에 집중할 수 있는가? 우선 실제로 전하려는 메시지를 명확히 해야 한다. 상대에게 무슨 메시지를 전하고 싶은가? 바로 미야코가 처음에 어려움을 겪은 지점이다. 무슨 메시지를 전하고 싶은지 잘 모르겠으면 이런 질문이 도움이 될 것이다. 상대가 당신에게 무슨 말을 해주기를 바라는가? 그러면 이제 당신의 정서적 욕구에 조금 더 다가설 수 있을 것이다.

혼란스러운 소통 방식에서 벗어나 균형 잡힌 태도로 자신의 취약성과 명확성을 드러내고 친절하고 솔직하고 직접적으로 소통하고 싶다면, 상대와 나누고 싶은 문장을 떠올리고 그에 대해 어떤 대답을 듣고 싶은지 생각해보자.

목표는 균형 잡힌 소통을 통해 나와 상대를 모두 존중하는 관계를 맺는 것이다. 목소리가 떨려도 목소리를 낼 수 있다면 큰 성과다. 그리고 상대에게 미칠 영향을 고려하고 배려하면서 목소리를 낼 수 있는 것은 존중과 사랑의 아름다운 표현이다.

하고 싶은 말 명확히 전달하기

이미 짐작했을지 몰라도 사실 모든 상처는 어떤 소통 방식과도 짝지어질 수 있다. 앨리처럼 안전 상처가 있는 사람은 갈등을 피하려고 소극적으로 소통할 수도 있지만, 역시나 안전 상처가 있는 다른 누군가는 자신의 안전을 지키려면 공격적인 태도로 나가야 한다고 믿고 그렇게 소통할 수 있다. '내가 나의 적보다 크고 요란하고 공격적이면 나는 보호받을 수 있다'고 믿는 것이다. 트리시처럼 소속감 상처가 있는 사람은 주변 환경을 읽고 공격적으로 나가기보다 수동적으로 소통할 수 있다. 어딘가에 소속되기 위해 온순하게 행동한다면, 수동적인 소통 방식이 적합하다고 믿기 때문이다. 그리고 어떤 사람에게는 이렇게 대하고 다른 사람에게는 다르게 대할 수도 있다. 중요한 것은 당신의 상처가 공격받을 때 그 상처를 보호하면서도 누군가에게 보이고 들리고 이해받으려면, 어느 방향으로 나가야 할지 알아차려야 한다는 점이다.

여기서 몇 가지를 함께 살펴보자. 소통이 잘 되지 않는 관계를 떠올려보자. 일단은 한 가지 관계에만 집중하겠지만 당신이 원하는 만큼 이 과정을 거쳐도 된다. 당신이 떠올린 관계의 그 인물과 갈등이 생길 때 어떤 방식으로 소통하는지 생각해보자. 일단은 확인만 하자. 상대에게 수동적인가, 공격적인가, 아니면 수동공격적인가? 그것도 아니면 세 가지가 모두 섞인 혼란스러운 소통 방식으로 대하는가? 그런 소통 방식으로 어떻게 자신을 보호하려 했는가?

다음으로 어릴 때 당신의 가족 안에 어떤 소통 방식이 존재했는지 생각해보자. 현재 자신의 소통 방식은 어릴 때 보거나 경험한 소통 방식의 재현인가, 아니면 그와는 정반대의 방식인가? 앞에서 트리시가 정반대의 길을 택한 것을 스스로 알아차린 경험이 얼마나 중요했는지 기억나는가? 나 자신도 비슷한 방식을 시도하는지 알아보자.

내가 선택한 관계를 자세히 들여다보면서 소통이 단절될 때 어떤 상처가 건드려지는지 알아차릴 수 있는가? 그리고 그 상처가 명확하고 직접적인 소통을 어떻게 방해하는지 알 수 있는가? 제약에 관한 이런 질문은 매우 중요하다. 가령 앨리가 이 질문에 답한다면, 어머니와의 관계에 초점을 맞추면서 자신의 안전 상처가 선명하고 직접적인 소통을 제약한다는 것을 알아차릴 수 있을 것이다. 앨리는 어머니와 직접적으로 소통할 수 없거나 어머니가 방어적이고 조작적인 반응을 보일 거라고 예상한다. 베로니카라면, 연인과의 관계에 초점을 맞추면서 자신의 가치감 상처가 균형 잡힌 소통을 제약한다는 것을 알아차릴 것이다. 그녀는 명확하고 직접적으로 소통하기보다 상대를 시험하면서 헌신의 증거를 찾으려 했다.

잘 알아차리기는 했지만 여기서 끝이 아니다. 이런 인식을 토대로 당신의 욕구를 명확히 표현하고 전달해야 한다. 감정적으로 반응하기보다 선명하고 친절하며 직접적으로 소통하는 것이 우리의 목표다. '실제로 무슨 말을 하려고 하는가?' 이 장의 서두에서 언급했듯이, 말하기 전에 무슨 말을 할지 명확히 파악해야 하지만, 그러려면 몇 겹의 층위를 벗겨내야 한다. 그래서 고려해야 할 점이 많고 말하기 전에 생각하고 처리해야 할 요소가 많은 것처럼 느껴질 수 있다. 하지만 이제 마지막 단계에 이르렀다. 삶에서 중요한 변화를 도모하려면 반드시 몇 가지 어려운 작업을 거쳐야 한다.

그래서 지금 이 연습을 해보는 것이다. 현재 대화를 나누거나 갈등을 겪는 중에는 이런 연습을 시도하는 것이 벅차다. 한창 갈등이 일어난 순간에 잠깐 양해를 구하고 이 책을 꺼내서 한 단계씩 밟아 나가기란 매우 어렵다. 그러니 지금 바로 해보자. 소매를 걷어붙이고 자신과 자신의 상처, 갈등이나 소통 방식을 계속 알아보자. 자신의 욕구를 명확히 파악하자. 자신을 더 많이 알수록 지금 이 과정을 헤쳐 나가는 것이 수월해진다.

나의 자유

몇 년 전, 뛰어난 프로듀서이자 시나리오 작가인 숀다 라임스 Shonda Rhimes가 이런 말을 했다. 소통이 왜 중요한지를 잘 요약한 말이었다. "저는 아무리 어려운 대화라도 그 너머에 평화가 있는 것을 알아요. 지식, 그리고 답이 전달되죠. 인물이 드러나요. 휴전이 체결되고요. 오해가 풀려요. 어려운 대화의 장에는 자유가 있어요. 그리고 대화가 힘들수록 자유는 더 커지죠."[2]

라임스의 말처럼, 어려운 대화의 이면에는 답이 있고 앞으로 나아갈 길이 열리며 자유가 있다. 다만 여기서 한 가지 강조하고 싶은 것이 있다. 라임스가 말하는 자유를 누리려면, 우선 알아차려야 한다는 것이다. 의식적인 소통이 필요하다. 수동적이거나 공격적이거나 수동공격적이거나 혼란스러운 소통 방식을 구사한다면, 많은 자유를 누리기 어렵다. 또 상처를 안고 전투에 뛰어들듯이 어려운 대화를 나눈다면, 자유를 누리기 어렵다. 그리고 그것이 당신의 발목을 잡을 것이다. 다른 방식으로 소통하기로 선택할 때 어려운 대화의 장에서 자유를 누릴 수 있을 것이다.

앨리는 데이트 상대에게 내면의 취약성을 드러내면서 대화하고 싶지 않았지만, 그 너머에는 자유가 있었다. 트리시는 자신의 안전을 지키려다가 사람들을 밀어내는 식으로 소통한 데 스스로 책임을 인정해야만 자유를 누릴 수 있다. 베로니카는 수동공격적인 태도를 버리고 자신의 목소리로 자신의 고통을 전달해야 자유를 누릴 수 있다. 미야코와 진은 자신의 이야기를 더 많이 들려주는 대화를 나눌 때마다 더 많은 자유를 누릴 수 있다.

어려운 대화를 나누면서 항상 원하는 결과를 얻을 수는 없다. 그러나 항상 소중한 무언가가 남는다. 대화에서의 승리란 무엇일까? 그것은 상대가 내 말을 들어주는 것보다 내가 나를 존중한다는 의미일 수 있다. 대화의 승리는 데이트 상대가 사귀고 싶다고 말하는 결과보다는 내가 내면의 취약성을 드러내며 나를 표현했다는 의미일 수 있다. 또 대화의 승리는 친구들이 다시 나와 친해지려 하는 것보다 내가 전에는 간과했을 무언가에 대해 주인의식을 갖고 사과했다는 의미일 수도 있다. 이렇듯 소통 방식에 변화를 주는 이유는 나와 타인을 더 존중하기 때문이다. 과거에 내 삶을 지배하던 것에 더 이상 통제받지 않기로 선택했기 때문에 더 자유로워지는 것이다. 나는 내 삶을 책임져야 한다. 이 점을 잊지 말아야 한다.

경계

10

나는 평생 경계boundaries를 설정하는 데 형편없었다. 그리 놀라
운 일은 아닐 수 있겠지만 혼동을 주지 않기 위해 밝히자면, 욕
구가 없는 여자인 척하는 삶은 건강한 경계를 가진 삶이 아니다.
나는 모든 일에서 괜찮은 척하며 '쿨한 여자'의 지위를 지켜왔다.
내가 경계를 명확히 정하면, 연인이 나를 떠나고 친구가 나한테
실망할 것 같았다. 나는 그런 상황을 감당할 자신이 없었다. 그
래서 어떤 대가를 치르더라도, 나의 행복을 희생해서라도 관계
를 지키고 싶었다. 나 자신을 실망시키거나 무리해서라도 사람
들과 연결되고 싶었다. **연결**은 내게 삶의 동아줄이었고, 나와 관
계 맺은 모두가 만족한다면 나는 안전할 거라고 믿었다.

오리아 마운틴 드리머Oriah Mountain Dreamer의 <초대The
Invitation>라는 시에 이런 구절이 있다. "나는 당신이 자신에게 진

실하기 위해 상대를 실망시킬 수 있는지 알고 싶다." 처음 이 시구를 만난 순간이 기억난다. 눈물이 났다. "자신에게 진실하기 위해 상대를 실망시킬 수 있는지 알고 싶다"라니.[1]

내가 사는 방식이 아니었다. 나는 상대를 실망시키기 전에 나를 실망시켰고, 그러다 진실성 없는 관계라도 그 관계를 잃을까 봐 전전긍긍했다. 나는 부모가 갈라선 가정에서 둘 사이를 오가며 자라서(매번 둘 중 한쪽이 실망해서) 항상 누군가를 실망시킬까 봐 두려워했다. 그로 인한 고통과 상처와 혼돈을 보았기 때문이다.

앞서 밝혔듯, 내 부모는 장장 9년에 걸쳐 이혼 과정을 겪었다. 고작 일곱 살이던 내가 판사실에 출석해야 했다. 판사는 내게 "안녕, 비에나, 네 부모님에 대해 몇 가지 물어보려고 해. 이 대화는 녹음될 거고 부모님 두 분 다 사본을 받아보실 거야"라고 말했다. 이어서 내게 부모 중 누구와 사는 것이 더 좋은지, 어느 집이 더 좋고 편한지 물었다. 하지만 내 머릿속에 떠오른 답은 한 가지였다. '부모님이 내 대답을 들으실 텐데 어떻게 해야 두 분 모두에게 상처를 주지 않고 실망시키지 않을 수 있을까?'

내가 받은 질문은 결국 '엄마랑 살래, 아빠랑 살래?'였다. 세 번째 선택지는 없어 보였다. '너 자신을 선택하면 어떻게 될까?'라는 선택지 말이다. 그런 절차가 적절하다고 여겨졌다는 사실이 황당하지만, 안타깝게도 안전 상처의 결과로 적절히 경계를 설정하지 못하는 나의 성향은 더 악화되었다. 엄밀히 말해서 아이가 건강한 경계를 설정하는 것은 아이의 책임이 아니다. 건강한 경계가 존재할 수 있는 환경을 만들어주는 것은 언제나 어른들의 몫이다. 하지만 나는 건강한 경계가 없는 채로 내 감정에 관심을 갖기보다 어른들의 감정을 지켜주는 법을 배웠다.

주변의 어른들이 건강한 경계를 설정하지 못하면, 아이 역시 건강한 경계를 갖지 못하는 환경에서 자라게 된다. 그러면 아이 스스로 선택하는 것이 불편하고 낯설고 이기적으로 느껴진다. 하지만 건강한 경계를 설정하는 것은 이기적인 태도가 아니다. 자신을 사랑하고 배려하는 태도인 동시에 다른 사람들도 존중하는 태도다. 건강한 경계를 가진 사람들은 자기가 신뢰하는 사람들에게 마음을 열 줄 안다. 지나치게 공유하지 않고, 자신의 의견을 소중히 여기며, 다른 사람들을 위한 공간을 마련하고, 명확하고 직접적으로 소통하며, 편안하게 거절하고, 거절당하면서 감정이 상하지 않고 자신의 가치를 존중한다.

내 친구이자 동료인 네드라 글로버 타와브Nedra Glover Tawwab는 "경계는 관계를 유지하기 위한 것"이라고 말한다.[2] 경계는 나와 내가 아닌 모든 것 사이의 보이지 않는 선이다. 그리고 인간관계에서 괜찮은 것과 괜찮지 않은 것을 가르는 데 도움이 되는 여과 장치다. 경계는 관계에서 규칙과 기대치와 조건을 명확히 규정해서 상대가 친밀감과 유대감을 느끼면서도 안전하고 보호받고 존중받는다는 느낌을 받을 수 있도록 도와준다. 경계는 내가 어떤 대접을 받고 싶은지 그리고 내게 무엇이 허용되거나 허용되지 않는지에 대해 사람들에게 알려주고, "예스"라고 말하고 싶을 때 "예스"라고 말하고, "노"라고 말하고 싶을 때 "노"라고 말하게 해서 원망과 탈진, 좌절, 분노로 넘어가지 않게 막아준다.

우리는 건강한 경계를 설정하고 싶어 하지만, 나를 보호하는 것이 가장 중요한 순간도 존재한다는 사실을 받아들여야 한다. 학대하는 관계이거나 안전하지 않은 상황이라면, 필요한 순간에 경계를 넘어야 목숨을 구하거나 안전을 지킬 수 있다. 따라서 이 장에서 다루는 내용은 주변 환경이 **안전**하다고 느끼는 경우에 적절하다.

건강하지 않은 경계의 두 유형

경계를 설정하는 데 도움이 필요한 내담자를 만나면, 항상 경계가 지나치게 허술한 유형과 지나치게 경직된 유형 중 하나에 속한다. 두 가지 모두 각기 다른 방식으로 건강하지 않으므로 하나씩 살펴보자.

다공성 경계

알렉산드라 솔로몬 박사가 《용감하게 사랑하기Loving Bravely》에서 소개한 경계에 관한 용어를 좋아한다.[3] 첫 번째로 다공성 경계porous boundaries는 내가 주로 쓰던 방식이다. 나는 다공성 경계의 전형적인 사례였다. 나는 사람들을 기쁘게 해주고 아무도 내게 불만을 느끼지 않게 해주고 싶었고, 누군가를 실망시킬까 봐 두려워하며 거절하지 못했다. 다공성 경계를 가진 사람들은 상호의존성에 얽매여 과도하게 공유하고, 지속적으로 검증하려 하며, 다른 사람과 연결되거나 좋은 관계를 유지하기 위해 학대까지도 감내하는 경우가 많다. 다공성 경계는 울타리가 무너진 상태다. 울타리의 뼈대는 아직 집 주위를 감싸고 있더라도 나무는 썩어가고, 구멍이 숭숭 뚫려 있으며, 문은 경첩에서 떨어져 있고, 자물쇠도 없다. 무엇이든 마음대로 울타리를 넘나들 수 있는 상태다.

다공성 경계를 가진 사람들은 허술한 울타리를 고치면 무슨 일이 생길까 봐 두려워서 울타리를 고치려 하지 않는다. 이들은 남들에게 미움받는 것을 두려워한다. 누군가를 실망시키거나 화나게 하거나 의기소침하게 만들고 싶어 하지 않는다. 또 남들이 떠넘기는 죄책감에 괴로워하고, 자기 입장을 내세우면 사람들을 밀어내거나 혹여라도 까다로운 사람으로 보일까 봐 두려워한다. 거절을 허락하지 않는 친구가 있다면, 그 친구와 갈등을 빚지 않으려고 그 친구가 원하는 대로 다 따라준다. 혹은 죄책감이 드는 말을 듣지 않고자 어디서 뭘 하고 있든 어머니에게 전화가 오면 다 받으려고 한다. 앞으로 이 문제를 해결하는 방법을 배우겠지만, 일단은 당신의 삶에서 어떤 관계에 다공성 경계가 존재하는지 알아차리는 것부터 시작하자.

경직성 경계

반대로 경직성 경계 rigid boundaries를 가진 사람은 사람들을 기쁘게 하려고 애쓰지 않는다. 이들은 내밀하고 친밀한 관계를 피하려 한다. 마음을 열거나 도움을 구하지 못할 수도 있고, 타인을 신뢰하기가 어려울 수도 있다. 경직성 경계를 가진 사람들은 사적인 정보를 보호하고, 취약한 내면을 드러내지 않으려 하며, 융통성이 없고 불합리해 보일 정도로 엄격한 규칙을 고수한다.

앞서 구멍이 숭숭 뚫린 울타리를 기억하는가? 경직성 경계를 콘크리트 벽이라고 상상해보자. 그리고 그 벽이 높아서 아무도 집 안을 들여다볼 수 없다. 문이나 구멍도 없다. 그 벽의 주된 기능은 사람들이 들어오지 못하게 막는 데 있다. 그러면 애초에 연결될 가능성이 없다.

마크와 트로이를 기억하는가? 마크의 벽 쌓기 방식은 경직성 경계의 예다. 마크는 높은 콘크리트 벽을 쌓았고, 트로이는 마크에게 연락할 수도 없었고 집에 언제 들어오는지 알 수도 없었다. 마크는 트로이와 거리를 두어서 비난받지 않는 식으로 자기를 보호하려 했다.

경직성 경계를 가진 사람들은 벽을 허물면 위험해진다고 생각한다. 경직성 경계의 중심에는 상처받을까 봐 두려운 마음이 있다. 경직성 경계를 가진 사람들은 과거의 경험에서 누군가가 가까이 다가오게 하거나 자기가 마음을 열면 나쁜 일이 생긴다는 것을 터득했기에 자기를 보호하는 것을 최우선으로 여긴다.

상처가 어떻게 건강한 경계를 가로막는가

사람들이 화내는 것이 싫고, 사람들을 실망시킬까 봐 두렵고, 사람들이 상처받을까 봐 걱정되고, 나쁜 일이 생기는 것을 원하지 않는 마음은 건강한 경계를 설정하지 못하게 만드는 그럴듯한 이유다. 하지만 진짜 이유는 상처가 건드려졌기 때문이다.

어떤 대가를 치르고라도 자신의 가치감이나 소속감, 우선순위, 신뢰, 안전을 확보하려 할 때, 자신의 경계(또는 타인의 경계)를 존중하는 것이 얼마나 어려운지 아는가? 잠시 생각해보자.

- 친구가 몇 번 연달아 약속 시간 직전에 약속을 취소했다고 해보자. 그런데도 소속감을 유지하려면 가능한 호감을 주는 것이 최선이라고 배웠기 때문에, 친구가 무례하다고 생각하면서도 표현하지 못한다.
- 친구에게 전화해서 나오라고 할 때 친구가 피곤해서 그냥 자야겠다고 말하지만, 당신은 중요하지 않은 존재라는 느낌을 받고 싶지 않아서 친구의 거절을 받아주지 않는다고 해보자. 그래서 친구에게 나오지 않으면 멋진 외출을 놓친 것에 대해 후회할 거라고 말한다.
- 데이트 상대가 계속 마음을 열고 솔직한 감정에 관해 이야기해달라고 하는데, 전에 마음을 솔직히 털어놓았다가 상대가 헤어지자고 했던 일이 떠올랐다고 해보자. 그러면 당신은 자신을 보호하기 위해 경계를 엄격하게 설정하고 표현을 자제한다.

모두 건강하지 않은 경계를 보여주는 사례다. 현재 자신의 경계가 건강하지 않다면, 그동안 관찰하거나 경험하거나 기대한 것 중 하나를 통해 학습한 결과다.

상처가 건드려지면 다공성 경계나 경직성 경계를 형성한다. 그런데 상처가 건드려지면 어떻게 건강한 경계를 갖지 못하는 것일까? 잠시 궁금증을 해결해보자.

- 내 상처는 이것이다. _____
- 나는 이 상처를 보호하기 위해 경계(다공성 혹은 경직성)를 이렇게 설정한다. _____
- 그래서 얻은 빠른 해법은 이것이다. _____
- 그래서 상대에게 미치는 영향은 이렇다. _____

진정성 없는 연결

나는 앨리의 얼굴만 보고도 뭔가 잘못된 것을 알았다.

"괜찮아요? 연애는 어때요?"

아직 연애 초기였지만 두 주 동안 아무런 진전 상황을 듣지 못한 터였다.

"괜찮아요. 마이크가 흥미를 잃은 것 같아요. 무슨 일인지는 모르지만, 지난 몇 번의 데이트에서 마이크가 매번 30분씩 늦었어요. 저 혼자 바에 앉아서 마이크를 기다리는데 창피했어요."

"저런, 앨리, 저도 속상하네요. 얼마나 불편했을지도 상상이

가고요. 무슨 일이 있나 궁금했을 것 같아요. 마이크하고 그에 대해 얘기해봤어요?"

"아뇨, 마이크의 기분을 상하게 하고 싶지 않아서 아무 말도 하고 싶지 않았어요. 제가 무슨 말을 꺼내면 대화를 나눠야 하는데, 그러다 마이크가 헤어지자고 할까 봐 두려웠거든요."

앨리는 아쉬운 부분에 대해 말하기보다 마이크와의 관계를 유지하는 것을 중시했다. 자칫 관계를 잃을까 봐 잘못된 대접을 감내하기로 혼자 타협했다. '관계가 깨질 위험을 감수하느니, 차라리 내 시간이 존중받지 못하는 상태를 감당하겠어'라고 생각한 것이다. 앨리는 건강한 경계를 설정하는 대신 어떻게든 관계를 유지하는 쪽을 택했다.

앨리의 마음속에서는 건강한 경계를 설정하면 갈등이 생길 테고 그래서 관계를 위태롭게 하니, 차라리 모든 것을 혼자 감내하고 다 괜찮은 척하는 편이 더 안전하다고 믿었다. 이런 방법은 어렸을 때 어머니에게 배웠고, 아버지도 그렇게 처신해왔다. 아버지는 갈등을 일으키기보다는 그냥 넘어가고 싶어 했다.

"앨리, 마이크가 당신의 경계를 넘고 있어요, 아시겠어요?"

"네, 그래도 이유는 있었어요. 어느 날은 회사에서 늦게까지 일해야 했고, 어느 날은 오기 전에 개를 산책시켜야 했고, 또 어느 날은 어머니한테 전화가 와서 도와드릴 일이 있었다고 했어요. 이런 걸 다 하지 말라고 했어야 할까요?"

앨리는 건강한 경계를 설정하지 않기 위한 온갖 핑계를 찾아냈다. 모두 사실이었을 수도 있지만, 그렇다고 앨리가 경계를 명확히 설정해야 한다는 사실에는 변함이 없었다. 마이크가 시간을 잘 관리했어야 했다. 미리 연락을 주거나 약속 시간에 맞추도록 일정을 조율하는 것은 마이크의 몫이었다. 아니면 앨리가 기다리지 않도록 약속 시간을 30분 뒤로 늦췄어야 했다. 모두 마이크가 알아서 할 일이었다. 물론 업무가 늦게 끝날 때도 있고, 개를 산책시켜야 할 때도 있고, 가족을 도와야 할 때도 있다. 지금 그런 이야기하는 게 아니다. 앨리가 진실로 연결된 관계를 원한다면, 어떤 대가를 치르더라도 연결 상태를 유지하겠다는 다공성 경계에서 건강한 경계로 옮겨 가야 했다.

앨리는 이미 자기가 건강한 경계를 피한다는 사실을 알아차렸다. 이제부터는 그녀가 다공성 경계를 유지하면서 무엇을 선택하는지 알아차려야 했다.

"그게 뭐라고 생각해요?"

앨리는 마이크가 화를 내면서 떠나지 않게 하려고 애썼다. 이것이 최우선이 되어서 그녀가 어떤 대접을 받는지는 중요하지 않아졌다.

우리가 건강한 경계를 설정하는 쪽으로 상담을 진행하는 사이, 나는 앨리에게 미리 그녀의 안전 상처가 건드려질 수도 있다고 경고해야 했다. 익숙하지 않은 상황에 놓이면 처음에는 몹시 불안정해진다. 건강한 경계를 설정하는 것이 객관적으로는 좋은 일이지만, 앨리에게는 낯선 상황이었다. 그리고 낯선 상황은

미지의 상태를 의미한다. 낯선 상황은 불확실하다. 낯선 상황은 위험하게 느껴질 수 있다. 앨리에게는 아직 건강한 경계를 설정하면 효과가 있다는 증거가 쌓이지 않았으니 건강한 경계를 피하려고 하는 것도 당연하다.

앨리가 다공성 경계에서 건강한 경계로 옮겨 가려면, 자신을 존중하기 위해 진실하지 않은 관계를 위태롭게 만들어야 했다. 건강한 경계는 앨리에게 마이크가 일부러 그러는 게 아니라 해도 데이트에 자꾸만 늦으면 어떤 기분이 드는지 말하라고 요구한다. 또 건강한 경계는 앨리에게 자기를 존중하면서 마이크도 존중하는 방향으로 용감하게 걸음을 내디디라고 요구한다.

앨리의 안전 상처는 관계를 위험에 빠뜨리지 않기 위해 아무 문제도 없는 양 조용히 지내는 쪽을 원했을 테지만, 앨리가 진정으로 치유되려면 다른 방법을 시도해야 했다. 치유에서는 상처와 건강한 경계가 함께 간다.

"어떻게 말해야 할까요?"

내가 앨리에게 물었다.

"그 사람한테 문제가 생기고 계획이 바뀔 수 있는 것도 알지만, 약속 시간을 잘 지켜서 내 시간을 더 존중해주면 좋겠다고 말해야겠죠. 그가 늦게 오면 혼자 창피하기도 하고 그런 행동이 무례하게 느껴진다고도 말해야겠죠?"

앨리는 나와 함께 건강한 경계를 연습했다.

"잘했어요. 당신의 안전 상처는 당신을 보호하려 하지만, 그 상처가 전면에 올라오면서, 사실상 당신을 보호하는 게 아니라 당신을 희생해서라도 현상을 유지하려는 거예요. 어떻게 해서라도 당신이 두려워하는 상황이 펼쳐지는 것을 피하려는 거죠. 당신이 스스로 건강한 경계를 설정하지 않으면 상대와 진실로 연결되지 못해요. 자꾸 머뭇거리게 되죠. 진실하지 않게 연결될 뿐이에요. 때로 건강한 경계를 설정하면 관계를 잃을 수도 있어요. 그런 일이 일어나면 당연히 힘들겠지만, 당신의 목표는 열려 있고 진실하며 진정으로 연결된 관계를 맺는 거잖아요. 착각으로 맺어진 관계는 당신도 원하지 않을 거예요. 그런 건 치유가 아니니까요."

다공성 경계에서 건강한 경계로 옮겨 가기

혹시 자신에게 다공성 경계가 있다면, 삶에서 어떤 관계나 역동으로 인해 남들을 기쁘게 해주는 사람이 되기로 마음먹었는지 떠올려보자. 다른 사람을 실망시키는 것에 대한 두려움이 어디서 비롯되었는지, 혹은 거절하는 것이 왜 그렇게 어려운지 생각해보자. 왜 모든 사람을 행복하게 해주어야 하는가? 혹은 왜 사람들이 나를 함부로 대해도 괜찮고 그에 대해 아무 말도 하지 말아야 하는가? 분명 사연이 있을 것이다. 이제 다음의 질문에 대해 생각해보자. 그리고 앨리의 경우 이렇게 답했을 것이다.

1	나의 다공성 경계는 어떤 상처를 보호하려고 하는가?	나의 안전 상처.
2	다공성 경계를 건강한 경계로 바꾸면 어떻게 될까 봐 두려운가?	마이크가 마음을 닫거나, 방어적이 되거나, 나를 떠날까 봐 두렵다.
3	그런 두려움으로 무엇이 떠오르는가?	자라면서 엄마에게 일어난 일.
4	다공성 경계를 유지한다면, 무엇에 중점을 두거나 우선순위를 두는가?	마이크가 나를 떠나지 않도록 그와 계속 연결되는 것.
5	자신을 존중하고 안전하다고 느끼기 위해 무엇이 필요한가?	내 시간을 존중받으면서도 이 관계가 계속 이어지기를 원해야 한다.
6	상대가 스스로 존중하고 존중받는다고 느낄 수 있으려면 무엇이 필요한가?	마이크에게 나쁜 의도는 없었고 그가 나쁜 사람이 아니라는 것을 내가 알아주기를 원할 것 같다.
7	경계를 명확히 설정하면서 말해보라.	마이크, 나는 정말로 당신을 알아가고 싶고 우리의 데이트가 정말 즐거워요. 시간에 맞춰서 오거나 아니면 미리 약속 시간을 늦춰서 내가 30분이나 기다리지 않게 해주면 좋겠어요. 지금은 당신이 내 시간을 존중하지 않는 것 같아요.

그런데 앨리가 계속 다공성 경계를 고수하면 어떻게 될까? 처음 세 가지 질문을 무한히 되풀이할 것이다. 안전 상처가 건강한 경계를 설정하지 못하게 한다. 건강한 경계를 설정하다가 벌어질 상황에 대한 두려움이 과거의 어떤 사건을 떠올리게 하기 때문이다. 알 수 있는가? 두려움이 다공성 경계를 유지시키고 계속 그녀의 주위를 맴돈다. **당신**을 따라다니며 맴돈다.

건강한 경계를 설정하려면 당신이 이미 아는 것에서 벗어나야 한다. 나도 겪어봤기 때문에, 힘들다는 거 잘 안다. 하지만 용기를 내야 삶이 달라질 수 있다.

나의 용기 있는 행동

심리치료사로서의 나의 지식을 넘어, 나의 개인적인 경험에서의 경계에 관해서도 말해보려 한다. 내가 다공성 경계에서 건강한 경계로 넘어간 순간은 내 삶에서 중요한 순간이었다. 나는 20대 후반에 천생연분인 줄 알았던 남자와 사귀었지만, 사귀기 시작한 지 얼마 안 되어 그의 전 여자친구가 그와 다시 만나고 싶어 했다. 그는 혼란스러워했고 스트레스를 받았으며 어떻게 해야 할지 몰랐다. 그때 나는 '쿨한 여자'를 행세하던 시절이라, 그에게 필요한 만큼 시간을 가져도 된다고 말하고 그가 얼마나 힘든지 다 안다면서 그의 결정을 응원한다고까지 말했다. '내가 여유롭고 편안하게 행동하면 그도 나와 함께 있고 싶겠지?' 뭐 이런 생각이었다.

그러다 어느 날, 친구와 대화하다가 내가 어린 시절의 역할을 재현하고 있다는 걸 깨달았다. 나는 괜찮지 않으면서도 괜찮은 척했다. 그와 그의 전 여자친구가 다시 만나 진지하게 대화를 나누며 다시 사귈지 고민하는 사이, 당시 그의 현 여자친구이던 나는 아무렇지 않은 척한 것이다. '너무 힘들어하지 마. 욕심내지 마. 잘못하면 그가 널 떠날지도 몰라'라고 생각했다. 그날은 이 말이 너무 선명하게 다가왔다. 나는 그 역할에 지쳤고, 괜찮은 척하는 것도 질렸다.

몇 주 후 어느 날 밤에 내가 그에게 한 말, 내가 건강한 경계를 설정하면서 한 말이 지금도 기억난다. 나는 그에게 전화해서 긴장한 목소리로 말했다. "나는 네가 하는 행동이 괜찮지 않고, 네가 이런 상황을 대하는 태도가 무례하고 수치스럽게 느껴져. 너는 나와 그녀 중에서 선택한다고 생각하겠지만, 결국 선택이란 게 과연 어떤 의미인지 스스로 알아내야 해. 그런데 넌 그럴 것 같지 않아. 내가 상황을 쉽게 만들어줄게. 널 위해 선택지에서 빠져줄게."

나는 그날 밤 그와의 관계를 끝내고 그 뒤로 다시는 그와 대화하지 않았다. 단 한 번도. 거의 몇 달 동안 울었다. 정말 끔찍했다. 미래를 함께할 줄 알았던 사람과 끝난 순간이었으며, 동시에 내 가치감 상처로 인해 내가 어떻게 건강한 경계를 설정하지 못했는지, 그리고 내가 어떻게 원가족에서의 역할을 이 관계에서 재현하는지 깨달은 순간이기도 했다. 앞의 질문에 내가 답한다면 이렇게 답했을 것이다.

1	나의 다공성 경계는 어떤 상처를 보호하려고 하는가?	나의 가치감 상처.
2	다공성 경계를 건강한 경계로 바꾸면 어떻게 될까 봐 두려운가?	그가 나를 떠나 전 여자친구에게 돌아갈까 봐 두렵다.
3	그런 두려움으로 무엇이 떠오르는가?	무언가나 누군가가 내 감정보다 더 중요하다는 것이 떠오른다.
4	다공성 경계를 유지한다면, 무엇에 중점을 두거나 우선순위를 두는가?	모든 일에 무던한 사람으로 보이는 것.
5	자신을 존중하고 안전하다고 느끼기 위해 무엇이 필요한가?	얼마나 무례한 행동인지 상대에게 말하고, 어떤 결과로 이어지든 괜찮을 수 있어야 한다.

6	상대가 스스로 존중하고 존중받는다고 느낄 수 있으려면 무엇이 필요한가?	친절, 배려. 상대가 힘들어하는 것을 알아차리는 것. 다만 내가 그에게 직접적으로 말해야 한다.
7	경계를 명확히 설정하면서 말해보라.	나는 너의 행동이 마음에 들지 않고, 네가 이 일을 처리하는 방식이 무례하고 수치스럽게 느껴져. 너는 나와 그녀 중에서 선택한다고 생각하겠지만, 결국 선택이란 게 과연 어떤 의미인지 스스로 알아내야 해. 그런데 넌 그럴 것 같지 않아. 내가 상황을 쉽게 만들어줄게. 널 위해 선택지에서 빠져줄게.

경계를 설정하는 문제에서, 당신은 어떻게 용기를 낼 것인가? 상처와 어떤 관계를 맺는지는 매우 중요하다. 건강한 경계를 설정하기로 했으면, 자신의 상처에게도 당신이 위험을 감수하고 있다는 점을 알리기 위해 상처를 목격하고 인정해주어야 한다. 다만 의도적인 위험과 무모한 위험 사이에는 차이가 있다. 우리는 의도적인 위험을 감수해야 한다.

이제 자신의 상처에 대해 많이 안다. 다공성 경계가 있는 이유도 알고, 그 경계가 어떻게 당신이 직면하기 어려운 상황으로부터 당신을 보호해주었는지도 충분히 안다. 그래도 다공성 경계를 대체할 건강한 경계에 대해 생각해보자. 의도적으로 고민하기를 바란다. 자신이 어떤 위험을 감수하는지 알아차리고, 그 위험을 감수하는 것이 당신에게 왜 중요한지도 고민해보길 바란다.

- 나는 이러한 다공성 경계가 있다. _____

- 나는 이와 같은 방식으로 건강한 경계를 설정하고 소통하고 싶다.

_____

- 내가 감수하는 위험은 이것이다. _____

- 그 위험을 감수하는 이유는 이것이다. _____

- 결과와 상관없이 이것이 내 근원의 상처에 도움이 되는 방식은 이것
  이다. _____

훌륭하게 잘했다. 다공성 경계를 건강한 경계로 바꿀 수 있는 순
간을 찾아보자. 지금 당장 그 순간을 찾을 수 있다면 대단한 것
이다. 나중에라도 어떤 순간일지 찾아보자. 나아가 어떤 사람에
게 다공성 경계로 대하는지 예상할 수도 있을 것이다. 건강한 경
계가 무엇인지 미리 생각한 다음, 실천에 옮겨보자.

경직성 경계에서 건강한 경계로 옮겨 가기

토니의 아버지는 어머니를 학대해왔다. 훗날 토니가 힘이 세져
서 학대를 멈추게 할 수 있었다. 토니는 어머니가 학대당하고 해
리 상태가 되었을 때처럼 다시 사랑과 관계를 잃을까 봐 평생 친
밀한 관계를 회피해왔다.

토니는 두어 달 전에 누군가를 만났는데, 그 여자가 얼마나

마음에 드는지 내게 얘기했다. 똑똑하고 흥미로운 여자였다. 그는 그녀에게 강렬하게 끌렸고 그녀도 그에게 관심이 있었다.

"우리는 여러 번 데이트했고 좋았어요."

"두 분의 대화는 어땠어요?"

"그녀가 주로 말하고 저에 대해 많이 물어요. 아주 많이요."

"그분이 당신에 대해 알고 싶어 하는 것 같은데요? 기분이 어때요?"

토니는 자기가 사람들과 친해지기 어려워하는 것을 알았다. 그는 마음속에 벽을 쌓고 사람들이 그 안으로 들어와 그에 대해 알아보는 것을 어렵게 만들었다. 또 그가 남을 알아가는 것도 망설이면서 질문도 거의 하지 않았다. 그는 경계심이 많았다. 그가 그렇게 경계할 만한 이유는 충분히 이해가 갔지만, 연애와 관계와 치유에는 도움이 되지 않았다.

"솔직히 어려워요. 마음이 무거워요. 가족에 관해 물으면 반응이 예민하게 나가요. 그래도 이제껏 상담받아서인지 제 상처가 건드려졌다는 걸 알아차려요."

토니가 놀라운 통찰력을 보여주었다. 나는 토니가 자신의 감정을 느끼는 동시에 자신을 관찰할 수 있어서 놀랐다.

"마음의 문을 조금만 열어보면 어떤 느낌이 들까요?"

"죽을 것 같겠죠. 그래도 시도해야 할 것 같아요. 평생, 이 벽 안에서만 살고 싶지는 않으니까요. 제가 시도하지 않으면 아무와도 가까워질 수 없겠죠. 사랑도 하지 못할 테고, 진정한 관계를 맺지도 못하겠죠. 연애나 결혼도 하지 못하겠죠. 설령 하더라도 상대를 실망시키겠죠. 그냥 이렇게 지내면 아빠가 이기는 것 같아요. 이상한 말이지만, 제가 이 벽을 깨고 나가면 아빠에게 제 목소리를 내는 것 같기도 해요. '당신이 엄마한테서 뭔가를 뺏어갔지만, 나한테서는 뺏어가지 못해요'라고요. 이해할 수 있으세요?"

이해가 갔다. 토니의 말에는 깊이가 있었다. 그가 의지를 가지고 벽 너머에서 끌어오려는 것은 치유의 한 조각이었다. 그만의 방식으로 아버지와 경계를 설정하려는 시도였다. '아빠가 제게서 사랑과 관계를 빼앗아가도록 내버려두지 않을 겁니다. 제가 저를 위한 관계를 소중히 하고 사람들에게 마음을 열지도 못하게 가로막는 벽을 그냥 놔두지 않을 겁니다.' 토니와도 앞의 질문으로 치유 작업을 이어갔다.

1. 나의 경직된 경계가 어떤 상처를 보호하려고 하는가?

2. 경직된 경계를 건강한 경계로 바꾸면 어떻게 될까 봐 두려운가?

3. 그런 두려움으로 무엇이 떠오르는가?

4. 경직된 경계를 유지한다면, 무엇에 중점을 두거나 우선순위를 두는가?

5. 자신을 존중하고 안전하다고 느끼기 위해 무엇이 필요한가?

6. 상대가 스스로 존중하고 존중받는다고 느낄 수 있으려면 무엇이 필요한가?

7. 안전하게 경계를 허물려면 어떻게 해야 하는가?

그는 바로 답했다.

"제 안전 상처를 보호하려는 거예요. 제가 마음을 열어서 그녀를 제 마음으로 들였는데, 제 감정이 커지고 나서 그녀가 떠나면 마음이 아플까 봐 두려웠어요. 엄마한테 일어난 일이 떠올랐어요. 저는 가능한 한 고통으로부터 저를 보호하는 데 중점을 두었어요. 하지만 사랑을 위해 위험을 감수해야 해요. 그녀에게 필요한 것은 제가 마음을 여는 거예요. 경계를 안전하게 허물려면 먼저 한 가지를 공유해보고 어떻게 되는지 지켜본 다음에 다시 조금씩 마음을 열면 돼요."

경직성 경계에서 건강한 경계로 옮겨 가는 과정은 점진적인 변화의 과정이다. 마음을 열고 믿을 만한 사람에게 자신을 공유하는 방향으로 작은 발걸음을 내디뎌야 한다.

경계에 관한 대화에서 경직성 경계를 이야기하는 사람은 드물었다. 적어도 다공성 경계를 이야기하는 사람만큼은 못 되었다. 실제로 경계에 관한 SNS 밈은 주로 경계를 설정하는 작업에 주목하지, 경계를 허무는 작업에 대해서는 거의 언급하지 않는다. 하지만 경계를 **허무는** 작업도 그만큼 중요하다. 역시나 용기가 필요한 행동이다. 경직성 경계에서 건강한 경계로 옮겨 가라고 해서 무턱대고 문을 활짝 열라는 뜻은 아니다. 토니도 그의 삶의 이야기를 한꺼번에 다 털어놓거나 자신의 감정을 다 쏟아내면서 감정의 갑옷을 다 벗어던지지는 않을 것이다. 이 변화는 점진적으로 일어날 것이다.

경계를 허물기 시작할 때는 천천히 조금씩 허물어야 한다. 건강한 경계에서도 자기를 보호하는 것을 중요하게 여기지만, 관계보다 보호를 훨씬 중시하지는 않는다. 토니의 목표는 보호와 관계 사이에서 적절한 균형을 찾는 것이다. 벽을 허물기 시작한다면, 처음에는 5퍼센트 정도만 허물고 어떤 느낌이 드는지 점검해야 한다. 그리고 튼튼한 울타리를 세우기 시작했다면, 10퍼센트 정도만 세워서 그 울타리가 어떤 식으로 자기를 보호해주는지 알아볼 수 있다. 벽을 다 허물 필요도 없고 성벽을 완전히 둘러칠 필요도 없다.

그러기 위한 완벽한 방법은 없지만, 우선 진실로 신뢰하는 사람과 한 가지씩 나누고 그 결과를 관찰한 후, 더 많이 공개하거나 다른 사람들에게도 공유해보는 것이 바람직하다. 저항이 가장 적은 길을 택하자. 당신의 심장에 너무 가깝고 소중한 이야기가 아닌 이야기부터 공유하자. 상대가 부정적으로 반응하더라도 크게 상처받지 않을 얘기를 선택하는 것이 좋다.

건강하지 않은 경계는 쳇바퀴만 돌리는 격이라 치유가 일어날 틈을 주지 않는다. 자신이 다공성 경계에 치우쳐 있거나 경직성 경계에 치우쳐 있는 것은 알아차릴 수도 있지만, 그냥 그 경계를 왔다 갔다 하거나 누군가와 어떤 경계로만 만나는 것을 알아차릴 수도 있다. 경계의 형태는 개인마다 다를 수 있다. 자신과 관계에 대해 무엇을 알아차렸든, 이제 그 굴레와 빠른 해결책이 있을 거라는 환상에서 벗어나야 한다. 그리고 자신의 가치감과 소속감, 우선순위, 신뢰, 안전을 위하여, 보호받지 못하거나 거짓된 관계를 맺으며 살 필요 없다는 것을 자신의 상처에게 보여주면서 서서히 건강한 경계를 설정해야 한다. 그러면 안전하고 진실로 연결되어 있다고 느낄 수 있고, 이런 건강한 관계 안에서 사람들도 당신의 그런 모습을 지지할 뿐만 아니라 축하해줄 것이다.

4

나를 되찾기

Your
Reclamation

평생 실천하기

11

연인이나 부부가 되고 우정을 이어가고 부모가 되는 사이, 우리는 어린 시절에 경험한 상처를 답습한다는 것을 알아차리게 된다. 부모의 상처가 나의 상처가 되고, 다시 자녀의 상처로 대물림되기도 한다. 정상적인 패턴이긴 하지만, 그렇다고 불가피한 것도 아니다. 이런 패턴을 끊는 것(또는 적어도 알아차리는 것)이 이 책의 주제이자 평생의 과제다. 새로운 길로 나아가는 건 **가능하다**. 다만 근원의 이야기를 알아보고 그렇게 알아낸 지식을 통합하여 새로운 미래로 나아갈 방법을 의식적으로 선택하는 과정이 중요하다. 그렇지 않으면 반복과 반대라는 쌍둥이 악마가 계속 우리 삶을 쥐고 흔들 것이다.

나는 내담자들에게 반복과 반대의 개념을 설명하면서 진자가 흔들리는 형상을 떠올려보라고 한다. 많은 사람이 무의식중에 한 극단에서 다른 극단으로 치우치면서 같은 행동 패턴을 반복하거나 그 패턴을 거스르기 위해 허우적댄다. 그리고 허우적대다가 중심을 잃고 혼돈에 빠진다. 그래서는 안 된다. 다른 길이 있다. 통합의 길이 있다.

통합은 진자의 중심점으로 무게가 실린 공들이 모여서 통제 불능의 움직임을 멈추게 만든다. 통합은 양극단 사이의 공간에 존재한다. 이 공간에서는 고요와 평온과 안정이 느껴진다. 근원의 상처를 알아차리고, 고통을 느껴보고, 자신이 받은 메시지와 그 메시지에 부여한 의미를 되새기면서 통합에 이를 수 있다.

통합은 자아의 여러 측면을 하나로 모으고, 외부와 내면을 일치시키는 연습이다. 나의 진실과 내 진정성에 맞춰서 결정하는 과정이다. 내가 사람들을 대하고 행동하는 방식이 상처받은 자아가 아니라 진정한 자아와 합치하는 것이다. 두려움이나 불안이나 치유되지 않은 근원의 상처에 휘둘리는 것이 아니라 나의 목표를 지지해주는 행동을 실천에 옮기는 것이다.

좋은 소식이 하나 더 있다. 변화가 일어날 수 있다는 사실이다. 관련 연구를 제시할 필요도 없다. 내가 날마다 상담실에서 만나는 내담자들이 보여주는 변화가 그 증거다. 하지만 과학적 증거로는 뇌의 변화 능력을 뜻하는 **신경가소성**neuroplasticity이 있다. 게다가 이처럼 다시 연결하고 다시 구성하는 과정은 어릴 때 더 쉽기는 하지만 성인이 되어서도 가능하다.[1] 연구에 따르면, 신경가소성은 매일 운동하면서 뇌로 가는 혈류량을 늘리고,[2] 새로운 것을 배우고 집중할 때 향상되는 것으로 나타났다.[3] 따라서 열린 마음과 호기심을 가지고 이 연습을 해나가면 삶이 달라질 것이다.

당신이 아직 이 책을 읽고 있다면, 이미 실천하는 셈이다. 이 책을 읽는 내내 마음을 열었을 것이다. 새로운 렌즈로 자신과 자신의 이야기, 신념, 경험을 보았을 것이다. 인정하기 어려웠을 테지만, 자기에 관한 사실을 인정하고 건강하지 않은 행동 패턴에서 자신의 역할을 확인했을 것이다. 진실로 인생을 바꾸는 연습을 시작한 것이다.

이제 자신의 변화를 주도할 사람은 오직 나 자신뿐이라는 사실을 알았을 것이다. 어떻게 대응하고, 어떻게 갈등을 다루고, 어떻게 소통하고, 어떤 경계를 세우거나 허물지를 스스로 선택해야 한다. 남들이 어떻게 반응하는지는 내가 통제할 수 없는 영역이고, 남들이 먼저 움직여주기를 기다린다면 아주 오래 기다려야 할 수도 있다.

이 연습은 결코 쉽지 않다. 수십 년간 되풀이해온 관계의 습관은 자동적이다. 이런 습관은 우리가 인식하지 못하는 순간, 다른 곳을 바라보는 순간을 기다렸다가 낡은 행동 패턴을 되풀이하게 만든다. 그리고 우리가 알아차리기도 전에 같은 반응, 같은 갈등, 같은 수동공격적인 소통 방식을 되풀이하게 만든다. 그래서 이런 책을 읽으면서 연습하고 각 장의 내용에 고개를 끄덕이며 깊은 울림을 주는 자기만의 순간을 체험하고도, 고작 몇 주

만에 다시 이전의 자율주행 모드로 돌아갈 수 있다.

당혹스러운 거 안다.

그래도 괜찮다. 다시 말하지만, 하루아침에 변하지 않는다. 통합은 마음가짐이자 하나의 과정이다. 변화는 한 번에 완성되지 않고 서서히, 하나씩 일어난다. 작은 변화를 하나씩 반복해서 연습해야 한다. 이어서 다른 변화를 연습한다. 그러면 작은 변화가 더 큰 변화를 일으킨다. 현존하는 최고의 선수 중 한 명으로 꼽히는 아르헨티나 축구선수 리오넬 메시의 명언이 있다. "나는 한 해 한 해 일찍 시작하고 늦게까지 남는다. 하룻밤의 성공을 이루기까지 17년하고도 114일이 걸렸다." 작은 일부터 실천하지 않으면서 도달하지도 못할 목표를 정한다면, 매 순간 실패한다는 느낌이 들고 자신감을 잃을 것이다. 당신의 승리는 다가오고 있다.

이 책에서 소개하는 연습은 관계의 질뿐만 아니라 전반적인 건강에도 중요하다. 만족스러운 연애나 결혼생활을 유지하는 성인이 불행한 관계에 빠진 성인보다 신체적으로나 정서적으로 더 건강하다.[4] 비단 연애나 결혼에만 국한된 얘기가 아니다. 현재까지 가장 장기간 진행된 연구 중 하나인 하버드대학교의 한 연구에 따르면, 50세에 어떤 관계에서든 가장 만족하는 사람이 80세에도 건강한 것으로 나타났다.[5] 1972년부터 2004년까지 이 연구를 이끈 하버드 정신과 의사인 조지 베일런트George Vaillant 는 여기에는 두 가지 기본 요소가 있다고 말한다. "하나는 사랑이다. 다른 하나는 사랑을 밀어내지 않는 대처 방식을 찾는 것이다."⁶ 그러니 사랑을 위한 마음의 공간을 마련하고, 사랑을 방해하거나 가로막는 요소를 알아차려야 하는 이유는 충분하다.

진정한 사랑을 위한 공간을 어떻게 마련할까? 연결하기 위한 공간을 어떻게 준비할까? 친밀감을 쌓기 위한 공간을 어떻게 안전하게 확보할까? 이런 걸 방해하거나 밀어내는 것을 어떻게 막을까? 당신은 지금까지 이런 질문들을 훌륭하게 탐색했고, 해결되지 않은 근원의 상처가 앞으로 나아가는 데 많은 영향을 미친다는 점을 이해했을 것이다.

당신이 알든 모르든, 이 책을 집어 들고 지금 이 페이지를 보는 것만으로도 연애나 결혼, 우정, 가족 관계에서 진정한 사랑과 연결과 친밀감을 위한 공간을 마련하는 작업을 이미 시작한 셈이다. 하지만 이 연습을 평생 남게 하려면 꾸준히 실천해야 한다.

괜히 겁주려는 게 아니다. 오히려 그 반대다. 모든 것을 이해한 다음에 실행해야 한다면 그 부담감이 훨씬 크다. 그러나 우리 앞에는 평생 이해할 시간이 있다. 매 순간 조금씩 더 알아가고, 조금씩 다르게 대처하며, 스스로 조율하고, 마음속으로 다양한 목표를 세우며, 갈등을 헤쳐 나가면서 평생 실천하면 된다. 수동 공격적인 반응을 보이는 순간을 알아차리고 그런 태도를 버리고 다른 방식으로 소통하기로 선택하는 순간들이 생긴다. 또 평소 방어하던 상황에 대해 주인의식을 갖고 대처하는 순간들이 생긴다. 또 남들이 나의 진정성을 검증하게 놔두기보다 내가 진정성 있게 행동해야 한다고 스스로 깨닫는 순간들이 생긴다.

더불어 더 많이 알아차리는 과정 그 자체에도 그만한 가치가 있다. 책임감 없이 알아차리기만 한다면 지식에 불과하다. 진정성 있고 편안하며 평화로운 삶을 살기 위해서는 지식에만 의존해서는 안 된다. 책임감이 따르는 알아차림은 지혜가 된다. 그리고 여기서 성장이 일어난다. 지혜가 없다면 통합도 없다.

진정성 있게 살아가기

애착을 얻기 위해 진정성을 버리는 습관이 몸에 배어 있거나 어쩌다 한 번만 그렇게 한다고 해도 진정성을 되찾는 것을 중요한 과제로 삼아야 한다. 진정한 나보다 다른 모든 것을 중시하라고 요구하는 세상에서는 결코 쉬운 일이 아니다. 분명한 건 해볼 만한 도전이다. 그러려면 우선 나의 가치감과 소속감, 우선순위, 안전, 신뢰를 스스로 쌓아야지, 이런 걸 남들에게 구하기 위해 나를 바꾸려고 해서는 안 된다.

원가족은 생애 처음 나를 버리는 경험을 하는 곳이다. 앞에서 보았듯이, 가족 안에서는 다른 누군가를 돌보기 위해 나의 본모습을 포기하고 진정한 자아를 버리거나 배신하라는 말을 듣거나 무언의 압박을 받을 수 있다. 이런 압박이 노골적일 때도 있지만, 어른들의 예민한 반응이나 분노, 스트레스, 실망을 줄이기 위해 나 스스로 바꾸려고 노력하기도 한다. 그러나 타인의 정서적 체험을 감당하는 것은 결코 우리의 역할이 아니며, 각자가 스스로 책임져야 한다. 남들을 위해 그렇게 했거나 그들과 함께 있을 때 아슬아슬한 줄타기를 해야 했다면 안타까운 일이다. 하지만 이제 당신에게는 삶의 주체성이 있다. 물론 남들을 전혀 신경 쓰지 말라는 뜻이 아니다. 다만, 나와 나의 진정성을 잃으면서까지 타인의 감정을 감당하지는 말라는 뜻이다. 곰곰이 생각해보자.

진정성 있게 살아가려면 나를 굽히는 습관을 버려야 한다. 오래전에 배운 행동을 답습하는 습관을 버리고 나의 진정성에 에너지를 쏟아야 한다. 여기서 잠시, 오늘 하루 선택받기 위해, 받아들여지기 위해, 인정받기 위해, 사랑받기 위해 어떻게 나를 구부리고 살았는지 생각해보자. 스스로에게 이런 질문을 해보았는가? '이 사람이 나와 함께 있고 싶게 하려면 나는 어떤 사람이 되어야 할까? 나와 함께 지내고 싶게 하려면? 나를 사랑하게 하려면? 나를 선택하게 하려면? 나를 중요한 존재로 생각하게 하려면?' 당신은 스스로 어떤 사람인 척해야 한다고 생각하는가? 당신이 어떤 사람인지보다는 상대가 당신에게서 어떤 모습을 원하는지를 더 신경 쓰는가? 이런 질문을 던지고 답하는 것이 불안하게 느껴질 수도 있다. 하지만 이런 질문에 답하기만 해도(아니면 질문하기만 해도) 오랜 세월 살아남고 욕구를 충족시키기 위해 선택된 행동, 그러나 이제는 필요하지 않은 행동이 드러날 것이다. 한때는 가치감이나 소속감을 느끼기 위해, 우선되는 존재가 되기 위해, 신뢰나 안전을 확보하기 위해 필요한 행동이었지만, 이제는 오히려 원하는 관계를 멀어지게 만들 수도 있다. 당신이 지키고 싶은 것이 무엇인지 알아보고 더 이상 도움이 되지 않는 습관을 버리는 것이 우리 연습의 핵심이다.

물론 우리는 우리를 원하고, 우리와 함께 있어주며, 우리를 사랑해주고, 우리를 선택해줄 누군가를 원한다. 그러나 이런 것을 얻기 위해 우리가 배운 방식이 이제는 원하는 결과를 얻는 과정을 **더 어렵게** 만든다. 사랑을 얻기 위해 나를 바꾸거나 꾸미면 그렇게 얻은 사랑이 진정한 나 때문인지, 아니면 내가 배운 대로 표현한 나 때문인지 알 수 없다. 진실한 사랑인지 아는 방법은 진정한 내가 되는 것뿐이다. 획기적인 방법이 아닐지언정 그 힘은 강력하다.

분명히 짚어둘 점은, 나를 선택하는 것이 이기적인 행동이 아니라는 점이다. 나를 선택하는 것은 나의 진정성을 존중한다는 의미다. 나를 버린 채 남들을 위하는 것이 아니라 자신의 진실을 당당히 말할 수 있다는 의미다. 물론 어려운 일이다. 특히 그 결과가 비난이나 수치심, 거부, 심지어는 배척으로 이어진다면 더 어려운 일이다. 하지만 일단 해내면 평온에 이르고 해방감을 얻을 수 있을 것이다. '당신이 동의하지 않아도, 나를 비판하거나 조롱해도 괜찮다. 나는 이것이 내게 진실인 것을 알고, 덕분에

나는 나 자신에게 속함으로써 자유를 누린다.' 자아의 주권은 우리가 태어날 때부터 주어지지만, 저절로 누려지는 것은 아니다.

애착을 얻기 위해 진정성을 포기하면 상처가 드러난다. 남에게 의지해서 일시적으로 상처를 치료받으려는 욕구도 드러난다. 일단 어울리기 위해 진심이 아닌 말을 하기만 해도 소속감을 얻지 못한 두려움이 어느 정도 해소된다. 상대의 기분을 상하게 하지 않으려고 괜찮지 않은데도 괜찮은 척하면, 사랑받지 못할까 봐 두려운 마음이 일시적으로 줄어들 수 있다. 그러나 이는 스스로 안도감을 얻기 위해 애쓰는 것이 아니라, 임시로 안도감을 외부에 의탁하는 것이다.

나의 진정성을 버리도록 요구하지 않을 만한 사람을 주위에 최대한 많이 두어야 한다. 당장은 현실적으로 어려울 수 있어도 시간이 지나면 내가 목표로 정한 변화를 이룰 수 있다. 때로는 나에게 가장 솔직해지라고 요구하는 사람이 바로 나 자신일 수 있다. (몇 가지 놀라운 측면에 관해서는 마지막에 설명하겠다.) 주변에서 내가 아닌 다른 누군가가 되라고 요구하는 사람이 누구인지 찾아볼 수 있는가? 그리고 내가 진정성을 버리고 얻는 것이 무엇인지 생각해볼 수 있는가?

이제껏 내가 한 모든 행동이 지금의 나를 만들었다. 진정성 있게 살아가기가 여전히 어렵다면, 아직 상처가 건드려져서일 수 있다. 자신에게 좌절하지 말고 호기심을 잃지 말자. 자신이 알아야 할 것은 항상 마음 깊은 곳에 있다. 몸에서 보내는 신호를 해석하는 법을 배워야 할 수는 있지만, 정보가 끊임없이 내 안으로 들어간다는 사실을 잊지 말자.

이제 진정성 있게 살아볼 준비가 되었다면, 우선 삶에서 가장 많은 것을 포기하는 순간을 알아차리는 것부터 시작하자. 사람들과 어울리고 싶을 때인가? 집단에 소속되고 싶을 때인가? 부모님과 함께 있을 때인가? 친구와 함께 있을 때인가? 데이트할 때인가? 지금까지는 근원의 상처를 파악하기 위해 노력했지만, 이제부터는 내 관계와 주변 환경을 살펴보면서 진정성을 요구하는 지점을 찾아내야 한다. 우선 한 가지 관계를 선택해서 내가 어떻게 진정성을 버리고 가치감과 소속감, 우선순위, 안전, 신뢰를 얻으려 했는지 생각해보자. 데이트하면서 상대에게 잘 보이기 위해 좋아하지 않는 것을 좋아하는 척하는가? 늘 가족을 불편하게 만들지 않기 위해 나를 불편하게 만든 무언가를 참고 괜찮은 척하는가? 그동안 어떻게 행동했는지 주목하자.

이제 할 일은 진정성 없는 순간을 진정성 있는 순간으로 바꾸는 것이다. 위험을 감수하자. 우선 위험 부담이 적을 때 시도하면서 어떤 느낌이 드는지 알아보자. 유혹에 이끌린 순간, 진정성이 없는 행동을 선택한 순간을 알아차리고, 나중에 여유가 생길 때 다시 그 순간을 떠올리며 진정성을 지키기 위해 어떻게 행동하면 좋았을지, 어떻게 대처하면 좋았을지 고민해보자.

진정성을 지키는 방법을 한순간에 습득할 수 있는 것은 아니지만, 진정성 있는 상태와 진정성 없는 상태, 나를 희생하면서 남을 우선순위에 두는 상태와 나를 우선순위에 두고 존중하는 상태를 내가 선택할 수 있다는 사실을 깨닫는 순간마다 진정성을 다져나갈 수 있다. 느긋하게 대처하면서 나와 다른 사람에 관해 배운 점을 실천하고 몸에 배도록 연습하는 선택지가 존재한다는 사실을 알아차려야 한다.

멈춤 존중하기

나는 흔히 열까지 센 다음에 반응하라는 조언을 들을 때마다 짜증이 났다. 하나부터 시작해서 하나씩 더할 때마다 짜증이 더해 갔다. 그동안 뭘 해야 할지 몰랐다. 어디에 에너지를 쏟아야 할지, 어떻게 해야 생산적이고 도움이 되는 방식으로 에너지를 쓸 수 있는지도 몰랐다.

홀로코스트 생존자이며, 작가이자 정신과 의사이기도 한 빅터 프랭클Viktor Frankl의 유명한 말이 있다. "자극과 반응 사이에 공간이 있다. 그 공간에는 우리가 어떤 반응을 할지 선택할 힘이 있다. 그리고 우리의 반응에 성장과 자유가 있다." 물론 트라우마를 지닌 채로 살아가는 사람들에게는 그저 다르게 선택한다는 의미 이상의 훨씬 복잡한 문제가 개입할 테지만, 우리도 프랭클이 말하는 공간 안에서 멈춤을 존중하는 법을 배울 수 있다.

멈춤 안에서 상처가 건드려졌는지 살필 수 있다. 멈춤 안에서 산책하거나 평온한 음악을 듣거나 몸을 천천히 움직이거나 호흡에 집중하거나 믿을 만한 사람에게 안아달라고 하는 등 스스로 조절하도록 선택할 수 있다. 멈춤 안에서 나의 행동 패턴을 알아차릴 수 있다. 멈춤 안에서 다음의 질문을 던질 수 있다. '지금 상황에서 무엇이 익숙한가? 이 상황과 관련된 근원 이야기는 무엇인가? 평소 나라면 어떻게 반응할까? 내 앞에 어떤 기회가 놓여 있는가? 지금 나 자신에게 어떤 식의 치유를 제공할 수 있는가? 이렇게 반복되는 패턴에서 벗어나기 위해 내가 바꿀 수 있는 한 가지는 무엇인가?'

멈춤 안에는 알아차릴 수 있는 순간이 있다. 이제 이 책을 읽었으니, 어느 곳을 들여다봐야 할지 알 것이다. 이제 자기가 예민한 반응을 보이는 이유는 아직 쓰라린 상처가 있기 때문임을 알 것이다. 매번 반복되는 악순환으로 돌아가지 않고 자신에게 호기심을 가질 수 있다. 멈춤 안에서 상처를 충분히 보살피고 파악하고 목격하고 애도해야 마침내 방향을 전환할 여유가 생긴다.

이 모든 작업을 한 번에 마칠 수는 없다. 하지만 혼자 소화할 시간이 필요하다고 양해를 구할 수 있고, 상대의 말을 경청하면서도 관여하지 않기로 선택할 수 있으며, 결국에는 상대와 함께 앞으로 다가올 미래를 헤쳐 나가면서 더 깊은 관계를 다질 수 있다.

누군가와 마지막으로 다투거나 싸운 기억을 떠올려보자. 상대가 누구였는지는 중요하지 않으니, 그냥 그때의 상황에 초점을 맞춰보자. 무엇 때문에 화가 났고, 자신이 어떻게 반응했는지 기억나는가? 이제 반응하기 전의 상황을 떠올려보자. TV 리모컨을 잡고 멈춤 버튼을 누른 후 정지 화면을 본다고 상상하자. 이제 그 정지 화면을 보면서 점검하고 분석하자. 무엇이 보이는가? 무슨 일이 일어나는가? 누가 화가 났고, 그 상황에서 나는 그걸 어떻게 아는가? 그때 나의 보디랭귀지로 무엇을 알 수 있는가? 상대의 보디랭귀지는 무슨 말을 하는가? 잠시 멈춘 순간에 현재의 나라면 어떻게 할지 생각해보자. 자신의 상처에 대해 알아차린 지금이라면 이 멈춤의 순간에 스스로에게 무엇을 해주고 싶은가? 어떻게 자신을 다정하게 돌보고 존중할 수 있을까? 이 점에 대해 생각해보자. 일기를 쓰거나 눈을 감고 혼자 성찰할 수도 있고, 다른 사람과 성찰을 공유할 수도 있다.

멈춤을 존중할수록 더 잘 멈출 수 있다. 그리고 연습은 대개 실전에 돌입하지 않은 상황에서 잘 된다. 흥분한 상태에서는 멈춰야 할 순간을 알아차리지 못할 수 있다. 혹은 그런 순간을 알아차리고 힘을 빼라고 말할 수 있다. 아니면 알아차리고도 그 순간에는 제대로 이해하지 못할 수도 있다. 그래도 괜찮다. 흥분이 가라앉은 다음에 이런 근육을 키워 나가면 된다. 그래야 할 때도 많다.

다투거나 갈등을 빚거나 혼자서 예민하게 반응한 상황을 되돌아보고 이렇게 반성해보자. '내가 멈춤을 존중할 수 있었다면, 나에 대해 무엇을 알아볼 수 있었을까? 어떤 상처가 건드려졌는지 알아차렸을까? 나는 지금 내 앞에 펼쳐진 상황에 맞게 반응하고 있을까? 어떻게 치유되는 방식으로 대처할 수 있었을까?'

프랭클이 제안하듯 멈춤을 존중할수록, 자극과 반응 사이의 공간을 존중할수록 자신과 관계가 원하는 변화로 더 나아갈 수 있다. 이 공간 안에서 자신에게 평화를 줄지, 아니면 이제껏 익숙한 고통을 줄지 선택할 수 있다. 이 공간을 잘 활용하는 법을 배우면 치유와 자유를 향해 나아갈 수 있다.

평화인가 고통인가

그동안의 모든 심리치료를 통해, 나는 사람들이 고통을 즐기지 않는다는 사실을 알았다. 당신도 마찬가지일 것이다. 나의 섣부른 판단일 수도 있지만, 적어도 이 책을 펼친 사람이라면 고통을 최대한 줄이는 데 관심이 있다고 봐도 될 것이다.

내가 멈춤을 존중하는 법을 배울 때 가장 도움이 된 질문은 '지금 내가 하려는 말이나 행동이 나를 평화로 이끌 것인가, 아니면 고통으로 이끌 것인가'였다. 하지만 이 질문에 대한 대답으로 깊이 들어가기 전에, 우선 평화와 고통을 어떻게 정의할지부터 고민해야 한다. 이 말이 자신에게 어떤 의미인가? 이 말이 자신의 몸에서 어떻게 느껴지는가?

사실 평화를 위한 결정이 항상 쉽게 느껴지는 것도 아니고 불편함이 전혀 없는 것도 아닐 수도 있으며, 오히려 고통이 긴장이나 마찰 없이 단순한 길처럼 느껴질 수도 있다. 이렇게 생각하면 이해가 갈 것이다. 평화를 우선순위에 두는 길이 진정성을 향한 길이기는 하지만, 동시에 거절당할 수도 있다는 뜻이다. 그러니 이 선택이 바람직하지 않고 불편하게 느껴질 수도 있다. 그래서 이 연습이 어려운 것이다. 하지만 우리는 단기간에 성과를 내려는 것이 아니라 장기적으로 어디로 향하고 싶은지에 관해 이야기하고 있다. 이 질문에 더 집중해보자. '내가 지금 하려는 말이나 행동이 내 근원의 상처를 치유하고 더 발전하려는 목표 안에서 나를 고통으로 이끌 것인가, 평화로 이끌 것인가?'

항상 평화를 선택할 수 있는 것은 아니다. 기준을 낮게 잡아보자. 처음에 자신의 결정을 조금이라도 자각할 수 있다면, 그것만으로도 큰 성과다. 치유를 위한 결정을 내릴 때는 저항에 부딪힐 수도 있다. 예상되는 현상이다.

하지만 어느 시점에 이르면 힘들고 불편하고 바람직하지 않다고 느껴지는 순간에도 고통을 평화로 바꾸게 된다. 핵심은 나에게 집중하고 내가 무엇을 선택하고 왜 그런 선택을 하는지 알아차리는 데 있다. 다르게 대처하고 스스로 치유를 책임지는 태도는 자기 존중과 자기 사랑의 행동이므로 불편함을 감수할 힘이 생길 것이다.

자기 사랑

자기 사랑self-love이라고 하면 어떤 생각이 드는가? 나는 이 말을 자기 관리와 혼동했다. 마사지를 받거나 거품 목욕을 하고, 자연으로 나가 나를 회복하기 위한 활동을 하는 것이 나를 사랑하는 방법인 줄 알았다. 물론 이런 노력도 자기를 사랑하는 행동일 수 있지만, 나는 자기 사랑을 어떻게 정의할지 진지하게 고민한 끝에 다음의 정의를 내리게 되었다.

자기 사랑은, 자기에 대한 연민과 호의와 친절 그리고 자기에 대한 의무감과 주인의식과 책임감이 교차하는 지점이다. 두 갈래 중 어느 하나 없이는 다른 하나가 작동하지 않는다. 스스로 결점이 있는 인간이라고 인정하고, 실수하고 넘어질 수 있는 여지를 주지 않으면 자기를 사랑할 수 없다. 그리고 반드시 호의가 따라야 한다. 반면에 책임져야 할 일을 피하려 해도 자기를 사랑할 수 없다. 그리고 의무를 회피해도 자기를 사랑할 수 없다.

내가 그렇듯, 당신 또한 부족한 사람일 수 있다. 결점도 있고 대우를 받을 자격도 있는 사람이다. 실수도 하고 사람들의 기대를 저버리기도 하고 실망시키기도 하지만, 당신은 여전히 가치 있는 인간이다. 다만, 아직 부족하고 혼란스러운 상태인 만큼 책임감이 필요하다. 실수할 때, 사람들의 기대를 저버리고 실망시킬 때, 남들에게 상처를 줄 때에도 책임감과 주인의식을 갖는 것은 남들에게뿐만 아니라 자신에게도 가장 애정 어린 행동이다.

책임을 회피하면, 가치감과 소속감, 우선순위, 안전, 신뢰가 완벽한 사람에게만 주어진다고 스스로에게 말하는 셈이 된다. 또 스스로에게 인간성과 사랑을 수용할 여지가 없는 사람이라고 가르치는 셈이다.

통합하는 연습을 하려면 자기를 사랑해야 한다. 나 자신이 뒤엉키고 복잡한 인간이라는 사실을 정면으로 마주해야 한다. 낡은 행동 패턴에 얽매인 자신을 발견하고 화가 나거나 좌절감이 들 수도 있다. 그동안 열심히 고치려고 노력한 낡은 행동 패턴에 다시 얽혀들어서 창피할 수도 있다. 특히 이럴 때는 자기를 사랑하려면 친절함과 책임감, 호의와 주인의식, 연민과 책임감이 모두 필요하다는 사실을 상기해야 한다.

지금도 당신의 치유는 진행형이다. 치유의 과정에 따라오는 인간적인 경험을 위해 여유를 가져야 한다. 지금으로부터 수십 년에 걸쳐서 하룻밤 성공을 이룰 것이다. 힘내자. 당신은 세상에서 가장 아름다운 일을 하고 있고, 스스로 치유의 과정에 참여하고 있다.

나가며

자신이 겪은 고통과 마주하는 동안, 당신이 남들에게 고통을 준 측면과도 마주할 것이다. 당신은 배우자를 중요한 존재로 인정해주지 않았을 수도 있다. 아들에게 비판적이었을 수도 있다. 친구에게 수동공격적인 태도를 보였을 수도 있다. 친절하면서도 책임감을 가져야 한다는 점을 기억하자. 호의와 의무감을 가져야 한다는 점을 기억하자. 호의와 주인의식을 가져야 한다는 점을 기억하자. 연민과 책임감을 가져야 한다는 점을 기억하자. 자신에게 친절하지 않아서 좋을 건 하나도 없다. 자기를 사랑하기 위한 노력에 앞장서야 한다.

자신의 단점을 알아차리는 순간 예민해질 수 있다. 그래도 자신을 다정하게 대하자. 당신이 여러 세대에 걸친 가족 체계 안에서 하나의 연결 고리라는 사실을 기억하자. 당신은 다치고 상처받고 좌절하고 실망했다. 반대로 당신이 남들을 아프게 하고 상처 주고 좌절하게 하고 실망시키기도 했다. 인간사가 그렇다. "상처받은 사람은 상처를 준다"는 말이 있다. 반대로 치유하는 사람은 사람들을 치유하는 데 도움을 준다. 그리고 내가 직접 이룬 치유는 내가 속한 체계 전체에 반향을 일으킬 것이다.[1] 자기 자신이 변화하면 그 변화가 느껴질 것이다. 그 변화가 마음에 들지 않을 수도 있지만 분명히 느껴질 것이다.

당신은 여러 세대에 걸친 체계를 흔들고 있다. 이제는 불필요해진 이전의 역할에서 벗어나고 있다. 이전 세대에서 전해진 신념과 가치관과 정체성에 도전하고 있다. **스스로** 무엇을 믿을지 직접 선택하기 시작했다. 자신의 상처를 어루만지고, 여유로운 마음으로 그 상처를 목격하고 함께 애도하고 있다. 그리고 상처에 필요한 관심과 보살핌을 주고 있다. 상처가 다시 건드려질 때도 있지만, 이제 어떻게 할지 알고 있다.

당신은 갈등에 대처하는 방식을 바꾸고 갈등을 통해 연결감과 치유 그리고 나와 상대 사이의 깊은 친밀감으로 나아가기 위한 공간을 만들고 있다. 상처를 건드리는 낡은 소통 방식을 버리고 자신과 상대를 존중하는 명확하고 직접적이며 친절한 소통으로 넘어가고 있다. 불편하게 느껴지더라도 건강한 경계를 설정할 권한을 갖고 있다. 경직성 경계를 허물고 다시 한번 연결감과 친밀감을 느껴보려 하고 있다. 세상에는 당신을 이용하지 않고 당신에게 상처 주지 않으면서도 가까워지려는 사람들이 있다는 사실을 믿고 있다. 이 모든 노력을 시작할 수 있는 이유는, 마음의 문을 열고 자신의 가족과 근원 이야기와 근원의 상처를 탐색했기 때문이다.

당신이 하는 이 연습은 대단한 것이다. 대범하고 용감하며 힘을 발휘하고 있다. 당신은 조각들을 집어서 스스로 앞길을 다져나가기로 선택했다. 우리가 얼굴을 마주하지 않은 채로 이 책을 마무리했지만, 당신이 얼마나 자랑스러운지 이루 말할 수 없다. 당신이 이제 막 이룬 성과에 얼마나 큰 노력이 들어갔는지 잘 알고 있다. 이 책에서 당신에게 요청한 모든 노력을 나 자신도 실천해보려고 했다. 정말 어려운 연습인데도 당신은 잘 해내고 있다.

우리의 연습을 통해 자신에 대해 새로운 무언가를 배웠기를 바란다. 근원의 이야기를 찾아내며 새로운 관점을 얻었기를 바란다. 새로운 관점을 통해 자신과 다른 사람들을 보게 되었기를 바란다. 처음에는 성인이 된 아이로서 이 책을 읽기 시작했을지 몰라도, 점차 연인이나 배우자나 친구, 심지어 부모로서 읽었을 것이다. 이 책에 소개된 일부 사례에서 자기 모습을 발견했을 수도 있지만, 부모나 연인이나 배우자, 형제자매나 친구의 모습을 발견했을 수도 있다. 누구에게나 남들이 모르는 이야기가 있다는 사실을 일깨워주는 아름다운 경험이다.

누구에 대해서든, 특히 자신이 아끼고 사랑하는 사람에 대해 이런 식으로 생각할 수 있다는 것은 엄청난 재능이다. 그들도 한때는 아이였고, 불완전한 가정에서 자랐으며, 그로 인해 영향을 받고 상처를 입었을 거라고, 당신은 이제 이해해줄 수 있다. 저자이자 연구자인 마이클 커Michael Kerr 박사는 자신의 부모를 엄마와 아빠의 모습이 아닌 그 자체로, 하나의 인간으로 보는 관점을 가져보자고 제안한다.[2] 자식으로서 성숙한 태도로 전환하는 데 도움이 되는 연습이다. 그는 "어머니를 할머니의 딸로 보고 그런 시각에서 어머니를 이해하라"고 조언한다.[3]

이 책을 읽는 당신도 자신을 계속 그렇게 바라봐줄 수 있는지 생각해보자. 고통스럽고 좌절감이 드는 그 모든 순간순간, 지난 역사가 담긴 이야기, 나 스스로 관심을 가져주길 원하는 이야기, 함께 들여다볼 만한 이야기가 있다는 사실을 기억하길. 앞으로도 계속 자신의 이야기를 알아가길. 밝혀지길 기다리는 이야기가 당신 안에 아직 많이 있다.

감사의 말

이 책을 쓰는 일은 저의 심리치료 전문가 인생에서 크나큰 도전 중 하나였습니다. 사람들의 이야기와 관계 그리고 치유에 관해 쓰려면, 제 이야기뿐만 아니라 다른 사람들의 이야기와도 친밀해져야 한다고 믿습니다.

치유의 공간을 함께 걷자고 손을 내밀어준 모든 분께 깊이 감사드립니다. 모든 내담자에게 많이 배웠습니다. 당신의 이야기를 듣고 치유의 파도를 함께 넘을 수 있어서 무한한 영광으로 생각합니다. 저를 찾아와서 마음을 열고 매 순간 제게 영감을 주셔서 감사드립니다. 저는 당신이 인생에서 크고 작은 변화를 용감하게 만들어 나가는 모습을 보면서, 인간의 변화 능력을 더 신뢰하게 되었습니다.

모든 지도교수님과 조언자와 동료 그리고 임상 치료사 선생님, 제게 영감과 가르침을 주시고 저를 호의로 이끌어주셔서 감사드립니다. 가까이서든 멀리서든 많이 배웠습니다. 언제까지나 학생으로 남겠습니다.

제 에이전트인 스티브 트로하와 얀 바우어, 제가 이 책을 쓸 수 있도록 물심양면으로 도와주셔서 감사합니다. 이 책이 완성되기까지 당신들은 마법 같은 힘이 되었습니다.

제 편집자인 미셸 하우리, 웃기게 들릴지는 모르지만 처음 만난 순간부터 바로 당신이라는 걸 알았습니다. 당신의 흥분과 열정, 비전과 근면이 한눈에 보였지요. 친절하고 사려 깊고 목표 의식이 뚜렷하고 활력 넘치는 당신과 더욱 친하게 지내고 싶습니다. 당신의 뛰어난 재능에 감사드립니다.

데디, 우리가 해냈어요. 당신 없이는 이 일을 해낼 수 없었을 겁니다. 당신의 인내심과 지도력, 식견과 성실함에 감사드립니다. 이 책을 쓰는 동안 함께 유머를 나눌 수 있어서 기뻤습니다. 이 책이 나오기까지 이끌어주시고 지지해주신 데 감사한 마음을 영원히 간직하겠습니다. 당신 덕분에 더 좋은 책이 되었습니다.

펭귄 랜덤하우스 관계자분들, 창의적인 비전과 지원 그리고 헌신에 감사드립니다. 이 책에 생명을 불어넣기 위해 보이지 않는 곳에서 많은 일이 일어난 것을 알고 있습니다. 무한한 지원을 베풀어주셔서 감사드립니다.

알렉산드라와 안젤리카, 원고를 살펴봐 줄 눈이 필요한 순간에 읽어주시고, 피드백을 주셔서 깊이 감사드립니다.

제 앞에 거울을 들고 서서 변화가 일어나도록 도와주신 제 모든 정신적 조력자분께도 감사드립니다. 일부는 어떤 역할을 해주었는지 아시지만, 나머지 많은 분은 제게 어떤 영향을 미쳤는지 혹은 어떤 치유가 일어났는지 전혀 모르고 계십니다. 저는 여러분을 깊이 존경하고 감사하고 있습니다.

이 책을 쓰는 동안 사랑과 격려를 보내준 사랑하는 친구들에게 감사를 전합니다. 모두가 제 안부를 묻고 함께 웃고 울어주지 않았다면, 이 책을 쓰는 여정이 이토록 즐겁지 못했을 거예요.

힘든 시기에 제게 많은 것을 베풀어주신 부모님께 감사합니다. 사랑과 관심, 인정, 배려, 염려, 헌신을 영원히 잊지 않겠습니다. 항상 저를 격려해주시고 스스로 치유하고 변화할 수 있는 여지를 찾아주셔서 감사합니다. 부모님은 제게 모든 것이 항상 똑같지 않고, 인생은 끝나기 마련이며, 나이에 상관없이 새로운 존재 방식과 길이 열린다는 삶의 진실을 가르쳐주셨습니다.

나의 절대적인 영혼의 조력자인 남편 코너에게 감사합니다. 당신은 드디어 내가 이 책을 쓰도록 만들어줬어요! 내가 어디로 나아갈지 먼저 알아봐줘서 고마워요. 당신은 늘 2년 앞을 내다봐줬어요. 당신은 내가 보지 못한 내 모습을 보여주었고, 같은 목표를 향해 함께 걸어주었어요. 나를 지켜봐주고, 함께 슬퍼해주고, 내가 다시 일어서도록 격려해주어서 고마워요. 당신은 내 삶이 모든 면에서 좋은 방향으로 흘러가도록 영감을 주었어요. 사랑합니다.

주

들어가며

1. William M. Pinsof, Douglas C. Breulin, William P. Russell, et al., *Integrative Systemic Therapy: Metaframeworks for Problem Solving with Individuals, Couples, and Families* (Washington, DC: American Psychological Association, 2018).

1. 나의 과거는 나의 현재

1. Brené Brown, "The Power of Vulnerability," filmed January 3, 2011, at TEDxHouston, Houston, TX, video, 13:04, https://www.youtube.com/iCvmsMzlF7o.

2. Mona D. Fishbane, "Differentiation and Dialogue in Intergenerational Relationships," in *Handbook of Clinical Family Therapy*, ed. Jay L. Lebow (Hoboken, NJ: John Wiley & Sons, 2005), 543–68.

3. Gabor Maté, "Authenticity vs. Attachment," filmed May 14, 2019, video, 4:18, https://www.youtube.com/watch?v=l3bynimi8HQ.

3. 가치 있는 존재가 되고 싶다

1. Patricia A. Thomas, Hui Liu, and Debra Umberson, "Family Relationships and Well-Being," *Innovation in Aging* 1, no. 3 (2017): igx025, doi: 10.1093/geroni/igx025.

2. David Denning Luxton, "The Effects of Inconsistent Parenting on the Development of Uncertain Self-Esteem and Depression Vulnerability" (PhD dissertation, University of Kansas, 2017), 86.

4. 소속되고 싶다

1. Andrew Solomon, *Far from the Tree: Parents, Children, and the Search for Identity* (New York: Scribner, 2013), 2. 앤드루 솔로몬, 《부모와 다른 아이들》, 고기탁 옮김, 열린책들, 2015.

2. Ashley A. Anderson, Dominique Brossard, Dietram A. Scheufele, et al., "The 'Nasty Effect': Online Incivility and Risk Perceptions of Emerging Technologies," *Journal of Computer-Mediated Communication* 19, no. 3 (2014): 373-87, doi: 10.1111/jcc4.12009.

3. Alan I. Abramowitz and Kyle L. Saunders, "Is Polarization a Myth?," *The Journal of Politics* 70, no. 2 (2008): 542-55, doi: 10.1017/s0022381608080493.

4. W. S. Carlos Poston, "The Biracial Identity Development Model: A Needed Addition," *Journal of Counseling & Development* 69, no. 2 (1990): 152-55, doi: 10.1002/j.1556-6676.1990.tb01477.x.

5. William E. Cross Jr., *Shades of Black: Diversity in African-American Identity* (Philadelphia: Temple University Press, 1991), 39-74.

6. David Morris Schnarch, "Differentiation: Developing a Self-in-Relation," in *Passionate Marriage: Love, Sex, and Intimacy in Emotionally Committed Relationships* (New York: W. W. Norton, 2009), 53-74.

7. Brené Brown, *Braving the Wilderness: The Quest for True Belonging and the Courage to Stand Alone* (New York: Random House, 2017),

37. 브레네 브라운, 《진정한 나로 살아갈 용기》, 이은경 옮김, 북라이프, 2018.

5. 우선순위가 되고 싶다

1. Robert A. Glover, *No More Mr. Nice Guy! A Proven Plan for Getting What You Want in Love, Sex, and Life* (Philadelphia: Running Press, 2003). 로버트 A. 글로버, 《잘난 놈 심리학》, 최한림 옮김, 미래사, 2022.

2. Susan Branje, Sanne Geeraerts, Eveline L. de Zeeuw, et al., "Intergenerational Transmission: Theoretical and Methodological Issues and an Introduction to Four Dutch Cohorts," *Developmental Cognitive Neuroscience* 45 (2020): 100835, doi: 10.1016/j.dcn.2020.10085.

3. Hannah Eaton, "The Gottman Institute," *The Gottman Institute* (blog), accessed May 30, 2022, https://www.gottman.com/blog/redefining-individuality-and-togetherness-during-quarantine/.

4. Eli J. Finkel, Elaine O. Cheung, Lydia F. Emery, et al., "The Suffocation Model: Why Marriage in America Is Becoming an All-or-Nothing Institution," *Current Directions in Psychological Science* 24, no. 3 (2015): 238-44, doi: 10.1177/0963721415569274.

5. Jandy Nelson, *The Sky Is Everywhere* (New York: Dial Books, 2010), 257. 잰디 넬슨, 《하늘은 어디에나 있어》, 이민희 옮김, 밝은세상, 2021.

6. Mary Etchison and David M. Kleist, "Review of Narrative Therapy: Research and Utility," *The Family Journal* 8, no. 1 (2000): 61-66, doi: 10.1177/1066480700081009.

7. Brené Brown, *Rising Strong: How the Ability to Reset Transforms the Way We Live, Love, Parent, and Lead* (New York: Random House, 2017), 90-91. 브레네 브라운, 《라이징 스트롱》, 이영아 옮김, 이마, 2016.

6. 신뢰하고 싶다

1. Mary D. Salter Ainsworth and Silvia M. Bell, "Attachment, Explo-

ration, and Separation: Illustrated by the Behavior of One-Year-Olds in a Strange Situation," *Child Development* 41, no. 1 (1970): 49-67, doi: 10.2307/1127388.

2. Patty X. Kuo, Ekjyot K. Saini, Elizabeth Tengelitsch, et al., "Is One Secure Attachment Enough? Infant Cortisol Reactivity and the Security of Infant-Mother and Infant-Father Attachments at the End of the First Year," *Attachment & Human Development* 21, no. 5 (2019): 426-44, doi: 10.1080/ 14616734.2019.1582595.

7. 안전하다고 느끼고 싶다

1. REACH Team, "6 Different Types of Abuse," *REACH Beyond Domestic Violence* (blog), accessed May 30, 2022, https://reachma. org/ blog/6-different-types-of-abuse/.

2. Catherine Townsend Alyssa A. Rheingold, *Estimating a Child Sexual Abuse Prevalence Practitioners: A Review of Child Sexual Abuse Prevalence Studies* (Charleston, S.C.: Darkness to Light, 2013), https:// www.d2l.org/wp-uploads/2017/02/PREVALENCE-RATE-WHITE-PAPER-D2L.pdf.

3. Ann Pietrangelo, "Emotional Abuse: What It Is and Signs to Watch For," ed. Jacquelyn Johnson, Healthline (Healthline Media, January 28, 2022), https://www.healthline.com/health/signs-of-mental-abuse.

4. *Diagnostic and Statistical Manual of Mental Disorders: DSM-5*, 5th ed. (Washington, DC: American Psychiatric Association, 2013).

5. Janina Fisher, "Dissociative Phenomena in the Everyday Lives of Trauma Survivors," paper presented at the Boston University Medical School Psychological Trauma Conference, Boston, May 2001, https://janinafisher.com/pdfs/dissociation.pdf.

6. Bessel A. van der Kolk, *The Body Keeps the Score: Brain, Mind, and Body in the Healing of Trauma* (New York: Penguin Books, 2015), 123. 베셀 반 데어 콜크, 《몸은 기억한다》, 제효영 옮김, 을유문화사,

2020.

7. Van der Kolk, *The Body Keeps the Score*.

8. Alexandra H. Solomon, *Loving Bravely: 20 Lessons of Self-Discovery to Help You Get the Love You Want* (Oakland, CA: New Harbinger Publications, 2017), 223.

9. Catherine P. Cook-Cottone, "Embodied Self-Regulation," in *Mindfulness and Yoga for Self-Regulation: A Primer for Mental Health Professionals* (New York: Springer Publishing Company, 2015), 3-18.

10. *The Wisdom of Trauma*, directed by Maurizio Benazzo and Zaya Benazzo, featuring Gabor Mate (Science and Nonduality, 2021), https:// thewisdomoftrauma.com.

8. 갈등

1. John M. Gottman with Nan Silver, "The Four Horsemen of the Apocalypse: Warning Signs," in *Why Marriages Succeed or Fail: And How You Can Make Yours Last* (New York: Simon & Schuster, 1995), 68-102.

2. Susan M. Johnson, *Hold Me Tight: Seven Conversations for a Lifetime of Love* (New York: Little, Brown Spark, 2008), 30.

3. Johnson, *Hold Me Tight*, 31. Susan M. Johnson, 《날 꼬옥 안아 줘요》, 박성덕 옮김, 이너북스, 2010.

4. John M. Gottman, *The Marriage Clinic: A Scientifically Based Marital Therapy* (New York: W. W. Norton, 1999). 존 M. 가트맨, 《결혼 클리닉》, 정동섭 옮김, 장지사, 2014.

5. Michele Scheinkman and Mona DeKoven Fishbane, "The Vulnerability Cycle: Working with Impasses in Couple Therapy," *Family Process* 43, no. 3 (2004): 279-99, doi: 10.1111/ j.1545-5300.2004.00023.x.

9. 소통

1. Alexandra H. Solomon, *Loving Bravely: 20 Lessons of Self-Discovery to Help You Get the Love You Want* (Oakland, CA: New Harbinger Publications, 2017), 134.

2. Shonda Rhimes, *Year of Yes: How to Dance It Out, Stand in the Sun and Be Your Own Person* (New York: Simon & Schuster Paperbacks, 2015), 225. 숀다 라임스, 《1년만 나를 사랑하기로 결심했다》, 이은선 옮김, 부키, 2018.

10. 경계

1. Oriah, *The Invitation* (San Francisco: HarperSan-Francisco, 1999), 2. 오리아 마운틴 드리머, 《초대》, 우계숙 옮김, 정신세계사, 2003.

2. Nedra Glover Tawwab (@nedratawwab), "Set Boundaries, Find Peace," Instagram Live, March 8, 2022, https://www.instagram. Ca2rtM0lwKl/.

3. Alexandra H. Solomon, "Establish Healthy Boundaries," in *Loving Bravely: 20 Lessons of Self-Discovery to Help You Get the Love You Want* (Oakland, CA: New Harbinger Publications, 2017), 48.

11. 평생 실천하기

1. Mona DeKoven Fishbane, "Healing Intergenerational Wounds: An Integrative Relational-Neurobiological Approach," *Family Process* 58, no. 4 (2019): 796-818, doi: 10.1111/famp.12488.

2. John J. Ratey with Eric Hagerman, *Spark: The Revolutionary New Science of Exercise and the Brain* (New York: Little, Brown Spark, 2008). 존 레이티·에릭 헤이거먼, 《운동화 신은 뇌》, 이상헌 옮김, 김영보 감수, 녹색지팡이, 2023.

3. Norman Doidge, "Redesigning the Brain," in *The Brain That Changes Itself: Stories of Personal Triumph from the Frontiers of Brain Science* (London: Penguin Books, 2008), 45-92. 노먼 도이지, 《기

적을 부르는 뇌》, 김미선 옮김, 지호, 2008.

4. Janice K. Kiecolt-Glaser and Ronald Glaser, "Psychological Stress, Telomeres, and Telomerase," *Brain, Behavior, and Immunity* 24, no. 4 (2010): 529-30, doi: 10.1016/ j.bbi.2010.02.002.

5. Robert Waldinger, "What Makes a Good Life? Lessons from the Longest Study on Happiness," filmed November 2015 at TEDx-BeaconStreet, Brookline, MA, video, 12:38, https://youtu. be/8KkKuTCFvzI.

6. Melanie Curtin, "This 75-Year Harvard Study Found the 1 Secret to Leading a Fulfilling Life," *Grow* (blog), *Inc.*, February 27, 2017, https://www.inc.com/melanie-curtin/want-a-life-of-fulfillment-a-75-year-harvard-study-says-to-prioritize-this-one-t.html.

나가며

1. Harriet Goldhor Lerner, *The Dance of Anger: A Woman's Guide to Changing the Patterns of Intimate Relationships* (New York: Harper-Collins, 1985). 해리엇 러너,《무엇이 여자를 분노하게 하는가》, 이명선 옮김, 부키, 2018.

2. James L. Framo, "The Integration of Marital Therapy with Sessions with Family of Origin," in *Handbook of Family Therapy*, ed. Alan S. Gurman and David P. Kniskern (New York: Brunner/ Mazel, 1981), 133-57.

3. Mona DeKoven Fishbane, "Healing Intergenerational Wounds: An Integrative Relational-Neurobiological Approach," *Family Process* 58, no. 4 (2019): 796-18, doi:10.111/famp.12488.

찾아보기

THE ORIGINS OF YOU
by Vienna Pharaon

나는 아직도
가족에게 휘둘린다

1판 1쇄 인쇄 2024. 8. 28.
1판 1쇄 발행 2024. 9. 16.

지은이 피에나 패러온
옮긴이 문희경

발행인 박강휘
편집 태호 | 디자인 박주희 조은아 | 마케팅 이헌영 박유진 | 홍보 이한솔
발행처 김영사
등록 1979년 5월 17일(제406-2003-036호)
주소 경기도 파주시 문발로 197(문발동) 우편번호 10881
전화 마케팅부 031)955-3100, 편집부 031)955-3200 | 팩스 031)955-3111

값은 뒤표지에 있습니다.
ISBN 978-89-349-3538-4 03180

홈페이지 www.gimmyoung.com   블로그 blog.naver.com/gybook
인스타그램 instagram.com/gimmyoung   이메일 bestbook@gimmyoung.com

좋은 독자가 좋은 책을 만듭니다.
김영사는 독자 여러분의 의견에 항상 귀 기울이고 있습니다.